Formel Story 2001

Stefan Pajung,
Alexander von Wegner (Text)
Ferdi und Bodo Kräling,
Burkhard Kasan (Fotos)

Michael M. Willms (Herausgeber)

Rot regiert – Michael Schumacher bricht sämtliche Rekorde und wird überlegen zum zweiten Mal mit Ferrari Weltmeister

Marlboro
tic
tac
PIAGGIO AERO

Pleiten, Pech und Pannen – die „Silberpfeile“ fahren 2001 ungewohnt häufig hinterher. David Coulthard hat mit dem McLaren MP4/16 keine Chance gegen „Schumi“

West
West
4
Mobil
1
Sun
ca
SIEMENS
mobile
orange

Alle für einen, einer für alle – beim Boxenstopp werden Rennen gewonnen, aber auch verloren

ON & HEDGES

Schubkraft – dank Bayern-Power ist Williams zum Saisonende der härteste Ferrari-Gegner

DRINK
+

Impressum

Herausgeber:
Michael M. Willms

Produktion:
Speedpool Multimedia-Service GmbH
Pickhuben 6, 20457 Hamburg
Telefon 040 / 300682-0
Telefax 040 / 300682-22
www.speedpool.com

Texte: Stefan Pajung, Alexander von Wegner
Fotos: ATP, Hoch zwei, Irlmeier, Burkhard Kasan,
Bildagentur Kräling, Reuters, Werke

Gestaltung: Sandra Weihe

Reproduktion: Dürmeyer GmbH, Hamburg
Druck: Dürmeyer GmbH, Hamburg

Printed in Germany

VORWORT

NICK HEIDFELD

Liebe Leserinnen, liebe Leser,

die Saison ist vorbei und für mich ist alles optimal gelaufen. Wer hätte schon vorher gedacht, dass ich am Ende mitten in der Top Ten der Fahrer-Wertung landen würde? Niemand, seien wir doch mal ehrlich.

Dass wir mit dem Sauber-Team hinter den „großen Drei" Vierter werden, ist auch wie eine kleine Weltmeisterschaft. Ich glaube, ich und mein Team haben eine sehr, sehr gute Arbeit abgeliefert.

Und ich hoffe, dass wir uns nächstes Jahr noch einmal steigern können. Der Grundstock jedenfalls wurde diese Saison gelegt. Ich bin besonders stolz darauf, dass wir uns Rennen für Rennen weiterentwickeln und verbessern konnten. Wir haben viel Energie darauf konzentriert, denn Stillstand bedeutet in der Formel 1, dass du schneller überholt wirst, als du fahren kannst.

Natürlich ist es schwierig, gegen Teams bestehen zu müssen, denen das Doppelte und mehr als Budget zur Verfügung steht. Aber wir haben ja schon dieses Jahr bewiesen, dass es geht, wir waren vor BAR, Jordan, Benetton und Jaguar.

Unsere Stärke waren Enthusiasmus, Lust an der Arbeit und ein vorbildlicher Zusammenhalt. Mit meinen Ingenieuren und Mechanikern verstand ich mich nahezu perfekt. Sauber hatte schon am Anfang der Saison ein Auto geliefert, das sehr gut war und das Potenzial hatte, in die richtige Richtung weiterentwickelt werden zu können.

Warum also nicht auch nächstes Jahr? Mein Ziel ist es, nicht nur den Platz zu halten, sondern weiter nach vorne zu kommen. Das heißt, einige Podiumsplätze zu erreichen. Leicht wird das nicht, aber man weiß ja: Nichts ist unmöglich.

Bis dahin viel Spaß beim Lesen der „Formel Story 2001".

Herzlichst, Ihr

Nick Heidfeld

Champagner marsch – rechts hat gegen links keine Chance. Das Weltmeister-Porträt (Seite 108)

Inside F1 – die Technik der Kohlefaser-Raketen (Seite 26)

Up and down – das verrückte Jahr der Champ-Car-Serie (Seite 114)

Alles rot, was glänzt – der Ferrari-Durchmarsch zu beiden WM-Titeln (Seite 34).
Augen zu und durch – die Deutsche Formel 3-Meisterschaft gewinnt ein Japaner (Seite 124)

Echt was los – die Rennen der Formel ADAC (Seite 138)

Alles neu – die Debütsaison der Formel Volkswagen (Seite 134)

Vollgas voraus

Michael Schumacher und Ferrari – die WM-Titel werden 2001 locker und leicht vergeben. Aber dahinter macht sich eine neue Nummer zwei breit: Williams-BMW

Blau-gelb – Frentzen wird von Eddie Jordan gefeuert und bei Alain Prost bald wieder eingestellt. Dort findet er die Freude am Fahren wieder und eine Sekunde im Prost AP04

Top – Williams-BMW jagt 2001 die beiden Topteams Ferrari und McLaren

Neun Siege, fünf zweite, ein vierter Platz, bei nur zwei Nullnummern – die Saisonbilanz des Michael Schumacher liest sich wie ein einsamer Durchmarsch. David Coulthard als Vize-Weltmeister schafft mit 65 Punkten gerade mal knapp mehr als die Hälfte der 123 WM-Zähler, die „Schumi“ WM-Titel Nummer vier einbringen. Von einem ernsthaften WM-Duell kann da wirklich nicht die Rede sein. Schon fünf Rennen vor Schluss wird der Weltmeister gekrönt.

Eine langweilige Saison war es trotzdem nicht. Weil McLaren unter Druck kommt von Williams-BMW. Die Weiß-Blauen machen den größten Sprung nach vorne. Mit riesigem Vorsprung sichert man sich den dritten Platz in der Konstrukteurs-Wertung, die „Silberpfeile“ entkommen mit 22 Zählern Vorsprung nur knapp. Bereits im dritten Rennen ist das englisch-bayrische Team siegfähig, ein Rennen später in Imola ist es soweit. Ralf Schumacher schafft im 70. Anlauf seinen ersten Formel 1-Sieg. „Das wurde ja auch mal Zeit“, jubelt er.

Überhaupt die Schumachers – in jedem Rennen der Saison steht mindestens einer der beiden Brüder auf dem Podest. Die Schlagzeile der Saison heißt meistens „Bruderkampf“ und nicht „Rot gegen Silber“. „Gut, dass es nur zwei Schumachers gibt“, stöhnt Mika Häkkinen. „Schumi 2“ steht dank BMW-Power noch zweimal ganz oben, Teamkollege Juan Pablo Montoya einmal.

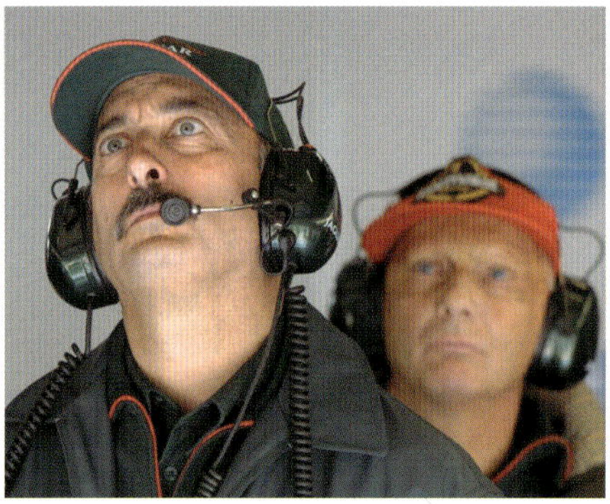

Flop – die Jaguar-Bosse Rahal (vorne) und Lauda haben zurecht Sorgenfalten

Vier Siege für Williams, vier für McLaren – der Rest für „Schumi“. Die „kleinen“ Teams gehen wieder mal leer aus. Zu den absoluten Gewinnern darf sich die Truppe von Peter Sauber trotzdem zählen. Mit 22 WM-Punkten düpiert man die übrige Werkskonkurrenz und wird Vierter in der Konstrukteurs-WM.

Das Rezept: Man lerne aus den Fehlern beim Chassisbau der letzten Jahre, nehme zwei heiße Youngster und

Adios – Mika Häkkinen fährt 2001 seine vorerst letzte Saison

Kindergarten – Peter Sauber macht mit Heidfeld (links) und Räikkönen einen Glücksgriff

Da war die Welt noch in Ordnung – Formel 1-Klassenfoto in Melbourne beim Saisonauftakt

lasse sie Gas geben. Dass ausgerechnet der beschauliche Schweizer Sauber mit seiner Fahrerpaarung das größte Risiko eingeht, überrascht die Konkurrenz. Nick Heidfeld – 23 Jahre und 17 Formel 1-Rennen alt – sowie Kimi Räikkönen – 21 Jahre und gerade mal 23 Autorennen in der Formel Renault alt – bringen den Schweizern die beste Ausbeute, seit man in der Formel 1 ist.

Der Trend zu Youngstern macht Schule. Auch, weil der Spanier Fernando Alonso, zu Saisonbeginn 19 Jahre alt, bei Minardi überzeugt.

Das vielversprechendste „Wunderkind“ Kimi Räikkönen wird sofort für 2002 von McLaren-Teamchef Ron Dennis als Nachfolger für den pausierenden Mika Häkkinen verpflichtet. „Ich mach dich zum jüngsten Weltmeister aller Zeiten“, lockt er und legt Peter Sauber geschätzte 20 Millionen Dollar hin.

Häkkinen selber hat den Deal mit eingefädelt, ist mit Räikkönen Angeln gegangen und hat ihm die „Silberpfeil“-Truppe schmackhaft gemacht. Noch Wochen zuvor sagte Räikkönen: „Was soll ich bei McLaren. Im Moment gewinnen doch nur Ferrari und Wil-

Rookies 2001 – Kimi Räikkönen, Juan Pablo Montoya, Fernando Alonso und Bernoldi (von links). Rookie 2000 – Jenson Button hat ein schweres zweites Jahr

liams…“ Starke Töne für einen Youngster, der ansonsten eher in die Rubrik Schweiger fällt. Auch da eine Parallele zu Häkkinen.

Unschön, dass sich Räikkönen bei dem Teamchef, der ihm überhaupt erst die Chance auf einen Formel 1-Drive gegeben hat, damit verabschiedet, dass er muffig Dienst nach Vorschrift schiebt. „Der ist von McLaren ferngelenkt“, weiß man bei Sauber und gibt das Supertalent wohl oder übel vorzeitig aus einem wasserdichten Drei-Jahres-Vertrag frei.

Dass der Trend zu jüngeren Fahrern nicht immer der Weisheit letzter Schluss ist, beweist ausgerechnet jener Fahrer, der ihn letzte Saison ausgelöst hat. Nach einem starken Premierenjahr bei Williams bricht Jenson Button bei Benetton ein. Fast die ganze Saison wird er von Giancarlo Fisichella böse gebügelt. „Jenson war zumindest die erste Saisonhälfte nicht so bei der Sache, wie es sich gehört“, schimpft Teamchef Flavio Briatore. Hinter BAR und Jordan, die enttäuschend punktgleich mit 17 Zählern die Plätze fünf und sechs einnehmen, wird Benetton Siebter. Highlight ist Hockenheim, wo man es mit beiden Autos in die Punkte schafft.

Jaguar holt durch Eddie Irvine wenigstens noch einen Podestplatz. Und den ausgerechnet beim Saison-Highlight im Fürstentum Monaco. Aber das war's auch so ziemlich. Der Rest ist Katzeklo…

Vor Schlusslicht Minardi, die wieder mal als einziges Team keinen Punkt holen, und Arrows, wird Prost Neunter in der Konstrukteurs-WM. Man leidet unter einem schlechten Fahrwerk des AP04. Als der bei Jordan gefeuerte Heinz-Harald Frentzen kommt und seine große Abstimmungserfahrung mitbringt, wird das Auto auf Anhieb eine Sekunde schneller. Merke: Ein schwerer Gasfuß, gepaart mit Erfahrung, sind besser als ein schwerer Gasfuß und Jugend.

Schnelle Youngster hin oder her – nicht nur der Doppel-Weltmeister Mika Häkkinen wird der Formel 1 fehlen. Auch Jean Alesi, der aus lauter Zorn darüber, dass Eddie Jordan dem Britischen Formel 3-Meister Takuma Sato das zweite Cockpit für 2002 angeboten hat, beim letzten Rennen in Japan seinen Rücktritt erklärt. Heißblut Alesi wird aber schon Tage später wieder schwach. „Ich höre mir alles an…“, erklärt er kleinlaut. Mercedes-Sportchef Norbert Haug wird sofort hellhörig: „Alesi? Der würde prima in die DTM passen…“

Stumpfer „Silberpfeil“ – David Coulthard hat kein zuverlässiges Auto, um Michael Schumacher im WM-Kampf Paroli zu bieten

Ich bin nur der Fahrer.
DAS
MUSS
DRIN SEIN
Castrol
Castrol. Partner im BMW WilliamsF1 Team.

Scuderia Ferrari Marlboro

Chassis Ferrari F2001 **Motor** Ferrari **Reifen** Bridgestone

Michael Schumacher (D)

01

geboren 3. Januar 1969
Geburtsort Hürth-Hermühlheim
Formel 1 seit 1991 (Jordan, Benetton, Ferrari)
größte Erfolge 1990 Deutscher Formel 3-Meister
1994, 1995, 2000 und 2001
Formel 1-Weltmeister
1998 Vize-Weltmeister

Rubens Barrichello (BR)

02

geboren 23. Mai 1972
Geburtsort Sao Paulo
Formel 1 seit 1993 (Jordan, Stewart, Ferrari)
größte Erfolge 1991 Britischer Formel 3-Meister
2000 4. Formel 1-WM
2001 3. Formel 1-WM

West McLaren Mercedes

Chassis McLaren MP4/16 **Motor** Mercedes **Reifen** Bridgestone

Mika Häkkinen (FIN)

03

geboren 28. September 1968
Geburtsort Helsinki
Formel 1 seit 1991 (Lotus, McLaren)
größte Erfolge 1988 1. Opel Lotus-Euroserie
1990 Britischer F3-Meister
1998, 1999 F1-Weltmeister
2000 2. Formel 1-WM

David Coulthard (GB)

04

geboren 27. März 1971
Geburtsort Twynholm
Formel 1 seit 1994 (Williams, McLaren)
größte Erfolge 1989: 1. Pl. Brit. F. Ford 1600-M.
1991: 2. Pl. Brit. Formel 3-M.
1995, 1997, 1998, 2000 3. F1-WM
2001 2. Formel 1-WM

TEAMS
FORMEL 1

Alle Autos und Fahrer auf einen Blick

Von A wie Alesi bis Y wie Alex Yoong – das Starterfeld der Formel 1-Saison 2001

Lucky Strike Reynard BAR Racing Honda

Chassis BAR 003 **Motor** Honda **Reifen** Bridgestone

Olivier Panis (F)

09

geboren 2. September 1966
Geburtsort Lyon
Formel 1 seit 1994 (Ligier, Prost, BAR)
größte Erfolge 1989 Franz. Formel Renault-M.
1993 Formel 3000-Meister
1995 8. Formel 1-WM

Jacques Villeneuve (CDN)

10

geboren 9. April 1971
Geburtsort St.-Jean-sur-Richelieu
Formel 1 seit 1996 (Williams, BAR)
größte Erfolge 1995 IndyCar-Meister
1996 2. Formel 1-WM
1997 Formel 1-Weltmeister
1998 5. Formel 1-WM

BMW WilliamsF1 Team

Chassis Williams FW23 **Motor** BMW **Reifen** Michelin

Ralf Schumacher (D)

05

geboren 30. Juni 1975
Geburtsort Hürth-Hermühlheim
Formel 1 seit 1997 (Jordan, Williams)
größte Erfolge 1995 2. Formel 3-DM
1996 Japanischer F3000-Meister
2000 5. Formel 1-WM
2001 4. Formel 1-WM

Juan Pablo Montoya (CO)

06

geboren 20. September 1975
Geburtsort Bogota
Formel 1 seit 2001 (Williams)
größte Erfolge 1998 Formel 3000-Meister
1999 ChampCar-Meister
2000 Indy 500-Sieger
2001 6. Formel 1-WM

Mild Seven Benetton Renault Sport

Chassis Benetton B201 **Motor** Renault **Reifen** Michelin

Giancarlo Fisichella (I)

07

geboren 14. Januar 1973
Geburtsort Rom
Formel 1 seit 1996 (Minardi, Jordan, Benetton)
größte Erfolge 1993 2. Italienische F3-M.
1994 Italienischer F3-Meister
1997 8. Formel 1-WM
2000 6. Formel 1-WM

Jenson Button (GB)

08

geboren 19. Januar 1980
Geburtsort Frome
Formel 1 seit 2000 (Williams, Benetton)
größte Erfolge 1998 Britischer Formel Ford-M.
1999 3. Britische Formel 3
2000 8. Platz Formel 1-WM

Benson & Hedges Jordan Honda

Chassis Jordan EJ11 **Motor** Honda **Reifen** Bridgestone

Jarno Trulli (I)

11

geboren 13. Juli 1974
Geburtsort Pescara
Formel 1 seit 1997 (Minardi, Prost, Jordan)
größte Erfolge 1996 Deutscher Formel 3-Meister
2000, 2001 10. Formel 1-WM

bis GP Großbritannien fuhr Frentzen mit Nummer 11, in Kanada Zonta

Jean Alesi (F)

12

geboren 11. Juni 1964
Geburtsort Avignon
Formel 1 seit 1989 (Tyrrell, Ferrari, Benetton, Sauber, Prost, Jordan)
größte Erfolge 1987 Franz. Formel 3-Meister
1989 Formel 3000-Meister
1996, 1997 4. Formel 1-WM

bis GP Deutschland fuhr Trulli mit Nummer 11

Orange Arrows Asiatech

Chassis Arrows A22 **Motor** AMT **Reifen** Bridgestone

Jos Verstappen (NL)

14

geboren 4. März 1972
Geburtsort Montfort
Formel 1 seit 1994 (Benetton, Simtek, Arrows, Tyrrell, Stewart, Arrows)
größte Erfolge 1992 F.-Opel-Meister Benelux
1993 Deutscher F3-Meister
1994 10. Formel 1-WM

Enrique Bernoldi (BR)

15

geboren 19. Oktober 1978
Geburtsort Curitiba
Formel 1 seit 2001 (Arrows)
größte Erfolge 1996 Europäischer F Renault-M.
1998 2. Britische Formel 3

Red Bull Sauber Petronas

Chassis Sauber C20 **Motor** Petronas **Reifen** Bridgestone

Nick Heidfeld (D)

geboren 10. Mai 1977
Geburtsort Mönchengladbach
Formel 1 seit 2000 (Prost, Sauber)
größte Erfolge 1997 Deutscher Formel 3-Meister
1998 2. Formel 3000
1999 Formel 3000-Meister
2001 7. Formel 1-WM

Kimi Räikkönen (FIN)

geboren 17. Oktober 1979
Geburtsort Espoo
Formel 1 seit 2001 (Sauber)
größte Erfolge 2000 Britischer F Renault-M.
2001 9. Formel 1-WM

Jaguar Racing

Chassis Jaguar R2 **Motor** Cosworth **Reifen** Michelin

Eddie Irvine (GB)

geboren 10. November 1965
Geburtsort Newtownards
Formel 1 seit 1993 (Jordan, Ferrari, Jaguar)
größte Erfolge 1987 1. Brit. Formel Ford-M.
1990 3. Formel 3000
1993 2. Japan. Formel 3000
1999 2. Formel 1-WM

Pedro de la Rosa (E)

geboren 24. Februar 1971
Geburtsort Barcelona
Formel 1 seit 1999 (Arrows, Jaguar)
größte Erfolge 1990 Span. F.-Ford 1600-Meister
1992 Britischer und Europäischer Formel Renault-Meister
1997 Formel Nippon-Meister

bis GP San Marino fuhr Burti mit Startnummer 19

European Minardi F1

Chassis Minardi PS01 **Motor** European **Reifen** Michelin

Alexander Yoong (MAL)

geboren 20. Juli 1976
Geburtsort Kuala Lumpur
Formel 1 seit 2001 (Minardi)
größte Erfolge 1995 2. Formel Asien-Meistersch.

bis GP Belgien fuhr Tarso Marques mit Startnummer 20

Fernando Alonso (E)

geboren 29. Juli 1981
Geburtsort Oviedo
Formel 1 seit 2001 (Minardi)
größte Erfolge 1999 Meister Formel Euro Nissan
2000 4. Formel 3000

Prost Acer

Chassis Prost AP04 **Motor** Acer **Reifen** Michelin

Heinz-Harald Frentzen (D)

geboren 18. Mai 1967
Geburtsort Mönchengladbach
Formel 1 seit 1994 (Sauber, Williams, Jordan, Prost)
größte Erfolge 1989 2. Deutsche Formel 3
1997 2. Formel 1-WM
1999 3. Formel 1-WM

bis GP Deutschland fuhr Alesi mit Startnummer 22

Tomas Enge (CZ)

geboren 11. September 1976
Geburtsort Liberec
Formel 1 seit 2001 (Prost)
größte Erfolge 1996 Deutscher Formel Ford-M.
2000 6. Formel 3000
2001 3. Formel 3000

GP Australien bis GP San Marino Gaston Mazzacane, dann bis GP Belgien Burti

Stand: GP Japan, 14.10.2001

Simply the Best

Selbst der beste Fahrer ist in der Formel 1 nicht mal die halbe Miete. Was noch zählt, ist ein gutes Team sowie ein schnelles und zuverlässiges Auto. Der Ferrari F2001 ist in dieser Saison das Maß aller Dinge

Überlebenszelle – Villeneuve übersteht diesen Unfall in Australien nahezu unverletzt, jedoch stirbt ein Streckenposten. Jedes Gramm zählt – Sauber-Lenkrad aus Kohlefaser (darunter)

Jedes Jahr im Januar Rätselraten bei den ersten Testfahrten: Wer hat über Winter den größten Sprung gemacht? Top oder Flop – welche Konstruktion kommt beim Saisonstart in Australien am besten aus den Startlöchern? Vorhang auf zur Vollgas-Show heißt es seit 1996 regelmäßig im Albert Park in Melbourne, Anfang März.

„Alarmstufe Rot" heißt es für die Konkurrenz bereits nach dem ersten Qualifying. Mit fast 0,7 Sekunden Vorsprung deklassiert Michael Schumacher bei seiner Pole-Runde den ersten Nicht-Ferrario, Mika Häkkinen. „Das ist das, was wir uns erträumt hatten", gesteht „Schumi". Ferraris Aerodynamik-Ass Rory Byrne legt bei der Konstruktion des F2001 viel Wert auf maximalen Abtrieb, nicht so sehr auf aerodynamische Effizienz. Das kostet zwar Top-Speed, bringt aber auf den meisten Strecken Vorteile.

Gravierendste Regeländerung für die Elektroniker ist die Einführung von Traktionskontrolle, Startautomatik und vollautomatischen Gangwechseln zum fünften Rennen in Spanien. Die Regelhüter haben vor dem Erfindungsreichtum der Software-Genies kapituliert. Die Windkanal-Tüftler müssen 2001 den Frontspoiler um fünf Zentimeter höher legen. Gewünschter Effekt: Die Autos sollen, weil aerodynamisch ineffizienter, aus Gründen der Sicherheit eingebremst werden. Zirka vier Sekunden pro Runde ist man trotzdem in Melbourne gegenüber 2000 schneller. Unter anderem, weil es erstmals mit Bridgestone und Neueinsteiger Michelin wieder zwei rivalisierende Reifenfirmen gibt. Ein Duell, in dem die Franzosen auf Anhieb bestehen können. Schon im vierten Rennen schaffen sie den ersten Sieg durch Ralf Schumacher. Der Michelin-Gummi wird wegen seiner Langlebigkeit über

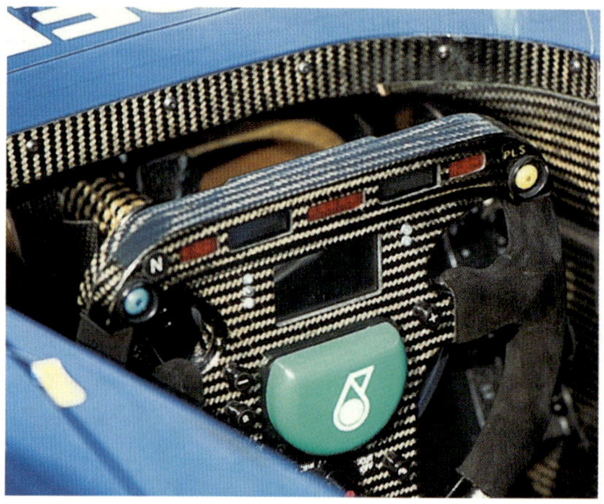

Ruhe vor dem Sturm – McLarens Tankwart

Made in Italy – Sauber (links) ärgert dank Ferrari-Power und einem tollen Chassis viele Werksteams. Wie man sich bettet... so fährt man (links, Mitte)

Neuer Trend – verkleidete Radträger gegen Luftverwirbelungen. Prost Mahlzeit – Heinz-Harald Frentzen kommt, und der Prost AP04 wird mit seiner Hilfe eine Sekunde schneller

Zahnloser Hai – Jordan gelingt mit dem EJ11 kein großer Wurf.

Schwarzes Gold – Neueinsteiger Michelin gelingen vier Siege

den grünen Klee gelobt. Grundsätzlich gilt: Je kälter, desto schwächer Michelin. Und im Regen fährt man weit hinterher.

Die saftige Trainingsniederlage in Melbourne rüttelt McLaren wach, hatte man sich doch wie in den Jahren zuvor die Rolle als technologischer Marktführer versprochen. Aber der neue MP4/16 ist – gemessen an den hohen Erwartungen – eine Enttäuschung. Stardesigner Adrian Newey baut zwar wieder das aerodynamisch effizienteste Auto, vermurkst jedoch die Konstruktion des neuen Frontflügels, so dass David Coulthard und Mika Häkkinen gegen schweres Untersteuern ankämpfen müssen. „Irgendwann musste Adrian ja mal daneben liegen", frohlockt „Schumi".

Eine schnelle Rundenzeit ist eine Sache, die Zuverlässigkeit eine andere. Und da setzt Ferrari ebenfalls die Maßstäbe. Von maximal 2138 Rennrunden absolvieren sie 1835. Hinter Prost und Benetton kommt McLaren nur auf Rang vier. „Wir werden sämtliche Produktionsabläufe optimieren", verpasst Mercedes-Chef Jürgen Hubbert seiner Truppe schon zu Mitte der Saison mit scharfem Unterton eine verbale Ohrfeige.

Auch bei der bisherigen Paradedisziplin PS wird McLaren-Mercedes 2001 geschlagen. Ausgerechnet von BMW. Dem Münchner V10 werden zu Saisonbeginn 850, am Ende gar 870 Pferdestärken nachgesagt. Highlight ist der Auftritt beim Heimrennen auf der Hochgeschwindigkeitsstrecke Hockenheim, wo Juan Pablo Montoya mit 0,7 Sekunden Vorsprung die Pole Position schafft.

Hightech made in Germany ist in der Formel 1 aber nicht nur das bayrische PS-Kraftwerk, sondern zum Beispiel

Hände hoch – Formel 1 ist nicht nur Technik, sondern auch Mensch

Klinisch rein – nicht nur in der McLaren-Box kann sprichwörtlich vom Boden gegessen werden

auch die Kupplung im Ferrari, die von Sachs kommt. Und bei Jaguar sorgt Bilstein-Know-how für den rechten Fahrbahnkontakt. Dass Jaguar auch 2001 mehr Schmusekätzchen denn Raubkatze ist, daran können auch Bilstein-Dämpfer nichts ändern. Die Aerodynamik des R2 gerät zum Fiasko.

Aus einem solchen Tief hat sich Williams in den letzten zwei Jahren wieder herausgearbeitet. „Unser größtes Manko ist aber noch die Zuverlässigkeit“, weiß BMW-Motorsport-Direktor Gerhard Berger. Je zehn Ausfälle durch technische Defekte passieren bei Williams und bei McLaren, ein Ferrari hingegen lahmt nur fünfmal. Die Roten holen fast so viele WM-Punkte wie Williams und McLaren zusammen.

Dass Williams-BMW mindestens den Anschluss an die großen zwei geschafft hat, ist die eine Sensation in technischer Hinsicht. Dass das Schweizer Sauber-Team aber die Werksteams von Honda – BAR und Jordan – sowie Jaguar und Renault in Schach hält, ist die nächste. Die Schweizer arbeiten nämlich mit einem Bruchteil an Etat und Windkanalstunden.

Den größten Sprung schafft im Laufe des Jahres Benetton. Der revolutionäre Motor mit einem V-Winkel von 111 Grad muss zu Saisonbeginn noch gebremst ausgedreht werden, zu Saisonende hat man das aber im Griff. „Renault kommt wieder an die Spitze“, ahnt Michael Schumacher.

Da, wo er mit seinem F2001 das ganze Jahr über ist. Und laut Technikchef Ross Brawn auch 2002 sein wird: „Der F2001 war unser bisher bestes Auto. Aber ich weiß, dass unser nächstes noch besser wird.“ Das muss der Konkurrenz in den Ohren klingeln – bis Melbourne, im März 2002. ■

DIE RENNEN

FORMEL 1

Formel 1-Weltmeisterschaft 2001

Horrorcrash – 300 Meter weit fliegt Villeneuves BAR. Der Kanadier trägt trotzdem nur Brustwirbel-Prellungen davon

Bilderbuch-Sieg – Michael Schumacher fährt in Melbourne unter dem Jubel der Ferrari-Fans der Konkurrenz um die Ohren

Nichts mehr zu machen – der von Villeneuves Rad getroffene Streckenposten ist laut Augenzeugen sofort tot

Triumph und Tragödie

Rot regiert „Down Under". Aber Michael Schumacher gefriert das Siegerlächeln. Schon wieder kommt ein Streckenposten ums Leben

Roll over – für Michael Schumacher ist der Unfall im freien Training der erste Überschlag in der Formel 1

Freitag, freies Training. Startschuss zur Saison 2001. Atem anhalten. Bei einem Bremsmanöver aus über 300 km/h bricht Michael Schumachers Ferrari aus, schlingert ins Kiesbett und macht einen doppelten Salto. Dieses Gefühl kennt der Weltmeister in seiner F1-Karriere bisher noch nicht. Kopfüber – als blinder Passagier. Noch vor dem dampfenden Wrack gibt er Entwarnung: „Das sah von außen spektakulär aus, ich habe aber keine Schramme."

Sonntag, Rennen. Keine fünf Runden sind absolviert. Der nächste Horrorcrash. Diesmal fährt Jacques Villeneuve auf Ralf Schumacher auf. Am linken Hinterrad des Williams-BMW hebt der BAR-Honda bei 290 km/h ab und löst sich auf einer 300 Meter langen Flug- und Rutschbahn in seine Bestandteile auf. Der 51-jährige Graham Beveridge stirbt, weil er hinter einer Luke im Sicherheitszaun im Brustbereich von einem Rad des BAR getroffen wird.

Zum Feiern ist so nach dem ersten Saisonrennen niemandem zumute. Als die Piloten nach der Zieldurchfahrt aus ihren heißen Boliden klettern, werden sie sofort über die Tragödie informiert. Podest und Fahrerlager tragen Trauer. Michael Schumacher, der „Down Under" in überlegener Manier seinen fünften Sieg in Serie schafft, ist tief betroffen: „Ich will eigentlich nicht übers Rennen reden."

Viel zu diskutieren gibt es sowieso nicht. Die Zeitenlisten sprechen eine deutliche Sprache: Rot regiert. Ferrari fährt in einer eigenen Welt und „Schumi" weit vor Barrichello, der trotz verbogener Spurstange Dritter wird. 2000 wollte beinahe jeder, dass Ferrari Weltmeister wird. Nun hat die Konkurrenz Grund, sich schon nach einem Rennen vor einer totalen Dominanz der Italiener zu fürchten.

Sieben Zehntelsekunden nimmt „Schumi" Dauerrivale Mika Häkkinen im Qualifying ab. Der Finne ist bis zu seinem Ausfall in der 26. Runde der einzige, der überhaupt in die Nähe von Überflieger Schumacher kommt. Dass es mit Häkkinen nicht doch noch einen verletzten Piloten gibt, ist auch

Bier statt Champagner – Nick Heidfeld verpasst in seinem ersten Rennen für Sauber das Podest nur um einen Platz

wieder der unsichtbaren Garde der Schutzengel zu verdanken. Bei über 300 km/h bricht die rechte vordere Radaufhängung. Im Krankenhaus gibt es Entwarnung: Alles gesund.

Der 100. Grand Prix der Paarung McLaren und Mercedes ist nicht nur deswegen kein gelungenes Jubiläum. David Coulthard sieht auf dem Papier als Zweitplatzierter gar nicht so schlecht aus, jedoch kann der Schotte in den drei Tagen nicht ein einziges Mal das Tempo der Ferrari mitgehen.

Bei BMW-Williams dagegen freut man

Fotografen-Beute – Häkkinen (links) und die Frauen der Schumachers

Völlig losgelöst – Überflieger Kimi Räikkönen holt im allerersten F1-Rennen einen Punkt.

Platz da – hinter „Schumi“ geht es beim Start sehr eng zu

sich trotz eines Doppelausfalls darüber, dass man zumindest in Richtung McLaren einen großen Schritt nach vorne gemacht hat. Im Fahrerlager wird voller Respekt vom neuen BMW-Zehnzylinder getuschelt. 850 PS bei 18 000 Umdrehungen machen ihn in der Gerüchteküche zum stärksten Motor im Feld. Der neue Reifenlieferant Michelin verblüfft auf Anhieb. Ohne einen Testkilometer auf der anspruchsvollen Strecke im Melbourner Albert Park backen die Franzosen einen Reifen, der Ralf Schumacher im Qualifying zu Platz fünf verhilft.
Weiterhin zu den Gewinner zählt Sauber, die mit beiden Autos punkten. Die Schweizer haben mit der Verpflichtung von Nick Heidfeld und Nachwuchsstar Kimi Räikkönen einen Riesengriff getan. Der Finne fährt als Sechster gleich in seinem ersten F1-Rennen einen WM-Zähler ein. Den verdankt er Teamkollege Heidfeld. Der hat an die Rennleitung gemeldet, dass der vor ihm auf Rang vier platzierte BAR-Pilot Olivier Panis unter gelber Flagge überholt hat. Panis wird nach Rennende mit einer 25-Sekunden-Strafe belegt und wird so nur Siebter. Heinz-Harald Frentzen als Fünfter reist mit Optimismus im Gepäck weiter nach Malaysia. Jordan hat anscheinend wieder das Potenzial, die Großen zu ärgern. Nur weil Rubens Barrichello HHF zwischendurch in die Wiese und zurück auf Platz 16 schickt, verpasst der Mönchengladbacher einen Podestplatz. ■

Der Unfall und die Lehren daraus

Der Tod hat die Formel 1 schon wieder eingeholt. Zum zweiten Mal nach dem GP Italien 2000 wird ein Streckenposten von einem abgerissenen Rad getötet. Trotz neuerdings zweier vorgeschriebener Halteseile. Außerdem werden sieben Zuschauer von Trümmerteilen verletzt. Die Telemetriedaten belegen, dass Schumacher nicht früher als in den Runden zuvor gebremst hat. „Ich spürte einen Schlag, dann flog Jacques wie eine Kanonenkugel über mich hinweg.“ Lediglich sieben km/h betrug der Geschwindigkeitsunterschied, wobei Schumacher, weil wesentlich voller betankt, eher bremsen musste als der BAR. Wäre der Tempounterschied entschieden größer gewesen, hätte Villeneuve nicht abgehoben, sondern es wäre „nur“ die Achsaufhängung gebrochen. Michael Schumacher ist geschockt: „Wenn wir alles dafür tun, um unsere Sicherheit zu verbessern, müssen wir auch alles tun, um das Leben aller anderen Involvierten zu schützen.“ Was kann getan werden? Die Zuschauer weiter weg zu setzen, ist meist nicht möglich. Als Mindestmaßnahme fordert Ex-Weltmeister Jackie Stewart höhere und stärkere Sicherheitszäune. Und es wird über Betonkäfige für die Streckenposten nachgedacht. Keine einfache Aufgabe, schließlich sollen die freiwilligen Helfer ja innerhalb weniger Sekunden am Unfallort sein. Erste Maßnahme des Automobil-Weltverbandes FIA: Die dahinsiechende Entwicklung der Warnlampen im Cockpit als Ersatz für die Flaggensignale durch die Streckenposten wird neu forciert. Die Einführung ist für 2002 geplant.

Freiwillige Helfer – über 1000 Streckenposten helfen bei der Ausrichtung eines Formel 1-Rennens

Autsch – Barrichello dreht Ralf Schumacher um (rechts).

Im Tiefflug vorneweg – Barrichello (vorne) und „Schumi“ lassen die Rivalen stehen

Platz da – Coulthard (vorne) hat gegen Schumacher auf Intermediate-Reifen keine Chance

Nach uns die Sintflut

Überlegener Doppelsieg trotz Pannenserie. Ferrari gewinnt dank genialer Reifenwahl ein Rennen, das schon mit Pauken und Trompeten verloren war

Krisenstimmung – der McLaren hat Tücken. Coulthard (rechts) wird trotzdem Zweiter

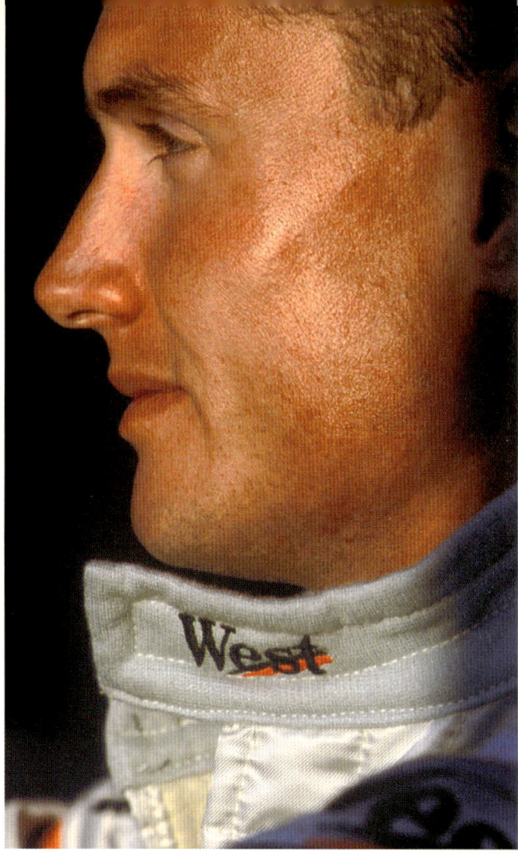

MALAYSIA

FORMEL 1

Neben der Spur – Häkkinen (oben) schafft mit fast einer Minute Rückstand nur einen Punkt

Der Schock sitzt bei der Konkurrenz tief, als man sich zum zweiten Saisonlauf im fernöstlichen Malaysia trifft: Wie kann man eigentlich Ferrari schlagen? Bei McLaren setzt sich langsam die Erkenntnis durch, dass der neue MP4/16 aerodynamisch kein Volltreffer ist. Die Piloten beklagen sich bei Star-Konstrukteur Adrian Newey über heftiges Untersteuern. Dass man in Sachen Topspeed hinter Ferrari und noch hinter Erzrivale BMW rangiert, fördert nicht gerade das Vertrauen in den Mercedes-V10. Das Qualifying in Kuala Lumpur bestätigt den Trend. Als bester „Silberpfeil"-Lenker schafft es Mika Häkkinen gerade mal auf den vierten Startplatz hinter einer knallroten Reihe eins und Ralf Schumacher auf Startplatz drei. Wie das berühmte Rufen im dunklen Wald wirkt es da, wenn Teamchef Ron Dennis erklärt, warum Pole Positions nicht mehr drin sind: „Wir haben uns bei der Abstimmung aufs Rennen konzentriert..."

Dass beide Ferrari in Malaysia mit großem Vorsprung als erste über die Ziellinie rauschen, hat aber nur zum Teil mit der technischen Überlegenheit der Italiener zu tun. Ferrari lässt in diesem Rennen keine Panne aus, macht aber immer noch zu wenig falsch, um sich selbst zu schlagen.

Los geht's in der dritten Runde mit einem Synchronabflug der beiden führenden Roten ins Kiesbett – ausgerutscht auf Öl des explodierten Honda-Motors von Olivier Panis. Zu dem Zeitpunkt schiebt Ralf Schumacher schon mächtig Frust auf Ferraris Nummer zwei: „Es wird Zeit, dass auch Rubens mal die Regeln lernt." Barrichello schießt den Williams-BMW von der Piste. Als 20. und Letzter hechelt „Schumi 2" der Meute hinterher.

Der große Regen mit Namen Sintflut kommt in der dritten Runde. In Sekundenbruchteilen sind große Teile der Strecke geflutet, andere aber noch knochentrocken. Jacques Villeneuve, Enrique Bernoldi, Juan Pablo Montoya und Nick Heidfeld werden Opfer der Fluten, viele andere finden gerade noch den Weg in die Boxengasse zum Reifenwechsel. Inzwischen ist das Safety-Car draußen und kann sogar schneller durch die Fluten manövrieren als die tiefliegenden F1-Boliden.

Das Chaos in der Boxengasse ist naturgemäß groß, aber den Vogel schießt man bei Ferrari ab, wo man mit Schumacher als erstem Wechselkandidaten rechnet, aber Barrichello auftaucht. Drei der vier Gummis für den Brasilianer werden im Dunkel der Box gefunden, der vierte erst nach quälend langen 72 Sekunden.

Quälend für Michael Schumacher, der hinter Barrichello ansteht: „Ich dachte, bei Rubens wäre der Motor abgestorben und habe immer in den Funk geschrien, sie sollen ihn endlich weg-

Deutsches Doppel – Heinz-Harald Frentzen (links) und Nick Heidfeld

Machtlos – Häkkinen kommt nicht am Arrows von Jos Verstappen (vorne) vorbei

Einlauf des Gladiators – Schumacher ist der Mann, den es zu schlagen gilt. Aber wie?

schieben.“ Ferrari hat Glück, dass es auf der Piste so nass ist, dass „Schumi“ und Barrichello nicht trotz des Malheurs überrundet werden. Strategie-Ass Ross Brawn übernimmt die Verantwortung für das Desaster: „Ich habe gedacht, dass Michael inzwischen vorne liegt.“ Mit völlig überhitzten Motoren reihen sich die beiden Ferrari wieder auf den Plätzen zehn und elf ein. Das Rennen haben sie exakt zu diesem Zeitpunkt schon gewonnen. Denn als einzige sind sie nun auf Intermediate-Reifen für halbnasse Verhältnisse unterwegs. Die Konkurrenz trägt beinahe ausnahmslos Gummis mit den ganz tiefen Rillen.

Dass ausgerechnet der Führende David Coulthard über Funk die Rennleitung bittet, das Safety-Car noch ein bisschen länger, nämlich elf Runden lang, draußen zu lassen, hilft Ferrari. Als das Rennen wieder freigegeben wird, ist es so abgetrocknet, dass die Ferrari-Piloten Kreise um die Konkurrenz ziehen. Sechs Umläufe später ist Rot wieder im Doppelpack vorne. Zum zweiten Mal an diesem Wochenende tut Ron Dennis Befremdliches kund: „Was Ferrari mit dem Wechsel auf Intermediates gemacht hat, war verantwortungslos im Hinblick auf die Sicherheit der Fahrer.“ Ross Brawn wehrt sich: „Es war ganz allein die Entscheidung der Fahrer. Sie kennen die Reifen und wussten, es würde gehen. Ron weiß nicht, was er redet.“ Silber grummelt, Rot fliegt uneinholbar davon. Teilweise fährt Schumacher über eine Minute Vorsprung heraus. Der Weltmeister spöttelt nach der Zieldurchfahrt: „Mir war langweilig, ich hätte gerne eine Tasse Kaffee gehabt.“ Die Trostpreise hinter Ferrari holen sich David Coulthard und Heinz-Harald Frentzen, deren gewagte Ein-Stopp-Strategien im Regenchaos bestens aufgehen. ■

Schummelt Ferrari?

Kaum war Michael Schumacher in Malaysia, saß er wutschnaubend schon ganz oben auf einer Palme. Und was hat ihn dort hinaufgetrieben? Ausgerechnet Aussagen seines Berufskollegen Heinz-Harald Frentzen. Der hatte beim Melbourne-GP in den Auspuffgasen von Nick Heidfelds Sauber geschnüffelt, aber keinen Weg vorbei gefunden. Frentzens Erklärung: „Ferrari und deren Kundenteams (Heidfelds Sauber) haben aus engen Ecken heraus eine ausgesprochen gute Beschleunigung, verbunden mit Motor-Aussetzern. Es steht für mich außerhalb jeglicher Diskussion, dass es Ferrari gelungen ist – wie auch immer – im Motormanagement etwas programmiert zu haben, das im Bedarfsfall soviel Motorleistung zurücknimmt, dass die Räder nicht durchdrehen.“ „Ob das legal oder illegal ist“, so HHF weiter, „darüber kann man diskutieren...“
Michael Schumachers Reaktion: „Es ist ein großer Fehler, solch dumme Spekulationen und Gerüchte in die Welt zu setzen. Damit bringt man unseren Sport ins Zwielicht. Das ist kompletter Unsinn“, schimpft er.
Dass „Schumi“ ausgerechnet in der Sintflut des GP Malaysia der Konkurrenz um die Ohren fährt, hilft nicht gerade. Mika Häkkinens Manager Keke Rosberg: „Wenn Schumacher im engen, eckigen letzten Teilstück sechs Zehntelsekunden gut macht, hinterlässt das schon einige Fragezeichen.“
Frentzens Teamchef Eddie Jordan geht noch weiter: „Ein paar Autos sind so traumwandlerisch durch den Regen gefahren, als hätten sie eine Traktionskontrolle...“

Bloß nicht durchdrehen – eine der Formel 1-Kernfragen lautet: Wie bekommt man die PS auf die Piste?

Schon geduscht – Häkkinen empfängt Sieger Coulthard in Zivil

Licht und Schatten

Coulthard stoppt Michael Schumachers Siegesserie. So richtig freuen kann sich bei McLaren niemand darüber. Nicht nur, weil Häkkinen erneut einen Nuller kassiert

Magere Ausbeute – Mika Häkkinen hat erst einen mickrigen WM-Punkt auf dem Konto. In Brasilien kommt er nicht mal über die Startlinie

„Schumis" stärkster Jäger – nach drei Rennen hat David Coulthard sechs Punkte Rückstand

Gewagtes Unternehmen

Man hat sich viel vorgenommen bei Toyota. Wenn die Japaner ab März 2002 als zwölftes F1-Team an den Start gehen, sind sie neben Ferrari die Einzigen, die sowohl Chassis als auch Motor unter einem Dach bauen. In Köln, bei der Toyota Motorsport GmbH, wo inzwischen beinahe 500 Mann arbeiten. „Wir sind sicher, dass wir Erfolg haben werden", erklärt Toyota-Motorsport-Chef Tsutomu Tomita bei der Vorstellung des Toyota-Toyota am 23. März auf der französischen Rennstrecke Paul-Ricard. „Ein großes Scheckbuch allein gewinnt noch keine Rennen", hält Motorsport-Präsident Ove Andersson dagegen. Wie recht er doch hat. Lief bei Showrunden während der Präsentation noch alles problemlos, landete Testfahrer Mika Salo nach einem Bruch einer Achsaufhängung drei Tage später in der Mauer. Neben Salo wird 2002 Allan McNish im zweiten Auto sitzen. Den richtig großen Fahrer-Coup plant der drittgrößte Autohersteller der Welt erst, wenn man weiß, wo man steht. Also frühestens für 2003. Trotzdem weiß man schon, wie die große Werbetrommel gerührt wird. Schnell kommen Gerüchte auf, man habe Michael Schumacher mit einem Gehaltsscheck geködert, den er selbst ausfüllen dürfe. Dessen Manager Willi Weber nutzt dies, um mit einem vielsagenden „Nichts ist unmöglich" die Verhandlungsposition bei Ferrari für eine Vertragsverlängerung zu stärken. Dass die Japaner im Haifischbecken Formel 1 nicht nur Gerüchtewellen schlagen, beweisen sie, als sie Star-Konstrukteur Gustav Brunner über Nacht bei Minardi weglocken.

Was ist denn nun möglich? Seit dem 23. März testet Toyota seinen Formel 1-Boliden für das Debüt im März 2002

Geschichte wird gemacht. Das Zeittraining zum dritten Rennen findet einen außergewöhnlichen Platz in der Formel 1-Historie. Erstmals in der „Königsklasse des Motorsports" teilt sich ein Bruderpaar die erste Startreihe. „Schumi 1" vor „Schumi 2". „Ich glaube, der Herzschlag unserer Eltern wird beim Start ziemlich rasen", unkt der „Große".

Dazu kommt es nicht, denn der „Kleine" kommt schlecht weg. Noch viel schlechter, nämlich gar nicht, kommt Mika Häkkinen los. Wegen eines Kupplungsproblems. Wild winkend warnt der Finne seine über die Startlinie preschenden Kollegen. Getroffen wird er zum Glück nicht. Da der Rennleitung aber das Risiko zu groß ist, dass im nächsten Umlauf die Bergung des mausetoten McLaren von der rasenden Meute torpediert wird, rückt das Safety-Car für eine Runde aus. Häkkinen geht sich umziehen. Ein WM-Punkt aus drei Rennen. Eine Tragödie beginnt.

Der Restart zu Beginn der dritten Runde wird zur One-Man-Show des Juan Pablo Montoya. Am Ende der Startgeraden quetscht er sich mit Räderkontakt spektakulär am führenden Michael Schumacher vorbei. Nicht das letzte Mal an diesem 1. April, dass Schumacher ausgetrickst wird... „Ein gutes Manöver. Es war eng, aber alles im Rahmen", zollt „Schumi" dem Williams-Piloten Respekt. Gar nicht so geschmeckt hat ihm dann allerdings, dass Montoya in voller Fahrt auf und allen davon zieht. Sollte dies der erste BMW-Sieg werden?

Nein. Der Renngott hat mit beiden Williams-BMW-Piloten an diesem Tag Böses vor. Zunächst ist es Ralf Schumacher, der – genau wie 14 Tage zuvor – ein Opfer von Rubens Barrichello wird. Der Brasilianer, der noch in allerletzter Sekunde während der Vorstart-Phase ins Ersatzauto wechseln muss, kachelt „Schumi 2" ins Heck. Barrichello out, Schumacher kann nach vier Runden langer Reparatur weiterfahren, gibt aber später nach einem Dreher auf.

36 Runden in Führung, 36 Runden träumt Montoya vom ersten Formel 1-Sieg. Aber auch ihn trifft das Aus von

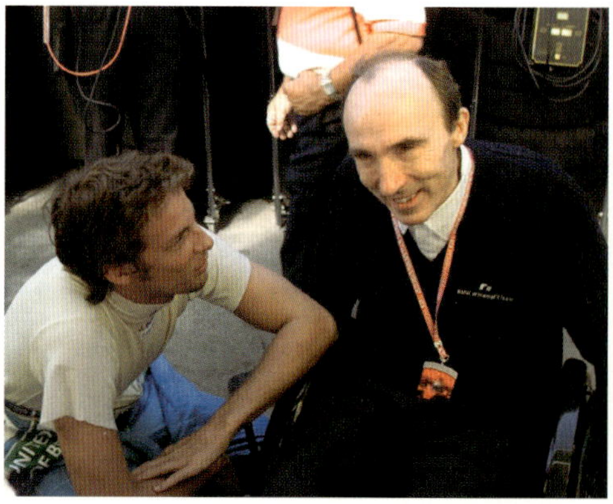

Ex-Chef – Jenson Button fährt nun für Benetton und nicht mehr bei Frank Williams (rechts). Bitte rechts einordnen – Michael Schumacher gewinnt den Start

Bange Blicke – für Barrichello ist nach drei Runden im Heck von Ralf Schumacher Schluss

Vollgas voraus – Juan Pablo Montoya (vorne) führt bis zu seinem Ausfall (links oben) souverän

Kurzschluss kurz vor Schluss – sieben Runden fehlen Frentzen (oben) zu einem Podestplatz. Das erste Mal – bisher schaute Heidfeld immer nur von unten aufs Podest. In seinem 20. Formel 1-Rennen steht er als Dritter selbst da oben

hinten in Form eines Kollegen. Alles sieht wie Formel 1-Routine aus, als er in der 39. Runde Jos Verstappen überrundet. Doch beim Anbremsen der nächsten Kurve schießt der Arrows den Williams von der Strecke. „Er hat zu früh gebremst", verteidigt sich der Holländer. Die Rennleitung verdonnert ihn zu 15 000 Dollar Geldstrafe. „Der Tag versprach einer der schönsten in meinem Leben zu werden...", gibt ein geknickter Montoya zu Protokoll.

Um den Sieg fahren nun Michael Schumacher und der Führende David Coulthard. Und wieder ist es plötzlich einsetzender Regen, der die Entscheidung bringt. Zugunsten des „Silberpfeils". Auch, wenn die McLaren-Box „DC" eine Runde zu lange auf Trockenreifen um das Autodromo José Carlos Pace eiern lässt.

Als Coulthard erstmal den nassen Umständen entsprechend passend bereift ist, holt er schnell „Schumi" ein. Zumal der sich auch noch einen Ausritt neben die Strecke leistet. Dann gibt ihm der Schotte in der 50. Runde Saures. Wie zuvor Montoya überholt er ihn in der ersten Kurve. Und zwar in Häkkinen-Manier à la Spa 2000. Zaungast in der Mitte ist diesmal der Brasilianer Tarso Marques. Schumacher geht rechts am Minardi, Coulthard links und damit innen vorbei.

Und in Führung Richtung Sieg. Der zehnte seiner Karriere, der erste seit dem GP Frankreich 2000. „Ich musste etwas riskieren und habe deshalb mit meiner Abstimmung auf Regen gesetzt. Als es anfing zu plätschern, habe ich gejubelt", verrät Coulthard. „Irgendetwas an seinem Auto war faul", erklärt Ferrari-Chefstratege Ross Brawn, wie sein Starfahrer innerhalb von 14 Tagen vom Regengott zum Regenstümperer verkümmern konnte. „Mein Auto lag im Nassen wie ein Stück Sch..." – so erklärt der Weltmeister diesen Zusammenhang.

Coulthard und Schumacher – das sind alte Hasen bei der Champagner-Spritzerei auf dem Podest. In Interlagos gesellt sich ein Neuling dazu: Nick Heidfeld. Der Sauber-Youngster profitiert vom Ausfall des anderen Mönchengladbachers: Heinz-Harald Frentzen verliert Platz drei wegen eines Elektronik-Defekts sieben Runden vor Schluss. Nicht das letzte Mal, dass HHF mit dickem Hals von einem Grand Prix abreist.

Jubel, Trubel, Heiterkeit – davon will vor dem ersten Europa-Rennen nicht mal bei der Siegertruppe McLaren-Mercedes jemand etwas wissen. Mercedes-Sportchef Norbert Haug kennt die Defizite: „Wir sind im Augenblick weder beim Chassis noch beim Motor die Nummer eins." Sieger Coulthard weiß das auch: „Wir brauchen zur Zeit viel Glück, um zu gewinnen."

SAN MARINO

FORMEL 1

Kleiner Bruder ganz groß

69 mal ist nichts passiert. Aber dann. Mit Ralf trägt sich der zweite Schumacher in die Siegerlisten der Formel 1 ein. Und BMW gewinnt schon im 21. sowie Michelin bereits im vierten Rennen nach dem Comeback

Happy together – Michael Schumacher gratuliert seinem Bruder als Erster zum ersten Sieg im 70. F1-Rennen

Michael Schumacher macht sich nichts aus Statistiken. Betont er immer wieder. Aber warum hat er dann nach dem Rennen in Monza 2000 geweint, als er Ayrton Senna bei der Zahl der Siege eingeholt hat und der Moderator ihn darauf ansprach?

In San Marino 2001 hätte der Weltmeister eine andere Bestmarke des unvergessenen Brasilianers egalisieren können: acht Pole Positions in Folge. Dies gelang Senna 1988/89. „Schumi" hat an diesem Samstag in Imola darauf keine Chance. Bei Ferrari entscheidet man sich so ziemlich als einziges Team für die härtere der beiden Reifen-Mischungen.

„Silber" steht vorne, Michael Schumacher schafft sogar nur Startplatz vier. Von dort schaut er nämlich in die Auspuffrohre seines sieben Jahre jüngeren Bruders, der seinen Williams-BMW auf Startplatz drei rangiert.

Eine ideale Ausgangsbasis für eine furiose Startbeschleunigung, denn unter seinem Williams-Boliden verläuft die saubere Ideallinie. Alle Piloten mit gerader Startplatznummer müssen im „Dreck" losfahren – gerade in Imola ist das ein Handikap. Das letzte Mal erlöschen sonntags die Ampeln, ohne dass die Fahrer per elektronischer Startautomatik ins Rennen preschen. Ab dem nächsten Rennen in Spanien ist so etwas erstmals seit Beginn der neunziger Jahre wieder erlaubt.

Ralf Schumacher nutzt die Gunst der spannendsten Sekunden eines Grand Prix und bugsiert seinen weiß-blauen Renner – mit zwei Rädern schon im Gras – dicht neben Pole-Sitter David Coulthard. Der McLaren gibt nach, überlässt „Schumi 2" ein bisschen Platz und damit die Führung. „Ich war da sehr freundlich, vielleicht zu freundlich...", gibt der Schotte hinterher leicht verkniffen zu.

Während Ralf Schumacher Kurs auf seinen ersten Formel 1-Sieg nimmt und sich Meter um Meter von Coulthards „Silberpfeil" absetzt, hadert der Bruder mit einem kränkelnden Getriebe. Der Anfang vom Ende. Weil für einige Sekunden alle Gänge die Mitarbeit einstellen, können zunächst Juan Pablo Montoya sowie Olivier Panis durchschlüpfen. Und dann auch noch Teamkollege Rubens Barrichello.

Es ist nicht das Wochenende des großen „Schumi". Nach einem Plattfuß in Runde 24, ausgelöst durch einen Stein, der über die Bremszange die Felge und diese dann den Reifen demoliert, geht der Weltmeister zwar nochmal kurz ins Rennen, gibt aber einen Umlauf später auf. „Das Risiko eines weiteren Bremsdefekts war einfach zu groß", erklärt er. Und setzt sich vor den Fernseher. Daumen drücken für den Bruder.

Für den sieht's gut aus. Genau wie in den ersten Rennen wird sein Michelin-Reifen nach ein paar Runden schneller statt langsamer. Die Franzosen haben zwar beim Thema Regenreifen noch große Defizite, die Trockenreifen dagegen sind schon mindestens auf Bridgestone-Niveau. Und es gilt: Je wärmer, desto Michelin. Ralf Schumacher mit Vorsprung vorne

Ruhe nach dem Sturm – Parc fermé. Raubkatze ohne Krallen – kein Jaguar sieht in Imola die Zielflagge

Feierabend – Schumacher gibt freiwillig auf

Männer-Ballett – immer wieder hinreißend ist die Choreographie eines Boxenstopps. Stadtmeisterschaft – Frentzen (vorne) und Heidfeld kommen beide aus Mönchengladbach

weg, Coulthard hinterher. Die weitere Reihenfolge heißt nach der zweiten Runde der Boxenstopps Barrichello, Häkkinen, Trulli und als Letzter auf einem Punkterang Heinz-Harald Frentzen.

Genau in dieser Anordnung geht es auch über die Ziellinie. Geschafft! Ralf Schumacher gewinnt im 70. Anlauf sein erstes Formel 1-Rennen. „Auf diesen Moment habe ich fünf Jahre lang gewartet. Dieser Sieg ist eine wundervolle Erfahrung und das Ergebnis harter Arbeit des Teams. Jetzt warte ich aber nicht nochmal so lang“, strahlt „Schumi 2“ über seinen nächsten Schritt aus dem übermächtigen Schatten des großen Bruders.

Der ist im Parc fermé der erste Gratulant. Schon wenige Minuten später auf dem Podest vermisst der Sieger seinen engen Verwandten: „Schade, dass Michael nicht mit mir hier oben steht.“ Nur Geduld, das Formel 1-Drehbuch hat diese Episode für die Saison 2001 noch eingeplant...

Viel schneller als erwartet

Gerhard Berger, einer der beiden BMW-Motorsport-Direktoren, bekommt sich nicht mehr ein. „Nach nur 21 Rennen zu gewinnen, das ist sensationell. Ein Traumtag für uns“, jubelt der Ex-Formel 1-Star. Ausgerechnet er war es, der vor 15 Jahren den letzten Sieg für die Münchener beim GP Mexiko schaffte. Nur 21 Rennen vom Comeback bis zum ersten Sieg. Die schwäbische Mercedes-Konkurrenz benötigte dafür nach dem Wiedereinstieg 1994 immerhin 50 Versuche, bis zum GP Australien 1997. Ein mehr oder minder verstohlenes hämisches Grinsen kann man sich in München Richtung Stuttgart nicht verkneifen. BMW bewirbt den Erfolg Tage später mit dem Slogan „Ein Sieg gegen die Langeweile“. Schließlich waren es nur Ferrari und McLaren, die in den letzten Jahren das Duell an der Spitze ausfochten. Seit September 1999 hatte kein anderes Team gewonnen. BMW-PS bringen Williams wieder mit ins Spiel. September 1997 auf dem Nürburgring gewann Jacques Villeneuve das letzte Mal für Williams. Reichlich Grund zum Feiern haben auch die Reifenlieferanten von Michelin. Im vierten Rennen seit dem Comeback zeigen sie der japanischen Bridgestone-Konkurrenz die Hacken. Ralf Schumacher entschwindet zur Siegesfeier ins österreichische Salzburg, wo er für sich und seine schwangere Verlobte Cora Brinkmann eine Villa gekauft hat. Das freut auch österreichische Zeitungen, die ihren neuen Mitbürger gleich einmal quasi „eingemeinden“. „Kaum wohnt er hier, gewinnt er“, titeln sie.

Gefürchtete Perspektive – auf 850 PS bei 18 000 Umdrehungen wird der BMW-Motor geschätzt

Hätte, wenn und aber

305,3 Kilometer absolviert, nur noch zwei bis zur Ziellinie. 43 Sekunden Vorsprung. Was soll jetzt noch passieren, damit Mika Häkkinen nicht sein erstes Rennen 2001 gewinnt? Eine Kupplungsdefekt

SPANIEN

FORMEL 1

Computer statt Feingefühl

Besonders Ferrari muss sich seit Jahren gegen immer den gleichen Vorwurf wehren: Die Italiener - argwöhnt die Konkurrenz - fahren mit einer illegalen Traktionskontrolle. Was macht die eigentlich? Sie verhindert ein Durchdrehen der mit über 800 PS angetriebenen Hinterräder und ermöglicht so eine viel bessere Beschleunigung, als es der sensibelste Gasfuß je könnte. Weil die Regelhüter beim Automobil-Weltverband FIA Ende der letzten Saison einsehen müssen, dass sie längst nicht alle Möglichkeiten zur Realisierung einer illegalen Traktionskontrolle überprüfen können, soll diese ab 2001 wieder freigegeben werden. Warum erst beim fünften Rennen in Spanien? Weil Ferrari dagegen war, die neuen Regeln schon zum ersten Rennen einzuführen. Das macht den Roten nicht gerade Freunde und nährt die obigen Spekulationen. „Ich denke, nun gibt es Chancengleichheit, durch die man den ganzen Mist ausräumen kann", freut sich Ralf Schumacher in Barcelona. Traktionskontrolle, Startautomatik, vollautomatische Getriebe - das alles ist seit dem GP Spanien wieder erlaubt. Das war es schon mal. Bis zum Ende der Saison 1993, als man eine technische Abrüstung beschloss, damit das Können des Fahrers wieder mehr in den Vordergrund rückt. Nun also der Salto rückwärts. „Diese Autos kann jeder Affe fahren", meint Niki Lauda. Michael Schumacher widerspricht: „Das stimmt nicht. Die Autos werden wieder schneller, damit ist umso mehr die Kunst des Fahrers gefragt." Sein Bruder will Lauda beim Grand Prix Österreich einen Affen schenken.

Unter Verdacht - immer wieder wurde gemutmasst, Ferrari fahre mit illegaler Traktionskontrolle

Vier mickrige Punkte. Nach vier Rennen. Eine bescheidene Ausbeute. Für Mika Häkkinen läuft die Saison bescheiden. Höflich formuliert. Bei seiner Ankunft in Spanien macht der Doppel-Weltmeister in Optimismus: „Die WM ist noch offen." Was ihn hoffen lässt: Die letzten beiden Jahre hat er auf dem Circuito de Catalunya gewonnen. Mercedes-Sportchef Norbert Haug gibt mentale Unterstützung: „Mika ist blendend drauf. Er hätte natürlich auch lieber 40 statt vier Punkte." Hoffnungen auf seinen ersten Sieg kann sich der Finne auch samstags nach dem Qualifying noch machen. Nur mit acht Hundertstelsekunden Rückstand verliert er das Duell um die Pole Position gegen Michael Schumacher.

Experten hatten vermutet, dass die Freigabe von Traktionskontrolle und automatischen Gangwechseln die großen Teams mit ihren riesigen Budgets und Entwicklungsabteilungen zunächst wieder bevorzugen würde. Da wird David Coulthard nicht ganz zustimmen, denn ausgerechnet er bleibt beim Start zur Einführungsrunde stehen. „Ich wollte noch einmal die Startautomatik ausprobieren", erklärt er. Weil die Software aufgrund eines Programmierfehlers aber annimmt, „DC" stehe noch in der Box, stellt sie den Motor ab. Ab in die letzte Reihe.

Nächstes Opfer der neuen Regeln ist Heinz-Harald Frentzen. Ausgerechnet Frentzen. „Letztendlich ist der Startvorgang für uns jetzt nur noch ein Knopfdruck - und ab geht die Post. In Zukunft werden also weniger die Fahrer und dafür mehr die Ingenieure einen erhöhten Puls haben, wenn die roten Startampeln verlöschen", spricht er vorher. Grau ist die Theorie. Und in diesem Fall lebensgefährlich. Wie angewurzelt bleibt der Jordan auf Startplatz acht stehen. Zum Glück reagieren HHF's Kollegen vorbildlich und können ausweichen. Mit ein paar Sekunden Verzögerung hechelt der Mönchengladbacher hinterher. In Runde sechs hat er Feierabend, nachdem er von Pedro de la Rosa auf die

Respektabstand - nach zwei Kollisionen lässt Barrichello (links vorne) Ralf Schumacher Platz

Hörner genommen wurde. Der Spanier war bei Jaguar vom Test- zum Stammfahrer befördert worden. Jaguars bisherige Nummer zwei Luciano Burti wechselte zu Prost, dort wurde Gaston Mazzacane entlassen.

Auch für Ralf Schumacher kommt das Ende früher als erwartet. Als Dreher in Runde 21: „Die Hinterräder haben blockiert. Das war's.“ Auch das ein Resultat der Probleme mit der neuen Software? Wohl ja.

Das Rennen an der Spitze ist arm an Höhepunkten. „Schumi“ in Front, Häkkinen dicht dahinter, aber kein direktes Duell. Bis zur 43. Runde und Schumachers zweitem Boxenstopp. Plötzlich wird der Deutsche langsamer: „Ich hatte so starke Reifenvibrationen, das ich dachte, die Laufflächen fliegen weg.“ Nur seltsam, dass Bridgestone seinen Gummi aus der Schuld nimmt und Teamkollege Barrichello mit einem mysteriösen Aufhängungsschaden aufgeben muss. „Schlechter Reifensatz“ könnte bei Ferrari für „Schumi“ eine Ausrede für dasselbe Problem gewesen sein.

Mika Häkkinen kann Schumacher jedenfalls mit seinem waidwunden Boliden nicht mehr halten. Auch nach seinem zweiten Stopp liegt der Finne komfortabel in Front. Schumacher hat den Sieg abgeschrieben.

Bis zur, ja bis zur allerletzten Runde. Die Kupplung in Häkkinens McLaren muckt und kollabiert läppische zwei Kilometer vor der Ziellinie. Jubel bei Ferrari, schockgefrorene Mienen in der „Silberpfeil“-Box. Ehefrau Erja schlägt die Hände vors Gesicht. Das darf doch nicht wahr sein... 43 Sekunden Vorsprung dahin. Am gestrandeten McLaren vorbei krabbelt der defekte Schumacher-Ferrari zum dritten Saisonsieg. Und mit ihm aufs Podest kommen Juan Pablo Montoya, der erstmals in der Formel 1 die Zielflagge sieht, und Jacques Villeneuve. Das letzte Mal stand der Kanadier in Ungarn '98 auf dem Treppchen.

„So möchte ich nun wirklich nicht gewinnen“, zeigt der glückliche Sieger Mitgefühl. Als Häkkinen per Anhalter auf dem McLaren seines Teamkollegen in den Parc fermé kommt, umarmen sich die beiden langjährigen WM-Rivalen. „Es tut mir sehr leid für Dich“, flüstert „Schumi“ dem Finnen ins Ohr. Völlig geknickt antwortet der: „Was soll ich tun? Ich habe doch alles richtig gemacht...“ ■

Aktiviert – Pedro de la Rosa steigt bei Jaguar vom Test- zum Stammfahrer auf. Nur fürs Foto – Montoya, Schumacher und Villeneuve (von links) können sich eigentlich nicht leiden

Harmlos, trostlos – Benetton eiert zu Saisonbeginn weit hinterher

Action – Michael Douglas und Catherine Zeta-Jones. Sauer – HHF wird von de la Rosa abgeschossen

Da lang – Barrichello (rechts) muss gehorchen und „Schumi“ vorlassen (unten)

ÖSTERREICH

FORMEL 1

Im Visier – David Coulthard hat nach seinem zweiten Saisonsieg nur noch vier Punkte Rückstand auf Michael Schumacher

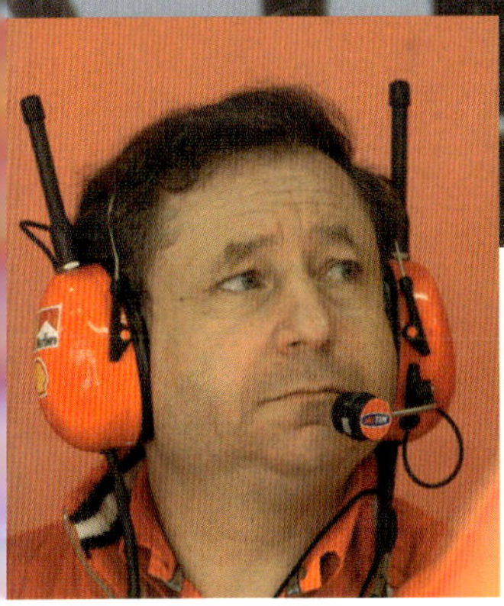

Angefressen – Barrichello (oben) ärgert sich über die Stallregie, mit der Teamchef Jean Todt (links) ihm einen zweiten Platz verweigert

Gute Miene, böses Spiel

Zweiter Sieg für David Coulthard und Ärger bei Ferrari. Rubens Barrichello muss auf Befehl von oben „Schumi" auf Rang zwei vorlassen

ÖSTERREICH

FORMEL 1

Zählbarer Erfolg – Jos Verstappen (rechts, hinten) ärgert im Arrows die Großen und holt einen WM-Zähler

Mister Schlabber – Jacques Villeneuve (oben) liebt's XXL. Body Contact – bei diesem Duell müssen Montoya (links) und Michael Schumacher in den Kies der Steiermark ausweichen

Das ist langsam wirklich nicht mehr lustig." Zum zweiten Mal innerhalb von 14 Tagen erlebt Heinz-Harald Frentzen den Start als machtloser Zuschauer im Zentrum der startenden Vollgas-Action: „Ich konnte nichts anderes machen, als mit hochgezogenen Schultern abzuwarten, ob mich einer volley nimmt." Auf dem A1-Ring ist ein Getriebe-Kollaps an der Bewegungsunfähigkeit schuld. Frentzens gefährliches Schicksal teilen noch drei andere Piloten.

HHF's Teamkollege Jarno Trulli, kann zwar noch am Rennen teilnehmen, wird später aber wegen Missachtung einer roten Ampel disqualifiziert. Auch Nick Heidfelds Sauber bleibt wie angewurzelt stehen. Besonders ärgerlich, weil er mit Startplatz sechs sein bisher bestes Trainingsresultat erzielt. Trulli und Heidfeld – beide werden Opfer der noch nicht ausgereiften Anfahr- und Startautomatiken.

Im Falle des vierten „Sitzenbleibers" Mika Häkkinen muss eine Mitschuld attestiert werden. Der Finne drückt die falschen Knöpfe. Zwei Runden, nachdem er dem Feld hinterher gestartet war, gibt Häkkinen mit Elektronik-Problemen auf. „Das Schlimmste, was nach Spanien passieren konnte", schüttelt er über seine „Tour der Leiden" den Kopf.

So ganz ohne Trouble mit der sogenannten „Launch Control" kommt auch Pole-Sitter Michael Schumacher nicht los. Als der Weltmeister einen Abfall der Drehzahl bemerkt, schaltet er auf Handbetrieb um. Rechtzeitig, um den Motor vom Absterben zu retten. Zu spät, um die Führung in die erste Kurve zu retten. „Da haben wir das Rennen verloren", erklärt Ferrari-Chefstratege Ross Brawn hinterher. „Wir mussten unbedingt vor den beiden Williams bleiben."

Pustekuchen – der von Startplatz zwei gestartete Juan Pablo Montoya übernimmt die Führung. Direkt in seinem Heck klebt der Williams-Teamkollege. Aber nur wenige Runden lang. „Der Pedalweg der Bremse wurde immer länger, da habe ich lieber aufgegeben", erklärt Ralf Schumacher.

Inzwischen hat „Schumi 1" Montoya im Visier. In der 16. Runde kommt es zu einem folgenschweren Duell in der Remus-Kurve. Montoya bremst zu spät, rutscht ins Kiesbett und der Fer-

Nass gemacht – Kimi Räikkönen (oben) wird toller Vierter. BAR protestiert dagegen, verliert aber. Bergpredigt – Formel 1 in der idyllischen Steiermark

rari muss mit hinein. Die Offroad-Einlage resultiert in den Platzierungen sechs und sieben.
Genau wie sein Teamkollege sieht Montoya an diesem Nachmittag die Zielflagge wegen eines technischen Defekts nicht. Was bleibt, ist die Erkenntnis, dass Williams dank BMW-Power die Lücke zu Ferrari und McLaren geschlossen hat. „Wir kommen aber zu selten ins Ziel", erklärt Motorsportdirektor Gerhard Berger das letzte Defizit. In Zahlen: Bisher drehten die Weiß-Blauen 440 Rennrunden, nur Arrows hat weniger.
Im Rampenlicht des sechsten WM-Laufs stehen nun David Coulthard und Rubens Barrichello. Der Brasilianer übernimmt bis zu seinem einzigen Boxenstopp die Führung, muss sie aber an den „Silberpfeil"-Piloten abgeben. Coulthards Rennstory beginnt mit einem Tief: Startplatz sieben nach mysteriösen Abstimmungs-Problemen. Von da an geht es stetig bergauf Richtung zweiter Saisonsieg. Am Start macht „DC" sofort zwei Plätze gut, bis auf Rang zwei hinter Barrichello profitiert er von Ausfällen. Ein später und schneller Tankstopp schließlich bringt die Führung und zehn WM-Punkte. „Ich habe gelernt, zu warten", verkündet der Schotte cool.
Lange warten muss auch Michael Schumacher, nämlich bis wenige Meter vor der Ziellinie. Dann erst rückt Teamkollege Barrichello rüber und lässt den Deutschen auf Rang zwei vor. Fünfmal muss Teamchef Jean Todt über Funk befehlen, Schumacher vorzulassen, bevor dieser der Stallregie Folge leistet. Eiszeit auf dem Podest. „Ich hätte gewinnen können", mault der Brasilianer. „Du bist ein Angestellter bei Ferrari wie wir alle. Das Team hat Vorrang", bügelt Todt seine Nummer zwei zurecht. Barrichello schluckt die Kröte, verhandelt er doch gerade über einen neuen Vertrag für 2002, den er dann auch bekommt.
Vier Punkte Rückstand hat Coulthard nur noch auf Michael Schumacher. „Er fährt mit dem Selbstbewusstsein eines Mannes, der überzeugt ist, dass seine Zeit gekommen ist", freuen sich englische Zeitungen. ■

Superstar oder nur Heißsporn?

Besser kann man in der Formel 1 nicht auf sich aufmerksam machen, als sich mit dem Leitwolf anzulegen: mit Michael Schumacher. Nach sechs Rennen hat dies Juan Pablo Montoya schon zweimal publikumswirksam getan. In Brasilien, als er den Weltmeister in Kurve eins mit Räderkontakt spektakulär überholt. Auf dem A1-Ring dann erneut, als beide gemeinsam im Kies landen. „Ich bin nicht in der Formel 1, um Freunde zu gewinnen, sondern Rennen", liefert er der Presse starke Sprüche. Mit dem großen Schumacher legt der Kolumbianer sich bevorzugt in Kurven an, mit dem kleinen innerhalb seines Teams bei Williams-BMW. Es ist ein offenes Geheimnis, dass Ralf Schumacher und Montoya sich – wo sie können – aus dem Weg gehen. Auf dem A1-Ring gewinnt Montoya erstmals das Trainingsduell gegen „Schumi 2", der immerhin vier Jahre mehr F1-Erfahrung hat. Superstar oder überschätzter Heißsporn? Darüber streiten sich die Experten. Montoyas Chef Gerhard Berger weiß: „Er verlässt sich noch zu sehr auf sein Talent." Montoya stimmt dem zu: „Ich brauche noch zu lange, um das Auto abzustimmen. Ich weiß, dass ich schnell bin, muss in der Formel 1 aber noch meinen Rhythmus finden." Bescheidene Töne sind des Kolumbianers Sache eigentlich nicht. Es eilte ihm auch vor seinem ersten F1-Rennen der Ruf voraus, arrogant und sauschnell zu sein. Zum Beispiel aus den USA, wo er 1999 als Rookie auf Anhieb den Titel in der ChampCar-Serie holte und 2000 im Gastspiel bei der Indy Racing League (IRL) die „500 Meilen von Indianapolis" gewann.

Alles im Griff – auf dem A1-Ring gewinnt Juan Pablo Montoya das erste Trainingsduell gegen Ralf Schumacher

Eile mit Weile

Rot feiert, Silber trauert. Locker und leicht schafft Michael Schumacher seinen fünften Sieg in den engen Gassen des Fürstentums. Der eine „Silberpfeil“ kommt zunächst nicht los, der andere nicht ins Ziel. Rubens Barrichello als Zweiter macht die Tifosi rundum glücklich

MONACO

FORMEL 1

Boat People – Eddie Jordan (rechts) im Jordan-Rennboot und Benetton-Youngster Jenson Button (unten) auf der Ideallinie

Honda People – BAR-Pilot Jacques Villeneuve (oben) wird Vierter, Heinz-Harald Frentzen (rechts) hat Glück, dass ihn ein 280-km/h-Unfall im Tunnel „nur“ Kopfschmerzen beschert

Dicker Hals – David Coulthard (hinten) hat rundenlang keine Chance, an Enrique Bernoldis Arrows vorbeizukommen

Ruhe vor dem Sturm – Jean Alesi und Frau Kumiko

Girls, Girls, Girls – Monaco at its best

Platzt die Formel 1?

Hinter den Kulissen der laufenden Saison tobt ein heftiger Streit. Die beteiligten Autohersteller drohen inzwischen öffentlich mit der Gründung einer Alternativ-Serie. Hintergrund: Medienmogul Leo Kirch kontrolliert über seine Anteile an der Fernseh-Vermarktungsgesellschaft EM.TV inzwischen 75 Prozent der Formel 1-Holding SLEC. Die „Slavica Ecclestone Corporation“ wurde von Bernie Ecclestone gegründet und ist benannt nach seiner Frau. SLEC hat vom Automobil-Weltverband FIA für weitere 100 Jahre die Rechte zur Formel 1-Vermarktung bekommen. Die Hersteller haben auf der einen Seite Angst, dass Kirch die Formel 1 im Bezahlfernsehen unter Ausschluss der breiten Öffentlichkeit verschwinden lässt. Auf der anderen Seite würden die Hersteller gerne ein größeres Stück vom Gewinn-Kuchen haben und mehr Mitspracherecht. Motto: „Wir machen und bezahlen die Show, also müssen wir auch die Gewinne einstreichen und mit entscheiden dürfen.“ Das Druckmittel der Hersteller unter der Führung von Fiat (Ferrari) und Mercedes: Ohne unsere Autos und Fahrer ist Formel 1 nur ein Name und eine wertlose Hülle. Die Drohung: Ab 2008 – solange läuft noch das geltende Concorde-Abkommen der F1-Teams mit der FIA – machen wir eine eigene Serie, die zwar nicht Formel 1 heißen wird, aber in der die besten Fahrer der Welt und Ferrari gegen McLaren fahren. F1-Zampano Bernie Ecclestone versucht, die Wogen zu glätten: „Die Sorgen der Hersteller sind unbegründet. Wir sollten uns an einen Tisch setzen und reden statt zu drohen.“

Rädelsführer – Mercedes-Boss Jürgen Hubbert (links) im Talk mit Norbert Haug (Mitte) und Mario Illien

Michael Schumacher ist beim siebten WM-Lauf in Monaco schon in den Schlagzeilen, da hat sich in den Gassen des Fürstentums noch kein Formel 1-Rad gedreht. Vorzeitig verlängert der dreifache Weltmeister seinen Vertrag bei Ferrari bis zum Ende der Saison 2004. 75 Millionen Mark lassen sich die Roten angeblich die Lenkradkünste kosten. „Er fühlt sich wohl. Alle verstehen sich blendend. Der Erfolg ist da“, fasst Manager Willi Weber kurz und prägnant zusammen.

Daran soll sich auch beim GP Monaco nichts ändern. Wenn Schumacher auch den Kampf um die Pole Position gegen David Coulthard verliert. Die ist in den engen Gassen des Fürstentums beim verrücktesten Rennen des Jahres nicht nur prestigeträchtig, sondern oft auch rennentscheidend.

Nicht so 2001. Da heißt es schon beim Start kampflos freie Bahn für Michael Schumacher. Zum zweiten Mal in der Saison bleibt David Coulthard bereits beim Losfahren zur Einführungsrunde stehen. Wütend haut der Schotte aufs Lenkrad. Erneut streikt die Startautomatik. Wo ist das Loch, in dem die Software-Programmierer der „Silbernen“ sich verstecken können? Statt Startplatz an der Sonne der Loser in der letzten Reihe – Coulthards Hals ist schon geschwollen, als elf Reihen weiter vorne Michael Schumacher locker den Start gewinnt und vor Mika Häkkinen zum ersten Mal die Steigung Beau Rivage in Angriff nimmt.

Bereits in den ersten Runden im Leitplankenkanal ist für einige prominente Fahrer Endstation. Zuerst für Nick Heidfeld, der von Bernoldi abgeschossen wird. Dann für Juan Pablo Montoya, der mit zu viel Übermut agiert und die Mauer küsst. „Mein Fehler, ich bin dumm“, gesteht er kleinlaut.

Das Rennen hätte spannend werden können. Doch nach 13 Runden wird Mika Häkkinen plötzlich langsam und lässt Rubens Barrichello passieren. Im Zuckeltempo tuckert der Finne zurück in die Box, lässt die Lenkung überprüfen, fährt eine weitere Runde auf die Strecke und gibt nach einer weiteren Fahrprobe auf. „Das Auto zog nach rechts, ich wollte nichts riskieren“, erklärt er Teamchef Ron Dennis. „Da war nichts“, munkeln die Mechaniker...

Der zweite „Silberpfeil“ kämpft derweil mit anderen Problemen. Das halbe Rennen lang hängt David Coulthard hinter Enrique Bernoldi im Arrows fest, bis zu dessen Boxenstopp in Runde 42. „Fahr Kampflinie, verteidige Deine Position“, gibt Arrows-Teamchef Tom Walkinshaw die Benimm-Parole für den jungen Brasilianer aus. „Für ihn ging es um gar nichts, für mich um die WM. Ich bin ruhiger geworden, früher hätte ich ihn ins Hafenbecken geschossen“, tobt Coulthard. Wütend sind auch die McLaren-Mercedes-Bosse Ron Dennis und Norbert Haug. Nach Rennende schnappen sie sich Bernoldi und waschen ihm den Kopf. „Sie haben gedroht, meine Karriere zu beenden“, erzählt er. Nicht gerade die feine englische Art, wie sich die höchsten Repräsentanten der „Silberpfeile“ da benehmen... Mit einer Runde Rückstand wird Coulthard als Fünfter abgewinkt. „Man muss das positiv se-

Blechsalat – Ralf Schumacher crasht im Training. Kannste vergessen – für die „Silberpfeile“, hier Coulthard, läuft beim Saisonhöhepunkt nichts nach Plan

hen. Zwei Punkte sind angesichts der Probleme ein gutes Resultat", schaut er nach vorn.

Nach vorne schauen müssen auch Ralf Schumacher und Heinz-Harald Frentzen. In Monaco haben sie nichts zu lachen. Bei ersterem kollabiert die Batterie und mangels Stromversorgung sämtliche Systeme – Aus in Runde 58. Letzterer sitzt da bereits seit acht Runden im Jordan-Motorhome und nimmt Kopfschmerz-Tabletten. Bei über 280 km/h krachte er zuvor im Tunnel-Ausgang gegen die Mauer. „Das Auto hat plötzlich untersteuert und ich bin in die Leitplanken gerutscht", beschreibt HHF ein Szenario, das leicht hätte schlimmer verlaufen können. Tage später allerdings muss er Testfahrten wegen Sehstörungen und Kopfschmerzen absagen.

Für Michael Schumacher wird Monaco zur Spazierfahrt. Zumal nicht einmal Teamkollege Rubens Barrichello ihm Paroli bieten kann. Seit der zehnten Runde kämpft der Brasilianer mit Krämpfen im Bein, weil eine Fußstütze sich verschoben hat. „Viel trinken", rät Ferraris Strategie-Ass Ross Bawn. Viel getrunken wird auch in der Fürstenloge von den drei Piloten auf dem Podest. Michael Schumacher feiert seinen fünften Sieg in Monaco und zwölf Punkte Vorsprung in der WM auf Coulthard, Rubens Barrichello einen hart gegen sich selbst erkämpften zweiten Platz und Eddie Irvine als sensationeller Dritter die ersten WM-Punkte für Jaguar. ■

Millimeter-Arbeit – nirgendwo sonst brauchen die Piloten so viel Fingerspitzengefühl wie in den Gassen von Monaco. Hoher Besuch – McLaren-Tester Alex Wurz auf Stippvisite in der „Röhre"

KANADA

FORMEL 1

Eine schrecklich

schnelle Familie

Für seinen zweiten Formel 1-Sieg muss Ralf Schumacher den großen Bruder besiegen. Das macht er auf sensationelle Art und Weise

Rauchfahne – der Mercedes-Motor lässt David Coulthard im Stich

Fieser Rempler – Eddie Irvine jagt Nick Heidfeld (oben) in die Mauer

Erinnerungen werden wach an den GP Kanada 1999. Böse Erinnerungen. Damals crashte Heinz-Harald Frentzen nach dem Bruch einer Bremsscheibe mit weit über 200 km/h in einen Reifenstapel. Der Mönchengladbacher war kurz ohnmächtig, musste über Nacht ins Krankenhaus. Und exakt in jener Kurve macht er 2001 im freien Freitags-Training erneut Bekanntschaft mit der Streckenbegrenzung. Diesmal, weil beim Anbremsen das Heck ausbricht. Die Verzögerung – gemessen in der Einheit g – ist im zweistelligen Bereich. Formel 1-Arzt Sid Watkins diagnostiziert bei HHF nach seinem Monaco-Unfall die zweite Gehirnerschütterung in 14 Tagen und erteilt Fahrverbot. So kommt Ersatzfahrer Ricardo Zonta zum Einsatz bei Jordan, Frentzen macht es sich in Monaco auf der Couch mit Bier und Chips bequem.

Was seine Kollegen dann am Sonntag aufführen, wird zur reinen Familien-Show der Schumachers. Nicht nur, dass die Brüder sich einträchtig die erste Startreihe teilen, vom Erlöschen der Startampeln bis zum Fallen der Zielflagge dominieren sie souverän das Rennen auf der Île Notre-Dame.

Auch den beiden McLaren-Piloten bleiben nur Rollen als Statisten. Häkkinen wird unauffälliger Dritter und fährt erstmals 2001 aufs Podest. Kopschütteln ist die richtige Reaktion auf das, was David Coulthard erlebt. Was hat man bei McLaren-Mercedes sich nicht schon alles anhören und lesen müssen im Laufe der Saison? Die Bild-Zeitung schreibt nur noch von den „Stotterpfeilen“ und den „Silberpfeifen“. Zugegeben, sie machen es den Medien mit reichlich Pleiten, Pech und Pannen leicht. Und ihrem Fahrer David Coulthard, der sich in der Form seines Lebens befindet, wirklich schwer. Diesmal findet der Schotte – ausgerechnet in der Einführungsrunde – eine Befestigungsschraube des linken Drehstabes der Vorderachse.

Noch während der Startaufstellung schmeißt „DC“ den Mechaniker-Pfusch über die Boxenmauer. „Du kannst ohne fahren, aber es ist gefährlich“, wird ihm per Funk erklärt. „Ich musste das Risiko eingehen, weil ich die Punkte brauche“, zeigt Coulthard seine ehrgeizigen Ambitionen Rich-

Spurtstark – Rubens Barrichello auf dem Weg zum Ersatzauto

Heimspiel – Villeneuve (links) scheidet aus. Ersatz – Frentzen muss passen, deshalb darf Zonta ran

Unverhofft kommt nicht so oft – Pedro de la Rosa (hinten) holt für Jaguar als Sechster einen WM-Zähler

tung Titel. In Rechtskurven schiebt sein McLaren über die nicht korrekt befestigte Vorderradaufhängung und ruiniert so die Reifen. Als dann auch noch die Wassertemperatur ansteigt und in der 55. Runde deshalb der Mercedes-Motor kollabiert, ist für den Schotten Feierabend. Weiß qualmend zuckelt der MP4/16 im Schrittempo in die Boxengasse. Ab zur Fehlersuche. Der erste Nuller für Coulthard in dieser Saison.

Im Formationsflug dominiert die Schumacher-Familie den achten WM-Lauf. Vorne weg Michael, dahinter Ralf, der es immer wieder probiert, seinen Bruder auszubremsen. „Ich habe auf einen Fehler gewartet – natürlich vergeblich. Aber ich wusste die ganze Zeit, dass wir mehr Benzin im Tank hatten und wir so länger draußen bleiben konnten“, beschreibt der „Kleine“ die Hatz auf den „Großen“. Als der Ferrari schon in Umlauf 46 zum Tankstopp einbiegt, ist der Weg für Ralf Schumacher zum zweiten Formel 1-Sieg frei. In den nächsten Runden fährt er sich den nötigen Vorsprung raus, nach seinem einzigen Boxenstopp liegt er vorne. Der Rest ist Routine.

Perfekt ist der erste Doppelsieg eines Bruderpaares in der Formel 1. „Es war ein guter Sonntag. Für die ganze Familie. Wenn ich schon verliere, dann am liebsten gegen Ralf“, fasst Michael Schumacher zusammen. „Bin ich froh, dass es keine drei Schumachers gibt“, stöhnt Mika Häkkinen wohl im Namen der ganzen Formel 1. ■

Die Posse um das Superhirn

Adrian Newey ist ein genialer Kopf. So genial, dass die ganze Formel 1 hinter dem „Silberpfeil“-Konstrukteur her ist. Insgesamt sechs WM-Titel haben die von dem Aerodynamik-Genie gezeichneten Formel 1-Autos bei McLaren und zuvor bei Williams in den letzten zehn Jahren gewonnen. Nachhilfe braucht der Stardesigner dagegen in Sachen Arbeitsverträge. Zunächst gibt Jaguar bekannt, dass Newey für die Zeit nach Ende seines laufenden Arbeitsvertrages bei McLaren im August 2002 einen Fünf-Jahres-Vertrag bei ihnen unterschrieben habe. Tags darauf verkündet McLaren, dass man den Vertrag mit dem Chekonstrukteur um weitere drei Jahre bis 2005 verlängert habe. Das Tauziehen um den Spitzentechniker wird zur Posse. Klar ist, dass McLaren-Teamchef Ron Dennis, als er von Neweys Wechselabsichten hört, sofort alle Hebel in Bewegung setzt. Sein Köder, auf den Newey anbeißt: saftige Gehaltserhöhung, Firmenanteile sowie die Garantie auf neue Aufgabengebiete (Straßenautos, Segelboote). „Adrian ist ein Weichei“, schimpft der bei Jaguar verantwortliche Niki Lauda über den Schlingerkurs des Aerodynamik-Gurus. Und droht mit einem jahrelangen Gerichtsstreit und Arbeitsverbot. „Ich weiß doch, was für einen Vertrag ich mit ihm habe. Ich habe mir bei meinem Unfall die Ohren verbrannt, aber nicht das Hirn.“ Kurze Zeit später einigen sich Jaguar und McLaren außergerichtlich. Newey bleibt bei McLaren, die dafür an Jaguar eine Entschädigung in Millionen-Höhe zahlen.

Wendehals – Star-Konstrukteur Adrian Newey unterschreibt bei Jaguar, bleibt dann aber doch bei McLaren

Rache ist süß

Von wegen Familienbande. Auf dem Nürburgring zeigt Michael Schumacher, dass er in der Formel 1 niemandem – auch nicht seinem Bruder – einen Meter schenkt. Mauer hin oder her

Steine des Antoßes – „Schumi 1“ (vorne) drängt „Schumi 2“ (dahinter) an die Mauer. Der lupft und verliert so das Startduell

EUROPA

FORMEL 1

Gut beobachtet – Häkkinens Motivation leidet unter den vielen Defekten am McLaren-Mercedes (unten)

Sorgenfalten 1 – BMW-Motorsport-Direktor Gerhard Berger (rechts) hat eigentlich Grund, sich über die beeindruckende Performance seines Teams zu freuen

Das Duell Silber gegen Rot, McLaren-Mercedes gegen Ferrari macht in der Formel 1 zur Saisonhälfte keine Schlagzeilen mehr. Weiß-Blau gegen Rot, Schumacher gegen Schumacher – das ist in. Und sorgt natürlich in der Eifel, wo man sich wenige Kilometer vom Geburtsort des schnellsten Bruderpaares der Welt auf dem Nürburgring zum neunten Saisonlauf trifft, für einen ausgewachsenen Hype.

Ralf Schumacher reist nicht nur im Hochgefühl seines zweiten Formel 1-Sieges 14 Tage zuvor in Kanada und einer dramatisch angestiegenen Popularität an den Ring, „Schumi 2" hat auch einen neuen, vorzeitig verlängerten Williams-Vertrag in der Tasche. Genau wie sein Bruder weiß er nun, dass er bis zum Ende der Saison 2004 bei seinem jetzigen Team bleiben wird. Nie zuvor musste Teamchef Frank Williams für einen Piloten so tief in die Tasche greifen. 18 Millionen Dollar plus Rechte an der eigenen Vermarktung lässt sich Williams die außergewöhnlichen Fahrkünste des Deutschen kosten. „Er hat das Zeug zum Weltmeister. Das weiß ich", rechtfertigt er seine Investition. Dass Jaguar Interesse am „kleinen" Schumacher bekundet, nutzt Manager Willi Weber für eine geschickte Preistreiberei.

Die Pole Position geht samstags dann doch wieder an den großen Bruder. Und die erste Kurve 24 Stunden später auch. Aber der Weg dahin sorgt für großen Ärger – Schumacher-intern. „Schumi 1" zieht rüber auf die Spur seines Bruders und drückt diesen langsam Richtung Boxenmauer. Bevor es Schleifspuren am Beton gibt, lupft „Schumi 2" das Gaspedal, schon hat der Ferrari die erste Kurve und die Führung gewonnen.

„Ich habe die Regeln bis zur Grenze des Erlaubten ausgenutzt, mehr nicht. Er macht mir keine Geschenke, ich ihm auch nicht", erklärt Michael Schumacher cool. Ralf Schumacher verweigert nach dem Rennen jeglichen Kommentar, kündigt über Funk bei seinem Team sogar an, dass er direkt ohne Umweg und ohne Gespräch mit seinem Bruder ins Motorhome kommen würde...

An diesem Nachmittag sagt der jüngere Schumacher gar nichts mehr. Weder zum Duell mit seinem Bruder, noch zu anderen Vorkommnissen während des GP Europa. Siegchancen hat er genau wie in Kanada, sogar trotz des verlorenen Startduells. Aber beim ersten Boxenstopp verpasst er

Jubilar – Olivier Panis fällt in seinem 100. Grand Prix aus

die Markierungen zum Anhalten vor seinen Mechanikern und beim zweiten überfährt er – verbotenerweise – die weiße Linie zwischen Boxenausfahrt und Rennstrecke. Die fällige Zehn-Sekunden-Strafe wirft ihn letztendlich auf Rang vier zurück. „Die Strafe ist okay. Regeln sind Regeln", erklärt sich BMW-Motorsport-Direktor Gerhard Berger mit der Handlungsweise der Rennleitung einverstanden. Teamkollege Juan Pablo Montoya rettet die Williams-Ehre mit Rang zwei hinter Michael Schumacher, der sich freut: „Die Atmosphäre war klasse." Atmosphärische Störungen mit seinem Bruder leugnet er dagegen konsequent...

Wenigstens hätte er sich mal bei BMW bedanken können. Ohne die, hätte er nicht gewonnen. Denn, als er in einer Proberunde direkt vor Rennbeginn mit seinem Ersatzauto liegenbleibt, kommt er nur dank eines BMW C1-Motorrollers zurück zur Box, um rechtzeitig vor dem Schließen der Boxengasse in die Startaufstellung zu fahren.

In der WM hat Schumacher nach neun Rennen und fünf Siegen bereits 24 Punkte Vorsprung auf den Zweitplatzierten David Coulthard. Der Schotte wird unauffälliger Dritter. Immer deutlicher zeichnet sich ab, dass McLaren hinter Ferrari und Williams nur noch die dritte Geige spielt. Fast eine Sekunde langsamer pro Runde sind die „Silbernen" als Ferrari. Mercedes-Sportchef Norbert Haug gesteht: „Mehr als der dritte Platz war hier für uns nicht drin. Wir müssen stärker und schneller werden, wenn wir Rennen aus eigener Kraft gewinnen wollen. Ich bin ganz sicher, dass

Hackordnung – erst hinter Rot und Blau-Weiß kommt Silber

Sorgenfalten 2 – aus dem Topteam Benetton sind Hinterherfahrer geworden. An Fisichella liegt's nicht

Stop and go – gegen Michael Schumacher (links) hat Williams-BMW am Ring keine Chance

Bilanz zur Halbzeit

Ferrari top, McLaren der große Flop. Die Halbzeitbilanz der beiden großen Titelrivalen der letzten Jahre könnte unterschiedlicher nicht ausfallen. Fünf Siege, darunter zwei Doppelsiege, hat Ferrari nach neun Rennen auf dem Konto. Rubens Barrichello ist und bleibt klare Nummer zwei ohne Chance gegen einen übermächtigen „Schumi". Bei McLaren vertauschte Rollen: Mika Häkkinen fährt plötzlich hinter David Coulthard her, der die einzigen zwei Siege für die „Silbernen" schaffte. „DC" passt das diffizile Fahrverhalten des McLaren besser, Häkkinen wirkt lustlos und gefrustet. Und Williams ist dank BMW-Power auch an den „Silberpfeilen" vorbeigezogen. Zumindest in Sachen Speed. Bei der englisch-bayrischen Allianz hapert es nur noch an der Zuverlässigkeit – da aber massiv. Wenn sie es denn aber bis zur Ziellinie schaffen, fahren Montoya und Ralf Schumacher um den Sieg. Wer hätte vor der Saison gedacht, dass ausgerechnet Sauber besser dastehen würde, als die beiden Honda-Werksteams Jordan und BAR? Die Schweizer fahren regelmäßig in die Punkte, Jordan und BAR nur den großen Erwartungen hinterher. Noch viel enttäuschender läuft's für Benetton, wo der neue Renault-Motor die Schwachstelle ist. Mangels Zuverlässigkeit kann er nicht mit Höchstdrehzahl laufen. Button und Fisichella, bisher erst ein WM-Punkt, fahren so in einer Liga mit Schlusslicht Minardi, die als einziges Team noch punktelos sind. Nicht gerade viel besser stehen Jaguar, Prost und Arrows da, die das hintere Mittelfeld bilden.

Überflieger – das Sauber-Team (Foto Kimi Räikkönen) ist schneller als so manches Werksteam

BMW-Power – „Schumi" bleibt in der Formationsrunde liegen, muss im BMW-Roller C1 zurück zur Box. Kennzeichen D – Frentzen, R. und M. Schumacher (von links)

Erneute Nullrunde für Jordan – weder Frentzen (oben) noch Trulli schaffen es auf dem Nürburgring bis ins Ziel

wir weder im Qualifying noch im Rennen das bestmögliche Set-Up gefunden haben. Wir haben jetzt einen großen Rückstand: 24 Punkte bei noch acht Rennen. Aber aufgeben werden wir nie…"

„Es fehlt an allem", analysiert Mercedes-Boss Jürgen Hubbert, „Auto, Motor, Reifen, Elektronik, Team und Fahrer." Klingt mehr nach Bankrotterklärung, denn nach einer Situations-Analyse.

Beim Thema Fahrer ist auch weniger Coulthard gemeint. Mika Häkkinen fährt ein farbloses Rennen, in dem er als Sechstplatzierter nur mit Mühe Jaguar-Pilot Eddie Irvine in Schach halten kann. „Mika ist müde und denkt über eine Rennpause oder sogar über einen Rücktritt nach", tuschelt man bei McLaren hinter vorgehaltener Hand. Ein Thema, das in den nächsten Monaten noch für reichlich Schlagzeilen sorgen wird.

Genau wie auch die Beziehung Heinz-Harald Frentzen und Jordan. Am Ring geben sie bekannt, dass HHF auch 2002 im Jordan sitzen wird. Das wird Teamchef Eddie Jordan wenige Wochen später widerrufen… ■

Winke, winke – macht die Ferrari-Truppe für seinen Starfahrer an der Ziellinie und Michael Schumacher in Magny-Cours mit der Konkurrenz

Jubel - Jubiläum

Formel Schumacher – Michael baut mit seinem 50. Formel 1-Sieg die Führung in der WM aus, Bruder Ralf wird Zweiter. Der Rest des Starterfeldes wird immer mehr zu Statisten degradiert

Mobil
BRIDGESTONE
FedEx
TIM
OMP

Mobil 1
BARRICHELLO
M. SCHUMACHER
330 JJA 75

Was wurde in den Tagen nach dem Rennen auf dem Nürburgring nicht alles über einen sogenannten „Bruderkrieg" geschrieben. Und nun das: Erneut sind es die beiden Schumachers, die im Zeittraining zum zehnten Rennen den Ton angeben und die erste Reihe besetzen. Zum ersten Mal hat der „Kleine" die Nase vorn. Ausgerechnet an seinem 26. Geburtstag schnappt sich Ralf Schumacher die erste Pole Position seiner F1-Karriere. Eitel Sonnenschein für „Schumi 2", als er nach der Trainingshatz in den Geburtstagskuchen beißt.

Der Höhenflug des Williams-BMW-Piloten hält auch nach dem Erlöschen der Startampel noch an. Weil Bruder Michael unter Kupplungsproblemen

Vollgas voraus – Williams-BMW sitzt Ferrari im Nacken. Starterfeld – so belieben die Herren Fahrer aufs stille Örtchen zu kutschieren

FRANKREICH

FORMEL 1

an seinem Ferrari zu leiden hat, gewinnt Ralf den Sprint zu Kurve eins locker und leicht. „Ich hätte fast noch David Coulthard passieren lassen müssen. Das wäre für unsere Taktik sehr schlecht gewesen", erklärt Michael Schumacher, warum es diesmal kein Rad-an-Rad-Duell mit dem Bruder gibt.

Über das Aufgehen einer Renntaktik muss sich zu diesem Zeitpunkt der zweite „Silberpfeil"-Fahrer schon keine Sorgen mehr machen. Zum fünften Mal bleibt ein McLaren noch vor dem Start stehen, erneut trifft es Mika Häkkinen – den größten Unglücksraben der Saison. Wegen eines Montagefehlers blockieren zwei Gangräder, der Motor stirbt ab. Und wieder ergießt sich eimerweise Häme und Spott. „Silberpfeifen" und „Stotterpfeile" – fast im 14-Tage-Takt kann man solche Schlagzeilen lesen. Das zerrt an den Nerven, Feuer ist unterm Dach. In der Beziehung McLaren und Mercedes kriselt es. Mercedes-Boss Jürgen Hubbert fängt an, öffentlich von Konsequenzen zu reden. Der Tenor: Mehr Einfluss für Mercedes, weniger für McLaren-Chef Ron Dennis.

Die Ruhe im Team fördert es auch nicht, dass Gerüchte die Runde machen, Mika Häkkinen wolle am Ende der Saison zurücktreten. Verstehen kann man es schon jetzt. Zur Saisonhalbzeit ist für den Doppel-Weltmeister schon alles gelaufen. Und zwar sehr, sehr schief...

Teamkollege Coulthard bleibt beim GP Frankreich aber auch nur die Rolle ei-

nes unbeteiligten Beobachters des Schumacher-internen Duells um den Sieg. Seine Schuld, denn beim ersten der zwei Boxenstopps lässt der Schotte den Knopf für den Tempobegrenzer in der Boxengasse einige Meter zu früh los. Gnadenlos entlarvt ihn die

Saubers Boygroup – Heidfeld (vorne links) und Räikkönen (dahinter)

Jordan-Jungs – Trulli (links) wird Fünfter, Frentzen (oben) Achter

Gib Gummi – in Frankreich hat Michelin nicht die Nase vorn. Alle Neune – Nick Heidfeld schafft schon den neunten WM-Punkt

Radarfalle: 84 statt der erlaubten 80 km/h. Die fällige Zehn-Sekunden-Strafe wirft ihn zurück. Am Ende wird Coulthard noch Vierter: „Die Stop-and-go-Strafe hat meine Siegchancen ruiniert. Schade, denn heute hatte ich den Speed, um zu gewinnen.“

Den hat auch Ralf Schumacher. Aber auch er gewinnt den Großen Preis von Frankreich 2001 nicht. Zum einen, weil er beim ersten Boxenstopp 2,9 Sekunden gegenüber seinem Bruder verliert. Grund: Zu früh legt er den Gang ein, der Mechaniker am linken Hinterrad muss nochmal ansetzen, so wird die Zeit verschenkt. Zum anderen schlägt Bridgestone ausgerechnet beim Heimrennen von Michelin den französischen Reifenbäckern ein Schnippchen. Die Japaner bringen einen neuen Reifentypen an den Start, der auch bei heißen Sommer-Temperaturen, also klassischem Michelin-Wetter, konstante schnelle Rundenzeiten erlaubt.

„Der neue Reifen hat uns das Rennen gerettet“, bedankt sich Michael Schumacher dann auch bei Bridgestone nach seinem 50. Formel 1-Sieg.

„Schumacher kommt seinem Platz in der Geschichte näher“, schreiben die englischen Zeitungen und beklagen, dass ihr Landsmann David Coulthard nun schon 31 Punkte Rückstand auf „Schumi“ hat. Der spielt seine wieder mal gestiegenen Aussichten auf Titel Nummer vier herunter: „Noch ist nichts entschieden. Wie heißt es: Man soll den Tag nicht vor dem Abend loben...“ ■

Ein Name, zwei Bleifüße

Streit? „Hat es nie gegeben“, erklären die Schumacher-Brüder unisono, als sie donnerstags in Magny-Cours eintreffen. Vergessen, dass Ralf seinem Bruder nach dessen Sieg am Nürburgring noch die Gratulation verweigert und anschließend überhaupt mit niemandem mehr geredet hat. Friede, Freude, Eierkuchen – nur gespielt? „Irgendwann wird Ralf seinem Bruder zeigen, dass er nicht immer nachgibt“, prophezeit Eddie Irvine. Für die Medien ist es ein gefundenes Fressen, dass die Lichtgestalt Michael Schumacher seit dieser Saison ausgerechnet vom „kleinen Bruder“ im Kampf um die Position des Platzhirschen Feuer bekommt. „Ralf ist der schärfste Rivale von Michael“, meint Niki Lauda. Landsmann Gerhard Berger behauptet sogar: „Für mich sind die beiden Schumachers momentan die besten Fahrer in der Formel 1. Michael hat noch den Vorteil, dass er mit viel Erfahrung und Selbstbewusstsein an die Sache herangeht. Aber Ralf macht seine Sache sehr gut.“ Berger muss es wissen. Gegen Michael ist er selbst jahrelang gefahren, Ralf ist einer seiner beiden Fahrer als Motorsport-Direktor bei BMW. Für beide ist die Situation ungewohnt. Zwar fahren sie schon seit fünf Jahren in der Formel 1. Dass Ralf aber nun seinem etablierten Bruder nicht nur Siege, sondern sogar den WM-Titel streitig macht, daran müssen sie sich noch gewöhnen. Manager Willi Weber weiß schon, wie die Vollgas-Familien-Saga weitergeht: „Im nächsten Jahr fährt auch Ralf um den Titel. Er hat nämlich das gleiche Potenzial.“

„Schumania“ – immer enger rückt der Kleine (rechts) dem Großen bei den Rennen auf die Pelle

Gerührt – Ehefrau Erja lässt nach dem totalen Triumph ein paar Freudentränen

Yesterday – Häkkinen nach Saisonsieg Nummer eins ist wieder der Mika der vergangenen Jahre

Schwacher Trost

Endlich! Mika Häkkinen gewinnt in Silverstone sein erstes Saisonrennen. Viel zu spät. So ist es „nur“ ein Sieg für die Galerie und gegen Selbstzweifel

Dreirad – so ist auch der schnelle Minardi-Youngster Fernando Alonso langsam

Zaungast – Ex-Weltmeister Nigel Mansell (links) mit Ferrari-Stratege Ross Brawn

GROSSBRITANNIEN

FORMEL 1

Im Visier – noch vor dem Rennen macht sich Coulthard (oben) Hoffnungen auf eine Wende im Titelkampf. Im Ziel – beide Arrows schaffen die Renndistanz

Selbst die Pole Position kann Michael Schumacher an diesem Nachmittag nicht aufheitern. So düster wie die Regenwolken über Silverstone, so dunkel sind die Vorahnungen des Weltmeisters: „McLaren ist hier schneller als wir. Das wird morgen schwer für uns." Nicht mal eine Zehntelsekunde ist Mika Häkkinen auf Startplatz zwei langsamer. „Nicht schlecht für jemanden mit Rücktrittsgedanken, oder", fragt der Finne keck.

Bei Ferrari grübelt man eine Ein-Stopp-Strategie aus, obwohl zwei Reifenwechsel auf dem Papier schneller sind. Wenn der Ferrari-Star beim Start mit vollen Tanks vorne bleibt und die „Silberpfeile" blockiert, kann es klappen – so die graue Theorie der Defensivtaktik von Ferrari-Chefstratege Ross Brawn.

Das haut zunächst hin. Doch von einer Sekunde auf die andere ist alles Spekulieren auf einen Sieg beim Großen Preis von Großbritannien für Michael Schumacher Makulatur. In Kurve eins kommt es zur Kollision zwischen David Coulthard und Jarno Trulli. Der Jordan-Pilot, neben „DC" aus Reihe zwei gestartet, touchiert den McLaren und beschädigt dessen Unterboden. „Ich wusste sofort, dass es vorbei ist und nur eine Frage der Zeit, bis ich ausfalle. Es ist eine von vielen Enttäuschungen. Inzwischen müssen wir halt froh sein, wenn wir Rennen zu Ende fahren", meint der niedergeschlagene Schotte nach seinem Heim-Grand Prix,

Immer an der Wand lang – Montoya (ganz links) macht beim Start drei Plätze gut. Sitzprobe – wenn es nach der Konkurrenz geht, wäre ihnen dieses Auto für „Schumi" (rechts) lieber als sein Ferrari F2001

der für ihn wegen eines Lenkerbruchs an der Hinterachse nicht mal drei Runden dauert.
Ankommen, Punkte sammeln statt mit aller Kraft zu gewinnen, ist für „Schumi" nun die Devise. Jedes Risiko vermeiden. In Runde fünf überholt ihn Mika Häkkinen, die Gegenwehr hält sich in überschaubaren Grenzen. 13 Runden später lässt er er auch noch Juan Pablo Montoya durch, der – genau wie der Führende Häkkinen – auf einer Zwei-Stopp-Strategie unterwegs ist.
Und Montoya sieht Chancen, Häkkinen zu attackieren. Bis ihn Teamkollege Ralf Schumacher trotz Aufforderung aus der Box nicht vorbeilässt. „Ich hing hinter Barrichello fest. Da wäre Juan auch nicht vorbeigekommen", verteidigt sich „Schumi 2". „Ralf hat Juan heute mindestens den dritten Platz gekostet", tobt Technikchef Patrick Head. Montoya wird nur Vierter, Ralf Schumacher stellt den Williams-BMW mit drohendem Motorschaden in Runde 37 ab. Das ganze Wochenende kämpft man bei Williams-BMW mit den niedrigen Asphalttemperaturen, die dafür sorgen, dass die Michelin-Reifen nicht genügend erhitzt werden. Montoyas vierter Platz ist weit mehr, als man sich nach enttäuschenden Silverstone-Testfahrten im Vorfeld des Grand Prix erhofft hat.
Alles andere als zufrieden ist auch Michael Schumacher mit seinem Ferrari. „Mein Auto war heute nicht so, wie ich mir das vorgestellt habe", gibt er zerknirscht zu Protokoll. Mal Untersteuern, mal Übersteuern – der Kerpener hat Probleme, den Ferrari überhaupt auf der Piste zu halten und wird abgeschlagener Zweiter. Weil aber der falsche „Silberpfeil" nur einen Triumph für die Galerie erzielt, ist Schumacher der wahre Gewinner des GP Großbritannien.
Als kleine Sieger können sich auch die Sauber-Youngster Kimi Räikkönen als Fünfter und Nick Heidfeld als Sechstplatzierter fühlen. Zum zweiten Mal doppelte Punkte für die Schweizer, erneut düpieren sie die Werkskonkurrenz von Jordan, BAR, Benetton und Jaguar.
Der große Sieger aber heißt natürlich Mika Häkkinen. Noch nie zuvor konnte er das McLaren-Heimrennen in Silverstone gewinnen, das letzte Mal stand er im August 2000 beim GP Belgien ganz oben auf dem Podest. Erst das fünfte Mal sieht der blonde Finne in dieser Saison die Zielflagge. Auf der Siegerpressekonferenz wirft er einen Blick nach auf den Zweitplatzierten Michael Schumacher und einen zur anderen Seite auf den Dritten Rubens Barrichello. „Schön, mal wieder hier zu sitzen. Ich wollte auf Nummer sicher gehen, mein Auto abstellen, eine Tasse Tee trinken und auf den Rest warten", lacht der Doppel-Weltmeister schelmisch über seinen großen Vorsprung von über 30 Sekunden. Alles so wie früher. Im McLaren-Motorhome fließen an diesem Abend Champagner und Tränen... ■

WM-Titel futsch, Saison abgehakt

Michael Schumacher kann sich auch über einen zweiten Platz beim GP Großbritannien freuen. Schließlich hat der „falsche" McLaren gewonnen. 37 Punkte Vorsprung auf David Coulthard bei noch sechs ausstehenden Rennen ist mehr als die „halbe Miete". Ferrari-Teamchef Jean Todt weiß das auch: „Dieses Ergebnis ist wie ein Sieg für uns." Formel 1-Lästermaul Eddie Irvine rät deshalb Coulthard: „Knie Dich vor Dein Bett und bete, dass Michael sich wieder ein Bein bricht..." Praktischer Vorschlag Irvines an die Adresse von „DC": „Organisiere viele Fußball-Benefizspiele und sorge dafür, dass Michael immer mitspielt..." „Wir sind nur noch krasse Außenseiter", weiß auch Mercedes-Sportchef Norbert Haug. David Coulthard will noch nicht aufgeben: „Ich weigere mich, die Niederlage zu akzeptieren, bis Michael den Titel endgültig in der Tasche hat." Das könnte schon in Ungarn vier Rennen vor Saisonende der Fall sein. Längst wird im Lager der „Silberpfeile" Ursachenforschung betrieben. Zu viele Defekte steht ganz oben auf der Mängelliste. Teils sind Mechaniker-Pfusch, teils aber auch Konstruktionsfehler die Ursache. Und Stardesigner Adrian Newey liegt mit der Aerodynamik des MP4/16 erstmals seit Jahren daneben. Der Frontflügel produziert zu wenig Abtrieb, was sich in zu niedrigen Reifentemperaturen an der Vorderachse und Untersteuern niederschlägt. Zudem ist der Mercedes-V10 inzwischen hinter BMW und Ferrari nur noch der drittstärkste Motor. Dazu kommen teaminterne Querelen. Stichworte Häkkinen-Rücktritt, Newey-Abgang.

Alles aus – David Coulthard weiß selbst, dass der Titel weg ist, will es aber noch nicht wahr haben

Flugeinlage – weil in Michael Schumachers Ferrari das Getriebe nicht in den zweiten Gang schaltet, kommt der Lokalmatador nicht vom Fleck. Luciano Burti trifft ihn und setzt zum Salto an. Auf wundersame Weise wird niemand verletzt

Glück im Unglück

Schon wieder ein Schumacher-Festival. Der „Große“ feiert einen unverletzt überstandenen Horror-Unfall und den Ausbau seiner WM-Führung, der „Kleine“ gewinnt sein drittes Formel 1-Rennen

Trost-Küsschen – Freundin Patricia muss Nick Heidfeld nach dessen Ausfall aufmuntern

Gestrandet – Minardi-Fahrer Fernando Alonso ist alles andere als ein Crash-Pilot. Der Youngster kommt in seinem ersten Formel 1-Jahr bestens zurecht

Wirklich nicht gerade nett von Juan Pablo Montoya. Ausgerechnet im „Wohnzimmer" der Schumachers macht sich der Kolumbianer auf der Pole Position breit. Seine erste in der Formel 1. 24 Stunden später steht dann aber wieder einer der beiden berühmtesten Lokalmatadoren im Rampenlicht. Zumindest fast steht er. Weil in Michael Schumachers Ferrari das Getriebe bockt und im ersten Gang steckenbleibt, kann der Weltmeister nach dem Erlöschen der Startampeln nicht weiter beschleunigen als bis 150 km/h. Luciano Burti hat keine Chancen, dem rollenden Hindernis auszuweichen und knallt mit 250 km/h auf den Ferrari. „Ich sah ihn im Spiegel kommen, wusste aber nicht, wohin", erklärt Schumacher seine Wehrlosigkeit bei dem Horrorcrash. Was folgt, ist eine Flugeinlage des Prost-Piloten, die für alle Beteiligten ohne Verletzungen ausgeht. Angesichts der Schwere des Unfalls mehr als ein kleines Wunder.
Einmal rollt das komplette Starterfeld noch über die Kohlefaser-Splitter, dann beschließt die Rennleitung Abbruch und Neustart des Rennens. Vollkommen gerechtfertigt angesichts des riesigen Trümmerteppichs, der erstmal mit Kehrmaschinen beseitigt werden muss. Jedoch nicht im Sinne von „Schumis" WM-Rivale David Coulthard, der vermutet, dass die Rennleitung nur so entschieden habe, damit Schumacher beim Neustart wieder dabei sein kann. „Blödsinn", wettert „Schumi". Immerhin fahren die Boliden auf der Hochgeschwindigkeits-Strecke Hockenheimring 360 km/h. Wer will da schon Kohlefasersplitter im Reifen spazieren fahren?

Start zwei – mit Schumacher und Burti in den Ersatzautos – verläuft genau wie Start eins. Vorneweg rasen die beiden Williams-BMW, Pole-Mann Montoya in Front. Bereits in der ersten Runde ist der dritte Deutsche aus dem Rennen. Nick Heidfeld wird von Jaguar-Pilot Pedro de la Rosa in der ersten Schikane abgeschossen.
Es ist wieder mal kein gelungenes Wochenende für die „Silberpfeile". Da müssen sie sich ausgerechnet auf der Motorenstrecke Hockenheim in Deutschland von BMW demütigen lassen: 0,7 Sekunden ist Montoya bei seiner Pole-Zeit schneller als der erste „Silberpfeil". Und dann sehen sie noch nicht einmal die Zielflagge. Weil beide Mercedes-Motoren mit identischen Defekten kollabieren. Mika Häkkinen ist in Runde 14 der erste, bei dem der Ölpumpenantrieb versagt. Bei David Coulthard dauert das bis Runde 28. Silber trägt wieder Trauer.
Da hilft es wenig, dass Erzkonkurrent Michael Schumacher schon seit der 24. Runde auch nur noch mittels Ohr am Radio am Grand Prix teilnimmt. Bei ihm ist es die Benzin- statt der Ölpumpe, die den Geist aufgibt.
Zwei Runden später ist auch Juan Pablo Montoya aus dem Rennen. Diagnose: Motorschaden. Schon vorher lief es für den Kolumbianer daneben. Bei seinem Boxenstopp in Runde 22 klemmte die Tankanlage, knapp 30 Sekunden dauerte es, bis Montoya wieder los durfte. Führung futsch, hinter

Ab dafür – Montoya gewinnt von der Pole aus auch den Start

Ein Defekt, zwei hängende Köpfe – Mercedes erlebt beim Heimrennen mit zwei identischen Motorschäden ein Waterloo

Teamkollege Ralf Schumacher und Rubens Barrichello ging er nur als Dritter wieder auf die Piste.

Als sein Teamkollege die letzten Runden in den Wäldern des Hockenheimrings Richtung Formel 1-Sieg Nummer drei in Angriff nimmt, ist der Kolumbianer schon auf dem Weg zum Flughafen. Jeder weiß, dass es nur noch eine Frage der Zeit ist, wann Montoya auch in der Formel 1 ganz oben auf dem Treppchen steht. Lange wird er nicht mehr warten müssen...

Doch beim GP Deutschland trägt sich zum ersten Mal Ralf Schumacher in die Siegerlisten ein. „Es war unglaublich, ein perfektes Szenario, ein großartiges Gefühl. Normalerweise bin ich ja kein Mensch, der seine Ge-

Übeltäter – Pedro de la Rosa schießt im Rennen Nick Heidfeld ab

Grußworte – die Fans verzeihen Eddie Jordan den Frentzen-Rauswurf nicht. Feierabend – Burti (links) und Button verpassen Trainingszeit

Frentzen: Rauswurf per Fax

Am Dienstag nach dem GP Großbritannien läuft aus dem Faxgerät in Heinz-Harald Frentzens Appartment in Monaco ein blauer Brief. Die fristlose Kündigung von Eddie Jordan. Dabei hatte man gerade Wochen zuvor die weitere Zusammenarbeit für 2002 bekannt gegeben. Frentzen hatte seine einseitige Option wahrgenommen, Jordan musste akzeptieren. Hinter den Kulissen war er schon dabei, den Deutschen trotz Vertrag loszuwerden. Nach dem Rennen in Silverstone kommt es zum Streit. Die Situation eskaliert, es folgt zwei Tage später das Kündigungs-Fax. Acht Tage später, am Mittwoch vor dem Hockenheim-Rennen, erfährt auch die Öffentlichkeit vom Rauswurf. Jordans Vorwurf: Vertragsbruch. In welcher Art und Weise erklärt er mit keiner Silbe. Mangelnde Fitness, zu wenig Biss – munkelt man bei Jordan. In Wirklichkeit hat HHF nur permanent auf die Schwachstellen hingewiesen: Dass man bei der Entwicklung des EJ11 große Fehler gemacht habe, die Weiterentwicklung zu schleppend vorangehe und dass selbst so simple Dinge wie Startautomatik und Traktionskontrolle immer noch nicht zuverlässig funktionieren. Frentzens Verhältnis zu den Technikern, speziell zu seinem Renningenieur David Brown, war zerrüttet. Deshalb wurde er zum Bauernopfer. Arbeitslos ist er nur in Hockenheim, schon in Ungarn sitzt er im Prost, weil sich dort Jean Alesi mit Alain Prost überworfen hat. HHF blüht zu alter Stärke auf. Das Kapitel Jordan hat er abgeschlossen – bis auf den Gerichtsstreit um das noch ausstehende Gehalt plus Entschädigung.

Klartext – nicht nur Heinz-Harald Frentzen findet offene Worte für Teamchef Eddie Jordan

fühle nach außen trägt. Aber als ich dann kapiert habe, dass ich wirklich den Großen Preis von Deutschland gewonnen habe, als ich ins Motodrom kam, da habe ich mich riesig gefreut. Es war einfach ein perfekter Tag", freut sich „Schumi 2".

Und auch für den großen Bruder gibt es keinen Grund, sich zu grämen. Er kam mit 37 Punkten Vorsprung, und er verlässt Hockenheim mit 37 Punkten Vorsprung. So fällt „Schumis" Fazit auch alles andere als bitter aus: „Auch wenn's bei mir nicht so klappt, ist da immer noch ein kleiner Bruder, der die Kohlen aus dem Feuer holt."

„Jetzt gewinnt Schumi schon, wenn er verliert", schreibt eine italienische Zeitung. Und bringt damit die Ereignisse auf den Punkt. 2001 kann der Ferrari-Pilot machen, was er will. Alles läuft für ihn. So gut, dass ihm beim nächsten Rennen 14 Tage später in Ungarn drei Punkte mehr als Coulthard reichen, um WM-Titel vier zu packen.

Die vielen Ausfälle bei den Topteams machen in Hockenheim noch andere Fahrer glücklich. Zum Beispiel Jacques Villeneuve als Drittplatzierter, oder die Frust-gebeutelten Benetton-Piloten. Giancarlo Fisichella als Vierter und Jenson Button als Fünfter punkten im Doppelpack.

Mobil 1
West

Sieg für die Ewigkeit

Schachmatt in 13 Zügen – Michael Schumacher macht schon vier Rennen vor Schluss den Sack zu und sichert sich mit seinem siebten Saisonsieg WM-Titel Nummer vier. Die totale Ferrari-Euphorie löst zudem der vorzeitige Gewinn des Konstrukteurs-Titels aus

Deutsche

Bereits am Samstag im Zeittraining zum 13. WM-Lauf stellt Michael Schumacher die Weichen auf Sieg und Titelverteidigung. „Budapest ist für unser Auto maßgeschneidert“, erklärt „Schumi“ [illegible] acht Zehntelsekunden Vorsprung, mit denen er David Coulthard als Zweitplatzierten düpiert. Der F2001 ist unschlagbar auf Strecken, auf denen viel Abtrieb erforderlich ist. So wie eben auf dem engen, winkligen Hungaroring. „Mein Auto war perfekt, und ich fuhr eine perfekte Runde. Danach wusste ich, dass es nicht noch schneller geht – wozu also weitere Anstrengungen unternehmen?“ Schumacher verzichtet auf zwei seiner vier Qualifikations-Versuche. Arrogant? Nein, weltmeisterlich...

Nicht nur „Schumi“ schläft am Samstag abend in Budapest zufrieden ein. Auch sein deutscher Berufskollege Heinz-Harald Frentzen kann sich ein Lächeln nicht verkneifen. Hat er doch das erste Trainingsduell in seinem neuen Team Prost gegen Luciano Burti mit über einer Sekunde Vorsprung gewonnen, während sein Nachfolger bei Jordan Jean Alesi exakt mit diesem Rückstand von Jarno Trulli eine Klatsche kassiert. Frentzen und Alesi konnten ihre neuen Arbeitsgeräte wegen eines Testverbotes nur jeweils 50 Kilometer studieren.

Wenn die Fans von Michael Schumacher überhaupt an diesem Wochenende nur eine Schrecksekunde überstehen müssen, dann ist es ausgerechnet jene in der Formationsrunde, wo ihr Star für einen Moment unaufmerksam ist und durch das Kiesbett rodelt. Sei-

Fehlersuche – Coulthard inspiziert den „Stotterpfeil“.
Feierstunde – Tifosi nehmen ihre Leidenschaft ernst

On top of the world – „Ich liebe Euch alle“ funkt „Schumi“ seinem Team nach Überqueren der Ziellinie

ne Mechaniker räumen in der Startaufstellung Sand und Steine aus den Seitenkästen. Weiter geht die „Schumi"-Show...

Dank neuer Startsoftware bleibt er nach dem Erlöschen der Ampeln locker in Front. Und noch besser: Teamkollege Barrichello kann dank der neuen Startautomatik von Startplatz drei aus an David Coulthard vorbeigehen und agiert als Puffer für die Ferrari-Nummer-eins. Runde um Runde werden Barrichello und Coulthard in „Schumis" Rückspiegel kleiner, nach 17 Runden hat er sechs Sekunden Vorsprung.

In der 32. Runde macht „DC" den ersten von zwei Boxenstopps und ist danach Zweiter hinter Schumacher, weil die silberne Boxencrew schneller arbeitet als die rote. Dafür pfuscht sie bei Coulthards zweitem Stopp. Der Tankrüssel klemmt. Diese zwei Sekunden, die Coulthard dabei verliert, bedeuten erneut Rang drei für den „Silberpfeil". Und entscheiden vorzeitig den Konstrukteurstitel.

Diese Tankpanne ist symptomatisch für den Saisonverlauf bei McLaren-Mercedes. „Wir waren nicht zuverlässig und konstant genug. Deshalb haben wir die WM verloren", weiß ein niedergeschlagener David Coulthard.

Am anderen Ende der Emotionsskala bewegt sich Michael Schumacher nach Überfahren der Ziellinie: „Ihr seid fantastisch! Was für ein Team, was für eine Freude mit Euch zu arbeiten. Ich liebe Euch alle", schreit er in den Bordfunk seine unbändige Freude über den vierten WM-Titel hinaus.

„Um ehrlich zu sein: Ich hatte ein ungutes Gefühl, als ich anreiste", gibt er später auf der Pressekonferenz zu. Und er zeigt, dass er beileibe nicht die unsentimentale Fahrmaschine ist, als die ihn seine Kritiker häufig darstellen: „Ich bin vielleicht kein schlechter Rennfahrer, aber ich bin ganz schlecht darin, wenn ich in solchen Augenblicken die richtigen Worte finden muss. Also hab ich zu meinem Team gesagt 'Vergebt mir, verzeiht mir, ich kann nicht viel mehr sagen. Es ist ein wunderschönes Wochenende'. Es ist einzigartig, wie die Jungs hinter mir stehen, wie wir alle zusammenhalten – in guten und in schlechten Zeiten. Ich habe so etwas in einem Team noch nie erlebt. Es ist so viel Menschlichkeit da, dass es einfach nur riesig Spaß macht, mit den Jungs zusammen zu arbeiten."

Frustsaufen bei McLaren, die totale Euphorie nebenan bei Ferrari. Kein Wunder, dass „We are the champions" an diesem Tag aus vielen Kehlen mit leicht italienischem Einschlag noch bis tief in die Nacht aus dem Ferrari-Hotel in Budapest dröhnt...

Auch in Italien herrscht das „Grande Casino" über „Micheles" Triumph. Die Tifosi feiern den WM-Titel mit der längsten Strandparty aller Zeiten. Millionen Italiener jubeln auf unzähligen improvisierten Siegesfeiern in den Strandbädern. ■

Top und Flop – Umsteiger Frentzen (unten) im Prost begeistert, Alesi im Jordan (darunter) enttäuscht

Der Beste aller Zeiten?

Viermal Weltmeister. Damit zieht Michael Schumacher mit Alain Prost gleich. Nur der legendäre Juan-Manuel Fangio hat mehr Titel, nämlich fünf. Aber alle Experten sind sich einig: Das kann „Schumi" auch noch schaffen, höchstwahrscheinlich sogar bis zu seinem Vertragsende 2004. Ferrari und Michael Schumacher – das ist in der Formel 1 das Maß aller Dinge. Und der Deutsche ist auf dem Weg, der beste Formel 1-Fahrer aller Zeiten zu werden. In Ungarn schafft er nach 1994, 1995 und 2000 nicht nur seinen vierten WM-Triumph, sondern auch seinen 51. Grand Prix-Sieg. Noch eine Disziplin aus den „ewigen Bestenlisten", in der er nun an Platz eins steht. Und auch da pari mit Alain Prost. Knapp in Führung liegt Prost noch in der Liste der meisten WM-Punkte mit 798,5. Schumacher ist ihm nach dem Rennen in Ungarn mit 772 Zählern dicht auf den Fersen. Bei den schnellsten Rennrunden ist Schumacher schon Spitze mit 43 vor Alain Prost mit 41, bei den Führungskilometern ebenso mit 13 755 vor Ayrton Senna mit 13 666. Schwer zu knacken werden für den Kerpener die 65 Pole Positions sein, die Senna schaffte, „Schumi" hat nach Ungarn 41 auf dem Konto. Nahezu unmöglich wird es sein, bei der Zahl der absolvierten GP Riccardo Patrese einzuholen, der 256 mal startete. Schumacher hat bisher 157 Starts, müsste bei 17 Rennen pro Saison noch fast sechs Jahre fahren. Besonders imposant ist seine Trainingsbilanz gegen die jeweiligen Teamkollegen. Bis zum GP Ungarn 2001 gewann er 150 Trainingsduelle, nur ganze acht verlor er.

Hat gut lachen – Michael Schumacher ist auf dem Wege, der beste Formel 1-Fahrer aller Zeiten zu werden

BELGIEN

Feiertag – auch nachdem er den Titel in der Tasche hat, lässt „Schumi“ das Siegen nicht

Forever Number One

Sieg Nummer 52 – mehr als jeder andere Fahrer zuvor. Michael Schumacher schreibt in Spa erneut Formel 1-Geschichte

Wahrer Weltmeister – wo Michael Schumacher ist, ist vorn

Abgehoben – „Schumi 2" (links) erklärt, dass er beim Start zur Einführungsrunde null Bodenkontakt hatte

BELGIEN

Bitte einordnen – in der La Source-Haarnadelkurve (oben) müssen die Piloten diszipliniert agieren. Da geht alles gut. Sondermüll – Luciano Burti überlebt einen Mega-Crash, sein Prost (rechts) ist allerdings Schrott

Viel zu melden hat der Weltmeister zunächst mal in Spa-Francorchamps nicht. Das Qualifying wird zur Reifenlotterie. Und da ziehen andere mit Glück und Können das große Los. Zum Beispiel Juan Pablo Montoya, der sich mit einer Wahnsinnsrunde auf der schmalen trockenen Ideallinie die zweite Pole Position seiner Formel 1-Karriere holt. Zum Beispiel auch Ralf Schumacher mit Startplatz zwei.

Hinter Michael Schumacher als Drittschnellstem aber schafft Heinz-Harald Frentzen den Hauptgewinn. Er manövriert den Prost-Acer sensationell auf Startplatz vier. „Er ist immer noch ein Topfahrer", strahlt Alain Prost. „Wir haben gepokert und dieses eine Mal gewonnen", relativiert Frentzen bescheiden. „Okay, wir müssen weiter kleine Brötchen backen. Wir kennen unsere Grenzen und ich weiß, dass ich das unter trockenen Verhältnissen nie hätte erreichen können. Die Balance des Prost ist immer noch nicht perfekt. Hoffentlich haben wir morgen wieder so schwierige Verhältnisse."

Ganz so schwierig hätte HHF sich die Verhältnisse dann doch nicht gewünscht. Und zwar in seinem Getriebe, wo sich zwei Schaltklauen nicht über eine koordinierte Zusammenarbeit einigen können und daraufhin der Motor abgewürgt wird. Letzter Startplatz – vorbei die große Chance auf ein Rennen im Rampenlicht der „Großen". Am Ende des Feldes trifft Frentzen auf Pole-Mann Montoya. Bei dem sprang zu Startversuch eins der Motor nicht an. Und das ist nur der Beginn der Peinlichkeiten, die sich Williams-BMW an diesem Tag leistet... Wg. Frentzen wird also Startversuch zwei nötig. „Schumi 1" geht an „Schumi 2" in Führung. Und dann hält die F1-Welt erneut den Atem an: Bei einem Überholversuch von Luciano Burti an Eddie Irvine in der ultraschnellen Linkskurve von Blanchimont rasiert sich der Prost von Burti den Frontspoiler am Jaguar ab. Mit 250 km/h rast der Brasilianer in einem Winkel von knapp 50 Grad in die Reifenstapel und wird davon begraben.

Irvine ist der erste am Unfallort. Mit den Händen versucht der Nordire, die Reifen beiseite zu schaffen. Eigenhändig hängt er den Prost an den inzwischen eingetroffenen Abschleppwagen. Das Rennen ist inzwischen gestoppt. Minuten später gibt Irvine Entwarnung: „Er bewegt sich, er atmet,

**Überflieger – Frentzen (oben) überrascht mit dem vierten Startplatz,
Fisichella (links) ärgert die McLaren, wird schließlich Dritter**

er lebt." „Gott sei Dank. Ich habe gedacht, er ist tot", macht sich Teamchef Alain Prost Luft. Im Krankenhaus in Lüttich wird Burti für eine Nacht in einen künstlichen Schlaf versetzt. Die Diagnose mutet angesichts der Schwere des Aufpralls mit Verzögerungen von über 30g wie ein Wunder an: Schwere Gehirnerschütterung, kleines ungefährliches Blutgerinnsel im Kopf und Prellungen. Das Aus für dieses Jahr. Burti hat alle Schutzengel bis in den Grenzbereich gefordert.
Start Nummer drei wird zur größten Slapstick-Nummer der Saison. Weil sich die Mechaniker nicht darüber einigen können, ob der angerissene Heckflügel an Ralf Schumachers Auto gewechselt werden muss, schaffen sie es nicht mehr, den Williams abzubocken. Hilflos in der Luft muss „Schumi 2" zusehen, wie die Kollegen zur Einführungsrunde abdampfen – geschüttelt von Lachkrämpfen. „Wir haben heute die Pannen einer Saison in einen Tag gepackt", schmunzelt BMW-Technikchef Dr. Mario Theissen.
Mit dem Ausgang des Rennens haben die Weiß-Blauen nichts zu tun. Michael Schumacher fährt das Rennen einsam und souverän – bis auf eine Unachtsamkeit – nach Hause und trägt sich mit seinem fünften Sieg auf seiner Lieblingsstrecke Spa und dem 52. F1-Triumph erneut in die Geschichtsbücher ein. „Am Tag der Angst bricht Schumi alle Rekorde", titeln die italienischen Gazetten. Feiern können sie auch Landsmann Giancarlo Fisichella. Der Römer schafft mit Rang drei hinter Coulthard das beste Benetton-Ergebnis der Saison. ■

Was ist bloß bei Jaguar los?

Nicht mal ein Jahr ist Bobby Rahal als Jaguar-Teamchef im Amt. Und schon wieder gefeuert. Von Niki Lauda. Der Österreicher ist seit Anfang des Jahres Geschäftsführer der „Premier Performance Division", unter dessen Dach die drei Jaguar-Rennfirmen vereint sind: Jaguar Racing (Rennstall), Cosworth Racing (Motorenfirma) und PI Electronics (Soft- und Hardware für Motorsport). Lauda berichtet an Jaguar-Boss Wolfgang Reitzle direkt. Unter dem, was er 2001 zu sagen hat, ist nicht viel Gutes. Da ist die Kündigung Rahals nur ein weiteres Puzzleteil. Hätte Rahal es im Laufe des Jahres geschafft, seinen langjährigen Freund McLaren-Stardesigner Adrian Newey wirklich zu Jaguar zu holen, wäre er nicht entlassen worden. Als er dann aber noch hinterrücks ohne Absprache mit Lauda versucht hat, Eddie Irvine bei Jordan gegen Heinz-Harald Frentzen einzutauschen, war sein Schicksal besiegelt. Auf der Rennstrecke steht für Jaguar als bestes Ergebnis bisher ein dritter Platz in Monaco zu Buche. Und nur ein weiterer mickriger Punkt beim Rennen in Kanada. Der Jaguar R2 ist ein gutmütiges, braves, aber eben nicht sehr schnelles Auto. Die Aerodynamik ist unausgereift und speziell im Heck zu schlecht. Vom Ford-V10 schwärmt Eddie Irvine dagegen: „Hinter BMW haben wir den zweitstärksten Motor im Feld." Dass der teuer bezahlte Nordire immer öfter das Trainingsduell gegen Pedro de la Rosa verliert, gibt auch Lauda zu denken. Jedoch: Für 2002 haben sowohl Irvine als auch der Spanier schon feste Verträge. Eine Top-Paarung ist das auch nicht gerade.

Immer munter bleiben – Niki Lauda (rechts) lässt sich die Laune auch als Jaguar-Teamchef nicht verderben

Durchbruch – Juan Pablo Montoya (rechts) schafft im 15. Formel 1-Rennen den ersten Sieg. Schweigeminute – auch in Monza wird der Toten bei den Terroranschlägen in den USA gedacht

Rennen wider Willen

Der Terroranschlag auf die USA, ein schwerer Unfall von Ex-Kollege Zanardi, die Erinnerung an den toten Streckenposten vor einem Jahr – gedrückte Stimmung in Monza. Juan Pablo Montoyas erster Sieg ist Nebensache

Flagge zeigen – die Terroranschläge in den USA sind auch beim GP Italien Thema Nummer eins

Beweis siehe Foto – eine Vereinbarung über ein Überholverbot in den ersten zwei Schikanen kommt nicht zustande

Mika macht „Babypause"

Wochenlang halten sich die Gerüchte, dass Mika Häkkinen am Saisonende zurücktritt. In Monza wird eine „Babypause" verkündet. „Ich habe das Team um eine Auszeit gebeten, denn sie gibt mir die Möglichkeit, meine Batterien aufzuladen und mehr Zeit mit meiner Frau Erja und meinem Sohn Hugo zu verbringen", erklärt er. Hinter den Kulissen wird von Streitereien zwischen McLaren-Teamchef Ron Dennis und Häkkinen gemunkelt. Der zweifache Weltmeister gibt zu, dass er ausgebrannt ist. „Ich sehne mich nach einem Leben ohne Termine, ohne Druck." Bei McLaren wird für Häkkinen angeblich eine Tür offen gehalten, ein Wechsel zu einem anderen Team scheint ausgeschlossen. Nachfolger wird Häkkinens Landsmann Kimi Räikkönen – die Entdeckung des Jahres. Mika Häkkinen selbst schlägt den Youngster vor. Wochenlang ziehen sich die Verhandlungen zwischen Peter Sauber und Mercedes-Boss Jürgen Hubbert hin. Rund 30 Millionen Dollar soll Hubbert am Ende auf den Tisch gelegt haben, um Räikkönen aus seinem Vertrag bis Ende 2003 zu kaufen. Nachgeholfen hat der junge Räikkönen damit, dass er bei Sauber von einem Tag auf den anderen nur noch dürftigen Dienst nach Vorschrift macht. „Ich mache aus Dir den jüngsten Weltmeister aller Zeiten", verdreht McLaren-Teamchef Ron Dennis Räikkönen den Kopf. Völlig angefressen ist Nick Heidfeld, auf den McLaren ebenfalls eine Option hat: „Klar, Kimi ist schnell, aber man übertreibt den Rummel um ihn. Das Gleiche passierte letztes Jahr mit Jenson Button. Und wo ist er jetzt?"

Der stille Abgang des schnellen Finnen – Mika Häkkinen hängt den Helm vorerst für 2002 an den Nagel. Kommt er wieder?

Sofort nach den schrecklichen Terroranschlägen in New York werden Stimmen laut, die eine Absage des 15. WM-Laufes am folgenden Wochenende fordern. Ralf Schumacher ist einer von ihnen: „Die meisten Piloten wären hier nicht angetreten, wenn sie die Wahl gehabt hätten." Doch genau wie New Yorks Bürgermeister Rudolph Giuliani rät, das normale Leben wieder aufzunehmen, sagt auch FIA-Präsident Max Mosley, dass man weder den GP Italien noch das anschließende Rennen in den USA absagen werde. Trotzdem: Die Stimmung ist gedrückt. Ferrari hatte eigentlich vor, den Gewinn der beiden WM-Titel mit einer großen Party im königlichen Park von Monza zu feiern. Ferrari-Präsident Luca di Montezemolo sagt alles ab: „Es sollte ein großes Fest werden. Jetzt wird es nur ein ganz normales Rennen."

Das nun aber eben auch nicht. Schon rein optisch: In Gedenken an die Opfer der Terror-Attacken in New York und Washington fährt Ferrari ohne Sponsoraufkleber. Andere Teams kleben als Zeichen der Solidarität US-Flaggen auf die Autos.

Zwei Neulinge kommen beim GP Italien zu ihrem Debüt. Der Tscheche Tomas Enge vertritt den in Spa verletzten Luciano Burti, der Malaysier Alex Yoong ersetzt Tarso Marques im Minardi. Nicht wiederzuerkennen ist Michael Schumacher. Das ganze Wochenende ist der Weltmeister fast wie unter Schock – auch im Cockpit. Zum ersten Mal in dieser Saison verliert er das Trainingsduell gegen seinen Teamkollegen Rubens Barrichello und schafft nur Startplatz drei. „Das ist nach den Ereignissen in dieser Woche nicht so wichtig", sagt er nach dem Qualifying. „Es fällt sehr schwer, sich zu konzentrieren. Ich möchte nicht weiter darüber sprechen", wehrt er sichtlich um Haltung bemüht weitere Fragen ab.

Neu – Alex Yoong (rechts) und Tomas Enge (unten)

Abgesagt – Ferrari-Präsident Luca di Montezemolo (rechts) verschiebt die WM-Feiern. Trauernase – Ferrari fährt ohne Sponsoraufkleber

Ähnliche Stimmungslage auch bei Ralf Schumacher, der sich mit seinem Bruder als Vierter die zweite Startreihe teilt. Zum zweiten Mal in Folge auf Pole: Juan Pablo Montoya. Der Kolumbianer ist drei Zehntelsekunden schneller als Barrichello.

Vom EuroSpeedway kommt die traurige Kunde, dass Alex Zanardi - noch 1999 Teamkollege von Ralf Schumacher bei Williams - nach einem Unfall beide Beine verloren hat, im Koma liegt und um sein Leben kämpft. So kommt am Sonntagmorgen einiges zusammen: Terror-Schock, Zanardi-Tragödie und die Erinnerung an den schweren Unfall vor einem Jahr in der ersten Runde, als Feuerwehrmann Paolo Ghislimberti ums Leben kam. Die Piloten beraumen drei Stunden vor Rennbeginn eine Fahrersitzung ein. Sie fordern Rennleiter Charlie Whiting auf, das Rennen hinter dem Safety-Car zu starten. Der lehnt ab. Also wollen die Fahrer sich auf ein freiwilliges Überholverbot bis zur zweiten Schikane einigen. Jacques Villeneuve ist als einziger dagegen.

Als auch noch die Teamchefs von BAR (Craig Pollock), Arrows (Tom Walkinshaw) und Benetton (Flavio Briatore) ihre Piloten zum Vollgas-Start verdonnern, ist die Sache vom Tisch. „Es ist schade, dass Fahrer zu Handlungen gezwungen werden, gegen die sie eigentlich sind. Es wäre eine gute Entscheidung gewesen", resigniert Michael Schumacher. „Wir sind Rennfahrer", sagt Villeneuve.

Bis auf eine Kollision zwischen Jarno Trulli und Jenson Button, der den Jordan-Piloten von der Piste räumt, geht aber am Start alles gut. Montoya führt, Barrichello jagt ihn. Williams setzt auf eine Ein-Stopp-Strategie, Ferrari riskiert angesichts der Stärke von Williams eine Zwei-Stopp-Taktik. Hätte bei Barrichellos erstem Tanken nicht der Schlauch geklemmt, hätte der Brasilianer gewinnen können. So wird er nur Zweiter. Und Juan Pablo Montoya kommt zu seinem ersten Formel 1-Sieg - im 15. Anlauf. „Ein toller Tag für mich. Und 2002 will ich Weltmeister werden", jubelt Montoya. Eiszeit dann noch auf dem Podest, wo Teamkollege Ralf Schumacher nicht den Hauch einer Gratulation zustande bringt. Ein bisschen profitiert Montoya davon, dass andere Piloten - wie die Schumacher-Brüder - an diesem Wochenende mit ihren Gedanken nicht ganz bei der Sache sind.

Speziell Michael Schumacher als Viertplatzierter ist ein Schatten seiner selbst: „Ich bin froh, dass alle heil geblieben sind. Zum Glück ist nichts Schlimmes passiert." So kannte man „Schumi" bisher nicht. Vorschnell prognostizieren italienische Zeitungen einen Rücktritt des Weltmeisters... ■

Beruf Rennfahrer – Villeneuve (oben links) ist gegen das Überholverbot. Angeschwipst – die einzigen in Monza mit guter Laune sind die Campari-Mädels

Hoch soll er leben – Mika Häkkinen erfüllt sich mit dem Sieg in Indianapolis bei seinem vorerst vorletzten Grand Prix einen Traum

USA

FORMEL1

Happy End

Eine Saison zum Vergessen. Gezeichnet von Pleiten, Pech und Pannen. Dazu eine große Lustlosigkeit. Im vorletzten Rennen vor seiner „Babypause“ sieht man aber nochmal den „alten“ Mika Häkkinen

Völlig neben der Spur – so kann man Michael Schumachers Gemütslage nach dem GP Italien am besten beschreiben. Manager Willi Weber klärt auf: „Es waren die brutalen Bilder aus New York im Fernsehen und die Tatsache, dass dabei so viele unschuldige Menschen auf solche Weise sterben mussten, die den sehr dünnhäutigen Michael erschüttert haben." Damit sei der „Gerechtigkeitsfanatiker" nicht fertig geworden. „Dazu kommen die Gedanken an die eigene Familie, die für Michael extrem wichtig ist. Es war das erste Mal in seinem Leben, dass er etwas so Abscheuliches erlebt hat. Aber Rücktritt war nie ein Thema."

Ein Startverzicht in Indianapolis angeblich auch nicht. Nach seiner 42. Pole Position kommt Michael Schumacher langsam zurück zu „business as usual". „Nach den tragischen Ereignissen der letzten Tage ist es schön, in einen gewissen Alltag zurückzukehren und den Rennsport wieder genießen zu können", freut er sich.

Richtig böse ist dagegen Mika Häkkinen. Weil er beim morgendlichen Warm-up vier Sekunden zu früh auf die Strecke rast, wird ihm seine schnellste Trainingszeit aberkannt. Statt Startplatz zwei nur Position vier. Der Finne kocht... Schließlich schmälert das seine Chancen, sich kurz vor seiner „Babypause" noch einen Karriere-Wunsch zu erfüllen – einen Sieg in Indianapolis. O-Ton Häkkinen: „Das würde gut in meine Statistik passen."

Geduld, Geduld – die ersten Rennkilometer stehen andere Piloten im Rampenlicht. Zunächst die Schumacher-Brüder, die nach Häkkinens Degradierung aus Reihe eins starten. Während „Schumi 1" bombig aus den Startlöchern kommt, muss der kleine Bruder Teamkollege Juan Pablo Montoya und auch Rubens Barrichello passieren lassen, die auf der sauberen Seite der Piste ins Rennen preschen. Hinter „Schumi 2" reihen sich die „Silberpfeile" ein – Häkkinen vor Coulthard.

Dass der GP USA zum Teil auf der legendären Oval-Strecke ausgetragen wird, zahlt sich für die 175 000 Zuschauer schon zu Beginn der zweiten Runde aus, als Jarno Trulli, Kimi Räikkönen und Nick Heidfeld am Ende der Zielgerade nebeneinander aus 325 km/h bremsen. Räikkönen beschädigt dabei seinen Frontspoiler. Beim Losfahren nach dem Wechsel bricht eine

USA

FORMEL 1

The cat is back – Eddie Irvine (oben) jagt seinen Jaguar auf den vierten Platz. Hoffnungsträger – Juan Pablo Montoyas Fangemeinde wird von Rennen zu Rennen größer

Rauchzeichen – nur zwei Runden vor dem Fallen der Zielflagge scheidet Barrichello aus

Verbesserungswürdig – bei BMW-Williams gehen einige Boxenstopps schief

Antriebswelle – das Aus für Häkkinens Nachfolger.
An der Spitze hat sich inzwischen Rubens Barrichello von Michael Schumacher abgesetzt. Der Brasilianer, der von „Schumi“ Rückendeckung im Kampf um den Vize-WM-Titel bekommen soll, ist mit einer Zwei-Stopp-Strategie ins Rennen gegangen. Der Deutsche soll einmal Reifen wechseln. Bis zur Halbzeit des Rennens heißt das Duell um den Sieg Ferrari gegen Williams-BMW. Doch ein verpatzter Boxenstopp und Reifenprobleme bei Ralf Schumacher, die schließlich in einem Dreher („Meine Schuld“) münden, eliminieren zunächst den einen blauweißen Boliden, ein Hydraulikdefekt in der 39. Runde bedeuten dann auch frühen Feierabend für Montoya, der es sich nicht nehmen ließ, vorher noch einmal Michael Schumacher zu überholen. „Das hat Spaß gemacht. Schade, ich hätte hier heute meinen zweiten Formel 1-Sieg in Folge schaffen können“, gibt er zerknirscht zu Protokoll. Der Kolumbianer ist nicht der einzige, der sich an diesem Nachmittag über einen Defekt ärgern soll.
Rundenlang kann Barrichello – inzwischen Zweiter – im Rückspiegel zuschauen, wie langsam sein Ferrari-Motor qualmend den Geist aufgibt. Langsamer und langsamer wird der Ferrari, bis er schließlich in der 72. und vorletzten Runde ausrollt. „Es hätte heute besser mich getroffen“, zeigt Michael Schumacher Mitleid, „nun wird es schwer mit dem zweiten WM-Platz für Rubens.“
Nur für einen, dem fast das ganze Jahr das Rennglück nicht hold war, läuft es sensationell: Mika Häkkinen. Nach einem späten Boxenstopp hat der Finne souverän die Führung und Kurs auf die Erfüllung seines Traumes genommen. Wild auf sein Lenkrad hauend, überquert Häkkinen als Sieger die Ziellinie. „Great guys“, schreit er in den Bordfunk und kann sich gar nicht mehr einkriegen. Auf den Schultern von „Schumi“ – Zweiter – und Coulthard – Dritter – präsentiert sich der Doppel-Weltmeister den Fans. „Das ist für mich einer der Höhepunkte der Saison“, freut er sich. Kann man wohl sagen, nachdem in diesem Jahr so vieles für ihn schief lief...
Nachspiel für die Juristen: Weil die Bodenplatte an Jarno Trullis Jordan zu dünn ist, wird der Italiener disqualifiziert und verliert seinen vierten Platz. Sein Team legt sofort Berufung ein, die jedoch erst nach Saisonende verhandelt wird. ■

Jubiläum ohne Jubel

Riccardo Patrese (256), Gerhard Berger (210), Andrea de Cesaris (208) und Nelson Piquet (204) – erst vier Fahrer haben die Schallmauer von 200 Grand Prix durchbrochen. In Indianapolis schafft Jean Alesi den Eintritt in den exklusiven Club der Vielfahrer. 1989 beim GP Frankreich feierte der junge Alesi sein F1-Debüt: „Plötzlich fuhr ich gegen all die Stars meiner Jugend, die ich bis dahin nur aus dem Fernsehen kannte.“ Alesis Markenzeichen über die Jahre: ein unbekümmerter Umgang mit dem Gaspedal, der in besonders spektakulärer Fahrweise resultierte. Wohl deshalb lieben ihn die Ferrari-Fans noch heute und feiern Alesi, der aus einer sizilianisch-französischen Ehe hervorging, als Quasi-Italiener. Von 1991 bis 1995, das letzte Jahr bevor „Schumi“ kam, griff Alesi bei Ferrari ins Lenkrad. Für die Roten schaffte er 1995 in Kanada auch seinen einzigen Formel 1-Sieg. So richtig zum Feiern ist dem 37-jährigen Franzosen bei Jordan aber nicht zumute. Als Ersatz für den gefeuerten Frentzen geholt, wird er nicht gerade herzlich aufgenommen. Der „Oldie“ spürt, dass Teamchef Eddie Jordan jüngere Fahrer im Visier hat. Alesi hat dafür nichts übrig: „Wer blind auf junge Fahrer setzt, versteht nichts vom Geschäft.“ Wenige Tage nach Alesis Jubiläums-Rennen verkündet Jordan, dass 2002 neben Giancarlo Fisichella, der im Ringtausch mit Jarno Trulli von Benetton kommt, der 24-jährige Japaner Takuma Sato, der frische Britische F3-Meister, bei Jordan fahren wird. Frustriert verkündet Alesi beim Finale in Suzuka seinen Rücktritt. Der Formel 1 wird er fehlen.

Fast das Ende vom Lied – ein Rennen nach seinem Jubiläum verkündet Jean Alesi seinen Rücktritt

Das Duell des Rennens – Montoya (vorne) setzt sich eiskalt gegen Barrichello durch

Big in Japan

„Schumi“ total auch im Finalrennen: Mit seinem neunten Saisonsieg schafft er als erster Formel 1-Fahrer mehr als 800 WM-Punkte. Krönender Abschluss einer überragenden Saison

Best of the res
hinter Ferra
McLaren und Willia
wird Sauber Vier

Adieu – im seinem letzten F1-Rennen scheidet Jean Alesi (rechts) nach einem heftigen Unfall aus. Streifschuss – Heinz-Harald Frentzen (unten) kollidiert mit de la Rosa, wird noch Zwölfter

JAPAN

FORMEL 1

Es gibt Tage, da müssen sich die anderen 21 Formel 1-Piloten ein bisschen wie Amateure vorkommen. Der Samstag vor dem GP Japan ist so einer. Mit sieben Zehntelsekunden Vorsprung deklassiert Michael Schumacher im Qualifying bei seiner Pole-Runde den Zweitplatzierten Juan Pablo Montoya. „Michael fährt hier in seiner eigenen Welt“, resigniert Bruder Ralf. Ausgerechnet Suzuka, eine der schwierigsten Strecken, wo der Fahrer noch zählt. Dass Ralf Schumacher auch noch von Teamkollege Montoya – ein Suzuka-Neuling – geschlagen wird, bessert die Laune von „Schumi 2“ nicht gerade.

Auch Rubens Barrichello hat Grund, sich zu grämen. Startplatz vier – bei einer Sekunde Rückstand auf „Schumi“ – ist keine gute Voraussetzung für einen Sieg. Den muss der Brasilianer aber einfahren, wenn er noch Vize-Weltmeister werden will. Rivale David Coulthard hat sieben Zähler Vorsprung.

Dass Tomas Enge und Nick Heidfeld überhaupt unversehrt am letzten Qualifying des Jahres teilnehmen können, ist wachsamen Schutzengeln und den stabilen Kohlefaser-Chassis zu verdanken. Beide entkommen schweren Trainings-Crashs ohne einen Kratzer.

Feierabend haben die Schutzengel in dieser Saison noch nicht. Einmal müssen sie noch ran. Im Rennen, in Runde fünf. An Kimi Räikkönens Sauber bricht die Achsaufhängung, der Finne kreiselt mit Tempo 260 von der Bahn in die Leitplanken, wird dann von Alesis Jordan torpediert und beide kreiseln ins Aus. Wie durch ein Wunde bleiben beide unverletzt. „Es ist traurig, die Karriere auf diese Art beenden zu müssen. Aber andererseits hatten Kimi und ich Riesenglück, unverletzt davon gekommen zu sein“, atmet Alesi tief durch.

Die Szene des Rennens ist zu dem Zeitpunkt schon gelaufen. In der zweiten Runde attackiert Barrichello den Zweitplatzierten Montoya, quetscht sich in der letzten Schikane mit einem Parforce-Ritt über die Randsteine am Kolumbianer vorbei. Barrichello hat das Grinsen über sein gelungenes Harakiri-Manöver noch im Gesicht, als der Williams-BMW-Pilot am Ende der

Gestrandet – das Alesis Jordan-Wrack. Abschiedsgeschenk – Häkkinen (rechts vorne) lässt Coulthard vor

folgenden Geraden kontert und wieder vorne liegt. Das war der letzte ernsthafte Versuch von Barrichello, doch noch Vize-Weltmeister zu werden. Ferrari schickt ihn mit einer – so die Meinung von Rennstrategen anderer Teams – „unsinnigen“ Drei-Stopp-Strategie ins Rennen. Er wird schlussendlich Fünfter.

Seine weltmeisterlicher Teamkollege ist derweil vorne entflogen. An diesem Wochenende kann niemand „Schumi“ das Wasser reichen. Der Deutsche testet quasi in Japan schon für die nächste Saison, sitzt er doch in einem um fünf Kilogramm leichteren Chassis, das

Kernschrott – Tomas Enges Prost wird bei einem Trainingsunfall zerstört

The winner takes it all – das letzte Podest des Jahres besetzen Montoya als Zweiter, „Schumi" wie zum neunten Mal in dieser Saison als Sieger und Coulthard als Dritter (von links)

als Übergangsauto für die nächste Saison geplant ist.
Bruder Ralf fährt in Japan ein farbloses Rennen. Unrühmliches Highlight ist eine Stop-and-go-Strafe, die er sich wegen Abkürzens in der Schikane beim Duell mit Barrichello einhandelt. „Das hat mich Rang drei gekostet. So ist eben die Regel, wenngleich der Vorteil nur im Bereich von Zehntelsekunden lag", ärgert sich „Schumi 2".
Nicht nur Alesi gibt seine Abschiedsvorstellung. Auch Mika Häkkinen. In der 48. Runde lässt der Finne seinen Teamkollegen Coulthard auf den dritten Platz vor: „Ich wollte ihm etwas für die Unterstützung der letzten Jahre zurückgeben." Zweimal – in Jerez 1997 und in Melbourne 1998 – hatte Coulthard Häkkinen einen Sieg geschenkt. Solche Geschenke hat ein Michael Schumacher nicht nötig. Einsam und souverän fährt er seinen neunten Saisonsieg heraus und so nebenbei knackt er als erster F1-Fahrer überhaupt die 800 Punkte-Marke. Italienische Zeitungen nennen ihn einen „Nimmersatt". Das trifft es wohl. Schlusswort des alten und neuen Weltmeisters: „Es war sicher das perfekte Ende einer perfekten Saison. Wir sehen uns in alter Frische im nächsten Jahr wieder."

Einer wie keiner

DER WELTMEISTER

FORMEL 1

Bilder einer beispiellosen Karriere – Formel 3, Gruppe C-Sportwagen und das erste Formel 1-Rennen für Jordan (von links).

Den vierten WM-Titel sackt er im Vorbeigehen ein. Dazu knackt er die Rekorde in den Formel 1-Geschichtsbüchern reihenweise. Michael Schumacher ist auf direktem Wege, der beste Formel 1-Fahrer aller Zeiten zu werden

Marlboro

Frühe Jahre – bei Benetton gewann er 1992 und 1993 die ersten Grand Prix

Natürlich neigen italienische Zeitungen, wenn sie über Michael Schumacher schreiben, zu Übertreibungen. „Er ist ein Marsmensch, der Auto fährt“, titelte der „Corriere della Sera“. „Schumi und Ferrari – ihr seid Götter“, jubelte „Il Gazzettino“ nach der Triumphfahrt zum vierten Weltmeistertitel in Ungarn. „Vollgas-Gott“, „Ferraris Lichtgestalt“, „Schumi jetzt ein Italiener“ – im Land der Tifosi ist nach dem zweiten WM-Titel in Folge die Hölle los.

Kein Wunder: Michael Schumacher bricht fast sämtliche Rekorde. Die meisten Siege? Abgehakt. Die meisten WM-Punkte? Nach Suzuka liegt er mit 801 Zählern vorne. Die meisten Rennrunden? Schon länger im Sack. Was fehlt noch? Die meisten Pole Positions, da liegt Ayrton Senna vorne mit 65, „Schumi“ an zweiter Stelle hat 43. Und bei der Zahl der WM-Titel fehlt ihm gerade mal noch einer auf den legendären Juan Manuel Fangio.

Ist er mit fünf WM-Titeln der beste Rennfahrer aller Zeiten? Mit sechs, oder gar jetzt schon? Bei der internen WM-Feier in der Mailänder Oper „La Scala“ sind sich die Ferrari-Mitarbeiter einig: Er ist es – schon jetzt. Präsident Luca di Montezemolo schwärmt: „Michael ist einfach sensationell.“

Das Erfolgsrezept des Michael S. ist eben nicht nur der schwere Gasfuß, das besonders sensible Popometer in Kombination mit einer egoistischen Rücksichtslosigkeit gegen die Gegner auf der Piste, sondern auch seine Fähigkeit zum Teamplayer.

„Ich liebe Euch alle“, ist die erste Botschaft, die er über Funk nach dem Gewinn des Titels an seine Box sendet. Überschäumende Emotionen waren die Sache des Kerpener Jungen bisher nicht, doch die Ferrari-Jahre haben Spuren hinterlassen, haben ihn lockerer gemacht. Keineswegs „Dolce vita“, aber der überzeugte Familienmensch „Schumi“ hat sich ein paar seiner Kanten abgeschliffen, ist humoriger, weniger verbissen geworden.

Nur eines hat darunter nicht gelitten, sein absoluter Ehrgeiz, seine Besessenheit vom Rennfahren, der ausgeprägte Wille, sich und sein Team ständig zu verbessern. Der Durchhänger in Monza und beim USA-Grand Prix nach

Finito – nach 13 von 17 Rennen kann sich Schumacher als Weltmeister feiern lassen

Im Visier – Fotoapparate und Kameras gehören zu seinem Leben. Beinbruch '99 – in Hockenheim ist der Lokalmatador nur mittels TV-Interview aus seinem Garten dabei

Number Ones – „Schumi", Boris Becker und Henry Maske (von rechts). Standard – Schumacher hat wohl schon häufiger in Champagner gebadet, als die meisten Menschen ihn trinken

den Terroranschlägen in den USA? Vergessen. In Suzuka fuhr schon wieder der „alte" Schumacher. Bis 2004 hat er noch einen Vertrag bei Ferrari. „Aber ich könnte mir schon vorstellen, danach noch weiter zu machen", blickt er in die Zukunft. Vielleicht will er auch wirklich wissen, wie das ist, wenn einer kommt, der ihn schlagen kann...

Und wer könnte das sein? Sein eigener Bruder? „Er hat das Zeug dazu", meint Manager Willi Weber. David Coulthard? Nur in einem besseren Auto. Juan Pablo Montoya? Schon möglich. Dreimal hat der Kolumbianer „Schumi" im Laufe des Jahres im direkten Duell überholt – so oft wie niemand zuvor. Und dann ist da noch Kimi Räikkönen. Die Anekdoten, die um den jungen Finnen kreisen, ähneln stark denen, die man sich vom jungen Schumacher erzählte. Nächstes Jahr sitzt Räikkönen im McLaren-Mercedes. Die Wachablösung kann beginnen.

Nur darauf, dass Michael Schumachers Motivation, sein Ehrgeiz oder gar seine Schnelligkeit nachlassen – darauf sollte niemand hoffen. Geht es denn noch besser, noch schneller? Ferraris Chefstratege Ross Brawn, der beinahe täglich mit Schumacher zusammenarbeitet, hat auf diese Frage eine Antwort, die allen Räikkönens, Montoyas und Brüdern schwer im Magen liegen wird: „Wird er langsamer? Nein, ich sehe, dass er täglich noch schneller wird..." ■

Die stärksten Meisterjäger

2. PLATZ

David Coulthard

erzählt jedes Jahr vor Saisonbeginn die gleichen Geschichten – so geht der Branchenspott. Dass er besser denn je sei, dass er nun um den Titel mitkämpfen würde. 2001 hat er recht. Teamintern ist Coulthard plötzlich schneller als Mika Häkkinen. Seit 1996 – so lange sind die beiden schon Teamkollegen bei den „Silberpfeilen“ – hatte Coulthard stets den Kürzeren gezogen. „David hatte immer schon Rennen, in denen er einen guten Job machte. Aber dieses Jahr macht er das mit einer gewissen Konstanz“, sagt Mercedes-Sportchef Norbert Haug. „Mein Auto war nicht so schnell wie der Ferrari“, ärgert sich „DC“ über eine Saison, in der er zum ersten Mal Vize-Weltmeister wird. Für Schlagzeilen sorgt Coulthard aber nicht nur auf der Piste. Nach der Auflösung seiner Verlobung mit Heidi Wichlinski wird er Stammgast in den Boulevard-Blättern – zusammen mit atemberaubenden Schönheiten. Und macht Eddie Irvine den Ruf als größter „Womanizer“ in der Formel streitig. „Ich habe immer noch die schöneren Frauen“, ätzt dieser.

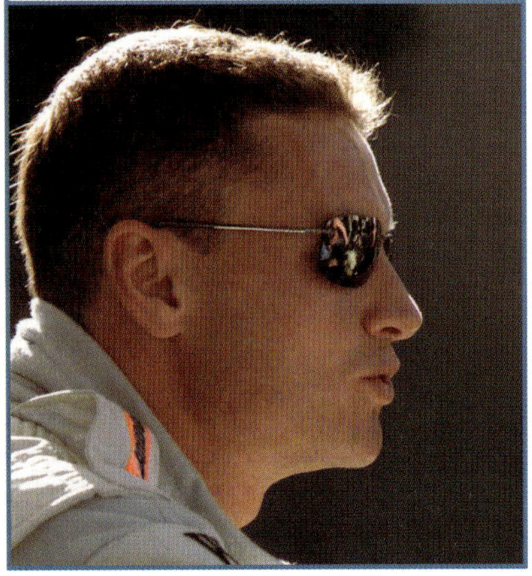

3. PLATZ

Rubens Barrichello

startet mit dem Vorsatz in die Saison, Michael Schumacher seinen Nummer eins-Status bei Ferrari streitig zu machen. Fehlanzeige. Übernervös produziert der Brasilianer mehrere Unfälle. Bereits im sechsten Rennen in Österreich weiß er, woran er ist. Teamchef Jean Todt fordert ihn über Funk auf, „Schumi“ auf Rang zwei vorbeizulassen. Für Barrichello bricht eine Welt zusammen, aber er muss den Mund halten. Schließlich verhandelt er gerade um einen neuen Vertrag, den er dann auch für 2002 bekommt. Kein Sieg, fünf zweite Plätze, nur ein gewonnenes Trainingsduell – die Rolle als Schumacher-Adjutant hat Barrichello auch 2002 gebucht. Aber auch so findet er seinen Trost: „Ich bin stolz, zu diesem Ergebnis beigetragen zu haben, stolz darauf, Michaels Partner im Team zu sein und damit Teil des Erfolgs zu sein. Ich glaube, dass es kein Zufall ist, dass Ferrari die Konstrukteurs-Meisterschaft in jenen beiden Jahren gewonnen hat, in denen ich zum Team gehörte“, erklärt er nach dem Gewinn der beiden WM-Titel.

4. PLATZ

Ralf Schumacher

hat 2001 mit seinen ersten drei Siegen den Durchbruch geschafft. Nach seinem Premierensieg in Imola sieht es sogar kurzfristig so aus, als wenn der „kleine Schumacher“ den großen schon in diesem Jahr zum WM-Duell herausfordern könnte. Mangels Zuverlässigkeit seines Williams-BMW wird das noch nichts. „Alles in allem blicke ich auf eine Saison zurück, die erfolgreicher war als erwartet“, lautet sein Fazit. Dass Familien-intern keine Geschenke zu erwarten sind, weiß Ralf spätestens seit dem GP Europa, als ihn der Bruder fast in eine Betonmauer drängelt. Ein anderer harter Gegner sitzt gleich im Cockpit nebenan: Teamkollege Juan Pablo Montoya. Auch neben der Piste sorgt „Schumi 2“ für reichlich Schlagzeilen. Beim Saisonauftakt in Australien zeigt er sich erstmals öffentlich mit Freundin Cora Brinkmann an der Rennstrecke, Wochen später gibt er die Verlobung bekannt, kurz darauf, dass sie ein Kind erwarten. Dann tauchen noch Nacktbilder von Cora auf und vor dem Saisonfinale heirateten die beiden.

5. PLATZ

Mika Häkkinen

erlebt eine Saison, die unter dem Titel „Pleiten, Pech und Pannen" abgehakt werden muss. Zwei Siege, nur zehn Zielankünfte – enttäuschend. Bereits nach dem Rennen in Monaco bittet Häkkinen Teamchef Ron Dennis um eine Rennpause. „Ich bin müde und sehne mich nach einem Leben ohne Termine." Babypause – so wird es offiziell in Monza verkündet. Dass es hinter den Kulissen auch Streit zwischen ihm und Dennis gab, weiß bei McLaren jeder. Zum Beispiel darüber, dass Coulthard plötzlich mehr Aufmerksamkeit durch die Ingenieure geschenkt wurde. Ob Häkkinen zurückkommt, wissen nicht mal seine engsten Vertrauten. Vieldeutig sagt er: „Ich habe alles erreicht. Ich bin zweimal Weltmeister geworden. Mein größtes Ziel ist abgehakt. Ich bin happy damit. Man sollte nie zu gierig werden. Ich bedanke mich bei jedem im Team für die Anstrengungen der letzten neun Jahre, durch die meine Karriere so erfolgreich geworden ist. Ich freue mich auf meine Rennpause, aber die Formel 1 wird mir fehlen..."

6. PLATZ

Juan Pablo Montoya

eilt der Ruf in die Formel 1 voraus, durch Lücken zu fahren, wo keine sind. Bereits im dritten Rennen in Brasilien überholt er frech den Weltmeister Michael Schumacher. Noch zweimal gelingt ihm dies im Laufe der Saison. „Der Kerl ist einfach atemberaubend", weiß BMW-Motorsport-Direktor Gerhard Berger. Dabei hat Montoya keinen Einstand nach Maß. Erst im fünften Rennen in Spanien gelingt die erste Zielankunft, dabei aber auch gleich als Zweiter. Die erste Saisonhälfte macht Montoya mangels Erfahrung, so Berger, „noch Fehler bei der Abstimmung." Aber zum Saisonende wird er zu einer ernsten Bedrohung für Ralf Schumacher. In Monza holt er seinen ersten Formel 1-Sieg. „Ein Traum wird wahr...", jubelt der Kolumbianer. Drei Pole Positions, eine davon ausgerechnet bei Ralf Schumachers Heimrennen in Hockenheim beweisen die Qualitäten des als arrogant verschrieenen Heißsporns. Seitdem herrscht Eiszeit. „Gemeinsam in den Urlaub werden die beiden nicht fahren", unkt Berger.

7. PLATZ

Jacques Villeneuve

schnappt in allerletzter Sekunde Nick Heidfeld noch den siebten Rang im Endklassement weg. Der Weltmeister von 1997 schafft zwei dritte Plätze und damit einen mehr als der punktgleiche Heidfeld. Die Saison des Kanadiers beginnt mit dem schweren Unfall in Australien, bei dem ein Streckenposten getötet wird. Risikofahrer Villeneuve ist geschockt. Der BAR003 bleibt wieder weit hinter den Erwartungen zurück. „Wenn man genau hinschaut, sind wir sogar am Ende der Saison schwächer gewesen als am Anfang", fasst Villeneuve zusammen. Noch ein weiteres Jahr will Villeneuve bei BAR bleiben: „Aber diesmal habe ich mir vorgenommen, nichts zu erwarten. Dann kann ich auch nicht enttäuscht werden." Worte eines frustrierten Weltmeisters, dessen einzige Motivation seine Leidenschaft für das Racing ist: „Ich liebe es, ich selbst zu sein und Rennautos zu fahren – das ist alles." Trauriger Nachsatz: „Aber wenn das mit BAR so schlecht weiterläuft wie bisher, war es wohl eine falsche Entscheidung, hier hin zu gehen."

Back to back – Gil de Ferran holt nach 2000 auch dieses Jahr den Titel

Horror-Unfall – Alex Zanardi (hinten) verliert bei diesem Crash beide Beine. Der Tiefpunkt des ersten ChampCar-Rennens in Deutschland, das aber von den Rennfans sehr gut angenommen wird (rechts)

Mixed Emotions

Spannende Rennen, viele verschiedene Sieger, das erste Gastspiel in Deutschland. Und dann der schwere Unfall, bei dem Alex Zanardi beide Beine verliert. Die ChampCar-Saison 2001 erlebt viele Ups, aber auch ein tiefes Down

Speed – Tony Kanaan (rechts) in Action.
In Gedenken – das Rennen auf dem EuroSpeedway wurde wegen der Terroranschläge in den USA in „American Memorial“ umgetauft

Cooler Typ – Paul Tracy hat Mühen mit dem Klima in der Lausitz. Kommandozentrale – hier hausen ChampCar-Piloten

Einmal fönen, bitte – das Training auf dem EuroSpeedway (oben) ist verregnet. Stadtverkehr – die ChampCars fahren auf Ovalkursen, gewöhnlichen Rennstrecken, aber auch in der Stadt

Gruppenbild – das Starterfeld der ChampCars 2001.
Titelkämpfer – der Schwede Kenny Bräck liegt lange Zeit in Führung

Rivale im eigenen Stall – Helio Castroneves ist bei Penske Teamkollege von Meister Gil de Ferran und lange einer seiner härtesten Konkurrenten

Für Marcel Tiemann scheint ein Traum wahr zu werden: Als deutscher Fahrer in einem deutsch-amerikanischen Team hat er einen Vertrag in der Tasche für die ChampCar-Saison 2001. Tiemann kündigt für die Versprechungen, die ihm Peter Zakowski macht, seinen Vertrag als Mercedes-Werksfahrer. Und steht am Ende ohne einen einzigen Rennkilometer da, weil Zakowski Sponsoren abspringen. Tiemann klagt gegen Zakowski und brilliert 2001 in der V8Star-Serie – ausgerechnet in Zakowskis Team – sowie bei drei Rennen in der DTM als Ersatzfahrer.

Die ChampCar-Action findet also ohne einen deutschen Piloten statt. Doch es ist immerhin ein Europäer, der nach einem Saisondrittel den Ton angibt. Der Schwede Kenny Bräck gewinnt als erster Fahrer in der Saison zwei Rennen hintereinander – und zwar in Motegi/Japan und in Milwaukee. Zuvor haben schon Christiano da Matta, Helio Castroneves und der Rookie Scott Dixon gesiegt.

Auch 2001 ist das Feld der ChampCars wieder dermaßen ausgeglichen, dass es nicht wie in der Formel 1 Seriensieger gibt. Bräck bleibt lange in Front, doch zum ersten Rennen in Deutschland auf dem EuroSpeedway-Oval in der Lausitz hat der Brasilianer Gil de Ferran erstmals die Tabellenführung übernommen.

Das Rennwochenende nimmt einen unglücklichen Verlauf. Nicht nur, weil die Terrorakte in den USA auf die Stimmung drücken und wegen Regens kaum Trainingssitzungen absolviert werden können, sondern weil Alex Zanardi bei einem schweren Unfall beide Beine verliert. Der Italiener und Champion der Jahre 1997 und 1998 dreht sich bei der Ausfahrt nach einem Boxenstopp, Alex Tagliani kann nicht ausweichen, es kommt zur Kollision bei 300 km/h. Das Monocoques von Zanardis Reynard wird gespalten. Im Berliner Marzahn-Krankenhaus kämpfen die Ärzte tagelang um Zanardis Leben – und siegen. Rennlegende Mario Andretti telefoniert mit Zanardi nach dessen Operation und ist vom Lebensmut beeindruckt: „Ich habe in diesem Gespräch viel gelernt. Er musste mich aufmuntern, nicht ich

Wie der Vater, so der Sohn – Rennlegende Mario Andretti (oben) hat immer noch Tipps für Sohn Michael. Legendäre Kurve – Cork Screw in Laguna Seca

Siegertypen 1 und 2 – Bruno Junqueira (links) und Dario Franchitti (oben)

ihn. Alex ist ein Champion der Champions.“ „Ich habe das wichtigste Rennen gewonnen“, erklärt Zanardi. „Die Tatsache, dass ich noch am Leben bin, dass ich den Tod besiegt habe, hat alles andere überwunden.“

Das Rennen auf dem EuroSpeedway gewinnt Oval-Spezialist Kenny Bräck. Erneut liegt der Schwede in Front. Doch dann setzt der Brasilianer Gil de Ferran zum Endspurt an. Saisonsieg Nummer eins beim zweiten Europa-Gastspiel in Rockingham folgt Nummer zwei in Houston. Ein dritter Platz in Laguna Seca bringt de Ferran in die Position, beim vorletzten Rennen in Surfers Paradise alles klar zu machen. Rein theoretisch haben auch noch Kenny Bräck und Helio Castroneves Titelchancen. Jedoch reicht einem vorsichtig agierenden de Ferran ein vierter Platz zum Titel. Damit ist er nach Rick Mears, Bobby Rahal und Alex Zanardi erst der vierte ChampCar-Meister, der seinen Titel im Folgejahr erfolgreich verteidigen konnte.

„So richtig verdaut habe ich das alles noch nicht“, erklärt der frisch gekürte Meister aus dem Penske-Team. „In einer Million Jahren hätte ich nicht gedacht, dass ich so viel Erfolg haben würde. Nun machen wir nächstes Jahr einfach so weiter.“

Siegertyp 3 – Scott Dixon (oben)

Summa cum laude

Justin Wilson macht in der Formel 3000 das Rennen. Als erster Brite und mit großem Vorsprung

Zu früh gefreut – Wilson darf den Jordan-Formel 1 nur testen, das Cockpit für 2002 bekommt Takuma Sato

FORMEL 3000

Strahlemann – mit 71 Punkten stellt Justin Wilson in der Formel 3000 einen neuen Punkterekord auf

Ohne Chance – Wilson (oben und darüber) marschiert unaufhaltsam zum Titel, Mark Webber (rechts) gewinnt zwar drei Rennen, aber nur den Vizetitel

Jäger des verlorenen Schatzes – Benetton-Testpilot und Vizemeister Mark Webber

Saison-Highlight – wie jedes Jahr produziert die Formel 3000 in Monaco den meisten Schrott (oben)

FORMEL 3000

Zwei Mann, ein Team – Tomas Enge (rechts und oben) macht seinen meisterlichen Kollegen nass

Die Kleinen und die Großen trennt nur ein Zaun. Zwischen dem Fahrerlager der Formel 1 und dem der Formel 3000 liegen nur wenige Meter – für die meisten der Vollgas-Youngster so unüberbrückbar wie der Mount Everest in Badehose. Kimi Räikkönen und Jenson Button – die beiden haben sogar dafür gesorgt, dass die F1-Teamchefs nicht mehr hauptsächlich bei der Formel 3000 auf Nachwuchssichtung gehen, sondern schon in den Klassen darunter. Button und Räikkönen sind direkt aus der Formel Renault beziehungsweise aus der Formel 3 aufgestiegen.

Kein Grund für Justin Wilson, nicht doch von einem F1-Cockpit zu träumen. Der Brite dominiert vom Start weg das Geschehen in der Formel 3000 mit einem Sieg beim Auftaktrennen in Brasilien. Der Beginn eines Durchmarsches zum Titel. Wilson, der 1994 als erster Brite im Alter von nur 16 Jahren ein Autorennen gewann, gibt im Laufe des Jahres die Tabellenführung nicht einmal ab.

Ihm auf den Fersen sind die ganze Saison über Mark Webber, der für das Super Nova Team startet, sowie Tomas Enge, Wilsons Teamkollege bei Nordic Racing. Beide haben Berührungspunkte mit der Formel 1: Der Australier Webber ist bereits Testfahrer bei Benetton, Enge absolviert gar als Ersatz für den in Belgien verletzten Luciano Burti im Team von Alain Prost die letzten drei Grand Prix.

Dichter als auf einen Punkt kommen weder Enge noch Webber im Laufe des Jahres an Wilson heran. Der 22-Jährige setzt sich kontinuierlich ab und nach seinem dritten Saisonsieg beim drittletzten Lauf in Ungarn fehlt ihm nur noch ein Zähler zum Titel.

Wilson verwandelt seinen ersten Matchball ein Rennen später in Belgien. Weil der noch einzige Titelkonkurrent Webber in der gefürchteten Eau Rouge-Kurve bereits in der zweiten Runde einen schweren Unfall hat, den er wundersam unverletzt übersteht, und somit ohne Punkte bleibt.

„Ich kann meinem Team nur 'Danke' sagen. Das war ein großartiges Jahr", jubelt Wilson und schüttelt immer wieder den Kopf. „Ich habe mir noch keinen einzigen Gedanken gemacht, was es bedeutet, Meister zu sein. Das wird jetzt ein paar Wochen dauern, bis ich weiß, was ich da vollbracht habe." Zwei Pole Positions, drei Siege, zehn Podestplatzierungen in zwölf Rennen, 32 Punkte Vorsprung auf die punktgleichen Webber und Enge – Justin Wilson verdient sich die Abschlussnote „Summa cum laude".

Wilson sieht sich Wochen später bei Testfahrten im Formel 1-Jordan-Honda am Ziel seiner Träume. Zu früh gefreut. Denn – siehe Räikkönen und Button – das freie Jordan-Cockpit für 2002 bekommt der Britische Formel 3-Meister Takuma Sato. Wilson schaut sich sofort in der ChampCar-Serie um. Zwar ein Umweg, aber ein guter – wie man an Ex-Formel 3000-Champ Juan Pablo Montoya sieht.

Lachender Dritter – Toshihiro Kaneishi aus Japan (oben und rechts) profitiert am Ende von einem juristischen Streit, der seinen eigenen Teamkollegen Frank Diefenbacher den Titel kostet und ihn zum Meister macht

Ein Fall für drei

Pierre Kaffer, Toshihiro Kaneishi oder Frank Diefenbacher – von Anfang an zählt dieses Trio zum engeren Favoritenkreis im Titelkampf der Deutschen Formel 3-Meisterschaft 2001

Galt als Titelfavorit, gewann am Ende aber doch nicht – Pierre Kaffer (links und unten) in seiner fünften Formel 3-Saison

Die geringste Formel 3-Erfahrung im Spitzentrio, am Ende aber mathematisch vorläufig vorn – Frank Diefenbacher (links und unten) aus dem BSR-Team

Engtanz – Die Formel 3 begeistert mit hoher Leistungsdichte (links). Chance bis zuletzt – Stefan Mücke (unten)

Ein Sieger steht Kopf (rechts) – Pierre Kaffer liebt akrobatische Einlagen

Turbulent geht es in der höchsten deutschen Formel-Klasse allemal zu, und neun verschiedene Sieger in der Saison 2001 beweisen einmal mehr eine extrem hohe Leistungsdichte. Trotz aller Abwechslung aber kristallisiert sich von Anfang an ein Trio heraus, das den Titelkampf beherrscht. Seit dem sechsten von 20 Läufen liegen ausschließlich Pierre Kaffer, Toshihiro Kaneishi oder Frank Diefenbacher an der Tabellenspitze. Eine Konstellation, die einige Würze enthält: Der Japaner und Diefenbacher sind Teamkollegen im BSR-Rennstall von Bertram Schäfer, während auf Pierre Kaffer vom Team Kolles Racing in seiner fünften Formel 3-Saison der Erwartungsdruck lastet, endlich den Titel zu gewinnen. Ein weiterer Faktor im Titelkampf: Das BSR-Team vertraut auf Opel-Triebwerke, der Pilot aus Burgbrohl in der Eifel auf Honda-Power.

Wieder einmal beweist Kaffer mit vier Siegen Talent, erneut wendet sich das Schicksal gegen ihn: Am Ende reicht es für den Routinier wieder nicht. Zum einen hatte der Eifelaner Pech. Einmal war der Kabelbaum defekt, ein anderes Mal die Kupplung, am A1-Ring blieb ein Gang stecken. Doch es gibt noch einen weiteren Faktor: Pierre Kaffer trickst sich in diesem Jahr nicht mehr wie zuvor mit Kapriolen selbst aus und er ist selten in Unfälle verwickelt. Doch mit immer wieder unkonstanten Leistungen im Zeittraining oder im Rennen entgehen Kaffer wertvolle Punkte. Zum Kreuzweg aber wird der Einsatz auf dem Norisring: Der Kfz-Mechaniker gewinnt die Regenschlacht, wird aber nach einem Protest des BSR-Teams aus der Wertung genommen, da sein Unterboden nicht den vorgeschriebenen Maßen entsprach. Sein Kolles-Team gesteht die Regelwidrigkeit ein, betont aber, die Holzplatte sei bei dem Massenunfall, der zum Rennabbruch führt, beschädigt worden. Ein zu spät eingelegter Protest aber bedeutet, dass das Team vor dem Berufungsgericht des DMSB leer ausgeht.

Seither herrscht Eiszeit zwischen den Teams von Dr. Colin Kolles und Bertram Schäfer. Ein Protest des Kolles-Teams beim Finale wird schließlich zum Zünglein an der Waage: Die Meisterschaft bleibt auch nach dem letzten Rennen weiter offen. Toshihiro Kaneishi und Frank Diefenbacher, die beiden Protagonisten der Meisterschaft, reisen punktgleich zum Finale. Obgleich Bertram Schäfer beiden Piloten gleiche Chancen gewährt, könnten

Starker Jahrgang – Klassenfoto 2001 (ganz oben). Chefsache – BSR-Teamchef Bertram Schäfer (oben links) hat gleich zwei Titelkandidaten im eigenen Stall

Endspurt – in der zweiten Saisonhälfte ist das Prema Powerteam besonders stark (vorne, Björn Wirdheim)

Fortsetzung einer Familien-Tradition (unten) – Markus Winkelhock, Sohn des unvergessenen Manfred, steht für die nächste Generation der schwäbischen Renn-Dynastie

die Voraussetzungen doch unterschiedlicher kaum sein: Diefenbacher kennt die deutschen Rennstrecken bereits aus Formel Ford, Formel König und der Formel 3 im Vorjahr, Kaneishi kam 1999 überhaupt erst nach Europa. Diefenbacher spricht mit dem Team in seiner Muttersprache, Kaneishis fremdsprachliches Vokabular beschränkt sich auf wenige Worte.

Der schweigsame Japaner startet beim 19. von 20 Läufen fünf Plätze hinter seinem Teamkollegen, führt die Meisterschaft aber anschließend mit vier Punkten Vorsprung an. Frank Diefenbacher kommt nicht weit: Er wird torpediert von Kimmo Liimatainen – dem Teamkollegen von Pierre Kaffer. Tags darauf geht es um alles: Diefenbacher fühlt sich im Regen pudelwohl, stürmt in einer starken Aufholjagd von Startplatz neun bis auf Rang zwei und ist damit Meister. Vorerst. Das Kolles-Team beklagt, Diefenbacher habe unter gelben Flaggen überholt. Die Konsequenz vor Ort: Wertungsausschluss. Damit hat sich das Aufstehen für Toshihiro Kaneishi, der bis kurz vor Rennbeginn fest im Hotel schlummert und erst in letzter Minute an der Strecke eintrifft, gelohnt: Er ist Meister. Diefenbacher legt Berufung ein, und ist bis zur Verhandlung im Oktober vorläufig Meister. Doch das DMSB-Berufungsgericht entscheidet gegen ihn und Kaneishi ist endgültig Deutscher Meister – als erster Japaner.

Doch es ist nicht alleine dieses Trio, das die Meisterschaft prägt. Zu den weiteren Größen der Saison 2001 zählt das Team ADAC Berlin-Brandenburg sowie das Prema Powerteam.

Ersteres geht mit Stefan Mücke und Markus Winkelhock an den Start, letzteres mit Björn Wirdheim und Kousuke Matsuura. Alle vier Piloten feiern Siege, Stefan Mücke besitzt sogar bis zum Finale noch Titelchancen. Hätte er beim 19. Lauf seinen schnelleren Teamkollegen nicht vorbeigewinkt, wäre er Zweiter geworden und hätte drei Punkte mehr erhalten. Die beiden Deutschen überzeugen mit 19 Podiumsplätzen, darunter fünf Siegen. Der Japaner Kousuke Matsuura gewinnt in Hockenheim vor großem Formel 1-Publikum, der Schwede Björn Wirdheim feiert in der zweiten Saisonhälfte zwei Siege.

FORMEL RENAULT

Tricksender Holländer – Charles Zwolsman schummelt, wird erwischt und verliert so den Titel

Jubelpose – Marcel Lasée ist der neue König der Formel Renault

Krönung am grünen Tisch

Marcel Lasée sichert sich den Titel im Formel Renault Cup mit einem furiosen Endspurt und weil Charles Zwolsman ein Sieg aberkannt wird. Der Holländer wird des Betrugs überführt

Klare Botschaft – keine Kompromisse

Echt was los – der Formel Renault Cup hat auch nach einem Jahr Pause nichts an Attraktivität verloren

Ruhe vor dem Sturm – jetzt geht's los für die Youngster

FORMEL RENAULT

Nach einem Jahr Pause gibt es wieder einen Formel Renault Cup, die Rennen werden im Rahmen der Top10-Veranstaltungsreihe ausgetragen. Fünf Rennen lang sieht Vitantonio Liuzzi wie der sichere Champion aus. Der junge Italiener gewinnt zwar nur den vierten Lauf auf dem Nürburgring, punktet aber konstant in allen Rennen und führt die Gesamtwertung an. Neben Liuzzi tragen sich noch Christopher Brück, Fabian Denner, Marc Benz und der Holländer Charles Zwolsman in die Siegerlisten der ersten fünf Rennen ein.

Ab dem sechsten Lauf beginnt der Endspurt des Düsseldorfers Marcel Lasée. Weil es wie aus Eimern schüttet, wird das Rennen auf dem Hockenheimring abgebrochen und der bis dato führende Lasée als Sieger gekürt. Die Tabellenführung übernimmt Charles Zwolsman, weil Liuzzi ohne Punkte bleibt.

Lasée schafft im vorletzten Rennen auf dem Nürburgring zwar nur den zweiten Platz, doch wird Sieger Zwolsman nach Rennende von den Technischen Kommissaren des Betrugs überführt. Er soll einen illegalen Chip für die Motorsteuerung verwendet haben. Weil sein Team gegen den Wertungsausschluss Berufung einlegt, reist Zwolsman als vorläufiger Tabellenführer zum Finale nach Oschersleben. Und kann sich nach einem zweiten Platz trotz Punktevorsprung nicht wie der neue Champion fühlen, denn es schwebt ja immer noch das Damoklesschwert der Berufungsverhandlung über ihm.

Den Titelgewinn hingegen feiert nach einem erneuten Sieg schon mal prophylaktisch Marcel Lasée. Zu Recht, denn wenige Wochen nach Saisonende verliert Zwolsman seine Punkte und fällt auf den dritten Platz hinter Vizechampion Vitantonio Liuzzi zurück. Marcel Lasée wird als Gesamtsieger bestätigt. ■

Formationsflug –
die reine Lehre von der Ideallinie

FORMEL VOLKSWAGEN

Vollgas voraus – im letzten Rennen schafft
Lechner junior (oben) den Titelgewinn.

Action satt – mit großer Begeisterung stürmen die Youngster in die Premierensaison der Formel Volkswagen

Ganz der Vater

VW knüpft an eine große Tradition an. Die Formel Volkswagen setzt die Formel V fort. Eine schöne Parallele: Walter Lechner junior ist der erste Meister der neuen Serie – sein Vater war 1982 der letzte Gewinner der Formel Super V-Europameisterschaft

Bitte einsteigen – 21 Teilnehmer schreiben sich für die Debütsaison ein

FORMEL VOLKSWAGEN

Vize – Philip Cloostermans (oben rechts) unterliegt seinem Teamkollegen. Leistung satt – das VW-Aggregat entwickelt 190 PS und ist damit fast auf Formel 3-Niveau

Mit viel Ehrgeiz entsteht in Wolfsburg ein neues Projekt: Um sich deutlich von der Einsteigerserie „Formel König powered by Volkswagen" abzugrenzen, positioniert VW den neuen Formel-Renner deutlich höher. Mit rund 190 PS reicht der neue Monoposto in punkto Motorleistung fast an Formel 3-Niveau heran, ist damit aber auch erst für Inhaber einer C-Lizenz ab 18 Jahren wählbar. Wer die aufwändigen Autos auch technisch beherrscht, verfügt über einen erheblichen Vorteil schon vor dem Start – so ist es kein Zufall, dass mit Meister Walter Lechner junior und Vizemeister Philip Cloostermans zwei Piloten aus dem gleichen Rennstall am Ende vorn liegen. Doch es gibt auch handfeste Überraschungen. Rob Nguyen etwa, ein Australier vietnamesischer Abstammung, bestreitet 2001 seine allererste Saison im Motorsport. Ohne jegliche Erfahrung im Kart oder gar im Rennauto stürmt der in der Schweiz lebende Student zu zwei Podiumsplätzen und Gesamtrang fünf.

Klein, aber fein – optisch ähnelt der neue Formel Volkswagen den großen Brüdern aus der Formel 1

Auch wenn sich im Titelkampf das Team Walter Lechner Racing School durchsetzt: Spannung herrscht bis zum Schluss. Der Belgier Philip Cloostermans geht in Salzburg im Juni als erster Sieger in die Geschichte der neuen Serie ein. Mit dem anschließenden Erfolg von Walter Lechner junior bleibt die Bilanz des österreichischen Teams auch beim zweiten Lauf makellos.

Eine Monopolisierung des Titelkampfs verhindert Sven Barth aber schon beim dritten Einsatz: Der Junior aus dem Team Böhm Motorsport reiht sich am EuroSpeedway in den Kreis der Sieger ein.

Bis zum Saisonende erlebt die Serie über dieses Trio hinaus mit dem Niederländer Elran Nijenhuis, dem Italiener Marc Caldonazzi und dem Finnen Marko Nevalainen insgesamt sechs verschiedene Gewinner in neun Läufen. Sven Barth bleibt mit drei Erfolgen nach Siegen gerechnet der beste Teilnehmer. Damit wahrt der Schüler aus Gorxheimertal auch bis zum Schluss seine Titelchancen.

Ebenso hält sich Auftaktsieger Philip Cloostermans bis zum Ende eine Tür offen. Der Deutsche aber attackiert den Belgier in einer der letzten Runden beim Finale so forsch, dass sich beide von der Strecke drehen – Cloostermans bleibt der Vizetitel, Barth belegt Tabellenrang drei.

Lachender Dritter beim Finale ist damit Walter Lechner junior, der einem ungefährdeten zweiten Saisonsieg entgegenfährt. Der 20 Jahre alter Österreicher ist ein verdienter Meister, der mit fünf Podiumsplätzen sein Talent beweist. Nach einem Unfall mit Wadenbeinbruch beim sechsten Lauf in Hockenheim zeigt er zudem extreme Willensstärke: Lechner lässt sich den Knochen fixieren und fährt eine Woche später in Zandvoort unter großen Schmerzen auf Platz sechs.

Damit darf der Junior als legitimer Nachfolger seines berühmten Vaters gelten, der als Formel Super V-Meister einst Sieger einer der bedeutendsten Formel-Nachwuchsserien war.

FORMEL ADAC

Formationsfahrt – die Youngster der ADAC-Serien lassen es schon wie die Großen krachen

Female Attraction – Ina Fabry, Catharina Felser und Sabrina Hungerbühler (von links) mischen kräftig mit. Fabry und Felser schaffen mehrere Punkt-Platzierungen

Ruhe vor dem Sturm – das Feld der Youngster im Junior Cup wartet auf die Rennhatz

Nord-Süd-Verbindung: Hendrik Vieth aus Ostfriesland, Timo Glock aus dem Odenwald und Christian Klien aus Hohenems in Österreich bestimmen die BMW Formel ADAC-Meisterschaft 2001. Die drei Junioren teilen sich 17 Siege und halten die Titelentscheidung lange offen. Nach einer Nullrunde am dritten Rennwochenende in Oschersleben sieht es für den späteren Meister Timo Glock gar nicht rosig aus, doch der gelassene Gerüstbauer setzt sich ab Saisonmitte wieder durch. „Alles, was ich tue, muss Spaß machen“, bekennt der 19 Jahre alte Wersauer. „Vielleicht ist das auch der Grund, warum ich so entspannt an die Sache herangehe.“

Wie hart umkämpft die Meisterschaft ist, verdeutlicht ein Blick auf die Saison von Hendrik Vieth: Nur bei drei der 20 Rennen kann der Elektro-Mechaniker aus Vilsum nicht punkten, mit zwei Ausnahmen fährt der Norddeutsche aus dem Team von Peter Mücke stets zweistellige Punktzahlen und insgesamt vier Siege ein. Dennoch fehlen ihm am Ende 31 Zähler auf Timo Glock, der acht Saisonsiege erzielt.

Christian Klien verliert auf den letzten Metern beim Finale in Hockenheim sogar noch den Vizetitel an Hendrik Vieth: Der 18 Jahre alte Blechschlosser aus dem Rosberg-Team liegt auf Tabellenrang zwei, als sein Monoposto im Regen beim Herunterschalten wie ein Drache Flammen wirft und dafür disqualifiziert wird.

So souverän sich Timo Glock in den vergangenen beiden Jahren in den Junior-Serien von ADAC und BMW durchgesetzt hat, so wenig überzeugen die Junioren heuer: Zwar steht mit dem Österreicher Reinhard Kofler schon bei dessen Heimspiel auf dem A1-Ring vier Wochen vor dem Finale vorzeitig der neue Titelträger in der Einsteigerklasse fest, doch die zehn Nachwuchsfahrer bieten in der gesamten Saison eher ein Trauerspiel. Viele Unfälle, Dreher und sehr wechselhafte Leistungen selbst im Spitzentrio bedeuten, dass es nicht leicht fällt, ein überzeugendes Talent im Nachwuchs-Jahrgang 2001 auszumachen. Die Verantwortlichen werden es nicht

Rock around the Glock

Timo Glock gelingt in der zweiten Saison in Folge ein Durchmarsch: Er gewinnt nach dem BMW ADAC Formel Junior Cup 2000 auch die nächsthöhere Stufe – die BMW Formel ADAC-Meisterschaft 2001

Man of the year –
Timo Glock holt mit acht Siegen überlegen den Titel in der BMW Formel ADAC-Meisterschaft

Schirmherren – die BMW Formel 1-Truppe um Gerhard Berger (am Mikro) und Ralf Schumacher (ganz links)

Boyzone – Reinhard Kofler (ganz links und links) holt den Titel im BMW Formel ADAC Junior Cup

Fahrschule – die ADAC-Serien sind der ideale Einstieg in den Formel-Sport

leicht haben, neben Cup-Sieger Kofler innerhalb des aus Patrick Schöne, Maro Engel und Robert Kath bestehenden Verfolgertrios einen weiteren Rookie auszumachen.
Die beiden besten Neueinsteiger nämlich erhalten im Folgejahr eine besondere Förderung. In der Vergangenheit stiegen sie mithilfe eines Förderpakets stets in die BMW Formel ADAC-Meisterschaft auf und durften damit rund 20 PS stärkere und sehr viel sensiblere Fahrzeuge steuern. Diese technische Trennung entfällt ab 2002: BMW und ADAC haben einen ganz neuen Formel-Rennwagen präsentiert, mit dem auch ein neues Förderkonzept mit Betonung der Selbstständigkeit der Junioren einhergeht. Der hochmoderne, elegante Monoposto setzt das Thema Sicherheit fort, das auch seine aus Kohlefaser gebauten Vorgänger bereits auszeichnete. Mit seinen hochgezogenen Seitenkästen ist das Formel-Fahrzeug aus einem BMW-Designstudio in den USA in blau-weißer Lackierung fast ein Ebenbild des Formel 1-Rennwagens von Ralf Schumacher, der seine steile Karriere einst in der Formel-Serie von ADAC und BMW begann. ■

Die Katze zeigt ihre Krallen
Ob im Siegerauto der DTM 2000, im Porsche Cup oder im Rallye-Sport – Bilstein Stoßdämpfer haben ihre Qualität und Performance schon oft eindrucksvoll bewiesen.
Als Official Supplier von Jaguar Racing geben wir jetzt auch in der Formel 1 Gas.
Tausende Testkilometer mit unzähligen Bodenwellen haben bereits vor Saisonstart die Klasse unserer Dämpfer gezeigt.
Wir wünschen Jaguar Racing viel Erfolg in der Formel 1.
Ein Unternehmen von ThyssenKrupp Automotive
JAGUAR RACING
OFFICIAL SUPPLIER
BILSTEIN®
GASDRUCK STOSS-DÄMPFER

FORMEL KÖNIG

Bester Rookie – der erst 15-jährige Daniel la Rosa wird Gesamt-Dritter

Königliches Stillleben – für Umsteiger vom Kart in den Monoposto-Rennsport ist die Formel König ideal.

Rain-man – Thomas Westarp (rechts) in action

Frauen-Power – Stephanie Halm wird Siebte im Gesamt-Klassement

Früh übt sich

Bis zum letzten Rennen bleibt es spannend in der Formel König, wo sich der PS-Nachwuchs von morgen erste Sporen im Formelsport verdient

Hoch lebe der König – Thomas Westarp (Mitte) gewinnt zwei Rennen und wird Meister der Formel König

Die „Formel König powered by Volkswagen" ist seit 1988 eine beständige Größe in der Motorsport-Nachwuchsförderung. 120 PS leistet der VW Polo-Motor, mit dem die nur 420 Kilogramm leichten Monoposto-Rennwagen angetrieben werden. Ausgerechnet die „kleinste" Formel-Serie, die im Rahmen der Top10-Veranstaltungen mitfährt, dreht die schnellsten Rundenzeiten.

Sieben Sieger in acht Rennen – der 2001er Jahrgang der Formel König ist wahrhaft ausgeglichen. Das Rennen um den Titel macht Thomas Westarp, der als einziger Fahrer zweimal siegt. Das erste Mal beim dritten Lauf auf dem Salzburgring, das zweite Mal in Hockenheim beim sechsten Rennen. Der Auszubildende zum Automobilkaufmann hat in Jeff Raach und seinem erst 15-jährigen Kern Motorsport-Teamkollegen Daniel la Rosa die härtesten Meisterschaftsrivalen. Rookie la Rosa aus Hanau ist aber schon vor dem Finalrennen in Oschersleben aus dem Titelkampf, es kommt zum Showdown zwischen Westarp und dem Luxemburger Raach.

In der Meisterschaftstabelle haben Raach und Westarp jeweils 133 Punkte, da jedoch ein Streichresultat im Reglement vorgeschrieben ist, hat Westarp mit neun Punkten de facto die Nase vorn.

Raach wird Zweiter – zu wenig. Westarp als Fünfter hat den Titel in der Tasche. „Es war spannend bis zum Schluss. Zum Glück hat es gereicht. Ein herzliches Dankeschön an das Team, das mich das ganze Jahr über unterstützt und mir ein tolles Auto hingestellt hat", jubelt der Beckumer. Selbst gesetzte Ziele erreichen – so beschreibt Thomas Westarp, der neue König der Formel König, sein Lebensmotto. 2001 kann er mit sich sehr zufrieden sein.

CATERHAM CHALLENGE

In einem sind sich die Teilnehmer der Caterham Yokohama Challenge einig: Der Fahrspaß ist enorm. Stimmt. Für alle Vollgas-Liebhaber, bei denen das Fahrvergnügen im Vordergrund stehen soll, ist das Rezept der kleinen Flitzer genau richtig: Nur zirka 500 Kilogramm Gewicht und – je nach Klasse – zwischen 134 und über 200 PS garantieren in Verbindung mit den Yokohama-Hochleistungs-Pneus mit Straßenzulassung schnelle Rundenzeiten.

Es gibt drei Klassen. In der Klasse 1 haben die Motoren maximal 1600 Kubikzentimeter und 134 PS, in der Klasse 2 bis zwei Liter Hubraum und maximal 150 PS. In der Klasse 3 ist der Hubraum zwar ebenfalls auf zwei Liter beschränkt, jedoch ist die Leistung nicht limitiert. Es gibt Klassen-übergreifend ein Gesamtklassement und somit nur einen Challenge-Titelträger.

Der heißt 2001 – genau wie 1998 und 1999 – Wilfried Thal. Nach einem Abstecher in die Klasse 3 geht Thal in dieser Saison wieder in der Klasse 2 an den Start. Insgesamt acht Termine stehen 2001 auf dem Programm, jeweils zwei Läufe werden ausgetragen. Nach insgesamt sieben Klassensiegen reichen Thal beim Finale auf dem Nürburgring zwei zweite Plätze, um sich gegen seinen härtesten Konkurrenten Rüdiger Vortisch durchzusetzen. Schlusswort des Champions: „Wer nicht Caterham fährt, ist selber schuld.“

Hoch das Bein – die 500 Kilogramm leichten Flitzer bieten Fahrspaß pur

Freude am Fahren

Spektakuläre Rad-an-Rad-Duelle wenige Zentimeter über dem Asphalt. Die Formel für lustvollen, preiswerten Motorsport heißt Caterham Yokohama Challenge

Frauen-Power – Anja Jouhsen behauptet sich gegen männliche Konkurrenz

Thalfahrt – der Titelträger 2001, Wilfried Thal, in Aktion

STATISTIK

FORMEL 1

GP AUSTRALIEN 1. Lauf zur Formel 1-WM, Melbourne (AUS), 4. März 2001

Streckenlänge: 5,303 km. **Distanz:** 58 Runden. **Bisheriger Rundenrekord:** Heinz-Harald Frentzen (Williams-Renault), 1.30,585 (1997).
Sieger 2000: Michael Schumacher (Ferrari). **Pole Position 2000:** Mika Häkkinen (McLaren-Mercedes), 1.30,556.
Gestartet: 22. **Gewertet:** 14. **Schnitt des Siegers:** 187,464 km/h.

ALBERT PARK

TRAINING + STARTAUFSTELLUNG

Pos.	Fahrer (Nation)	Chassis	Motor	Reifen	1.Training (Pl.)	2.Training (Pl.)	Zeittraining	Warm-up (Pl.)
1.	Michael Schumacher (D)	Ferrari F2001	Ferrari	Bridgestone	1.29,284 (3.)	1.27,561 (2.)	1.26,892	1.30,839 (6.)
2.	Rubens Barrichello (BR)	Ferrari F2001	Ferrari	Bridgestone	1.28,965 (1.)	1.29,945 (13.)	1.27,263	1.31,450 (9.)
3.	Mika Häkkinen (FIN)	McLaren MP4/16	Mercedes	Bridgestone	1.29,799 (5.)	1.27,775 (3.)	1.27,461	1.30,152 (2.)
4.	Heinz-Harald Frentzen (D)	Jordan EJ11	Honda	Bridgestone	1.30,802 (8.)	1.27,940 (4.)	1.27,658	1.31,566 (10.)
5.	Ralf Schumacher (D)	Williams FW23	BMW	Michelin	1.30,277 (6.)	1.28,666 (6.)	1.27,719	1.32,687 (15.)
6.	David Coulthard (GB)	McLaren MP4/16	Mercedes	Bridgestone	1.29,324 (4.)	1.27,540 (1.)	1.28,010	1.30,099 (1.)
7.	Jarno Trulli (I)	Jordan EJ11	Honda	Bridgestone	1.29,267 (2.)	1.28,193 (5.)	1.28,377	1.31,811 (12.)
8.	Jacques Villeneuve (CDN)	BAR 003	Honda	Bridgestone	1.31,559 (12.)	1.28,962 (11.)	1.28,435	1.32,108 (14.)
9.	Olivier Panis (F)	BAR 003	Honda	Bridgestone	1.31,166 (10.)	1.28,677 (7.)	1.28,518	1.30,584 (5.)
10.	Nick Heidfeld (D)	Sauber C20	Petronas	Bridgestone	1.30,345 (7.)	1.28,895 (10.)	1.28,615	1.30,966 (7.)
11.	Juan Pablo Montoya (CO)	Williams FW23	BMW	Michelin	1.31,721 (15.)	1.29,184 (12.)	1.28,738	1.30,559 (4.)
12.	Eddie Irvine (GB)	Jaguar R2	Cosworth	Michelin	1.31,573 (13.)	1.28,861 (9.)	1.28,965	1.31,061 (8.)
13.	Kimi Räikkönen (FIN)	Sauber C20	Petronas	Bridgestone	1.31,453 (11.)	1.28,851 (8.)	1.28,993	1.31,665 (11.)
14.	Jean Alesi (F)	Prost AP04	Acer	Michelin	1.31,089 (9.)	1.29,981 (14.)	1.29,893	1.34,412 (19.)
15.	Jos Verstappen (NL)	Arrows A22	Asiatech	Bridgestone	1.31,669 (14.)	1.31,590 (20.)	1.29,934	1.30,396 (3.)
16.	Jenson Button (GB)	Benetton B201	Renault	Michelin	1.33,403 (21.)	1.30,893 (19.)	1.30,035	1.34,544 (20.)
17.	Giancarlo Fisichella (I)	Benetton B201	Renault	Michelin	1.32,475 (16.)	1.30,549 (16.)	1.30,209	1.34,572 (21.)
18.	Enrique Bernoldi (BR)	Arrows A22	Asiatech	Bridgestone	1.33,203 (20.)	1.30,782 (18.)	1.30,520	1.32,106 (13.)
19.	Fernando Alonso (E)	Minardi PS01	European	Michelin	1.32,587 (17.)	1.30,360 (15.)	1.30,657	1.33,717 (16.)
20.	Gaston Mazzacane (RA)	Prost AP04	Acer	Michelin	1.33,153 (19.)	1.34,431 (21.)	1.30,798	1.33,747 (17.)
21.	Luciano Burti (BR)	Jaguar R2	Cosworth	Michelin	1.33,011 (18.)	1.30,578 (17.)	1.30,978	1.33,772 (18.)
22.	Tarso Marques (BR) *	Minardi PS01	European	Michelin	1.36,463 (22.)	1.34,491 (22.)	1.33,228	1.35,514 (22.)

* trotz Überschreitung der Maximalzeit von 1.32,974 Min. (107 %) zum Rennen zugelassen

RUNDE FÜR RUNDE

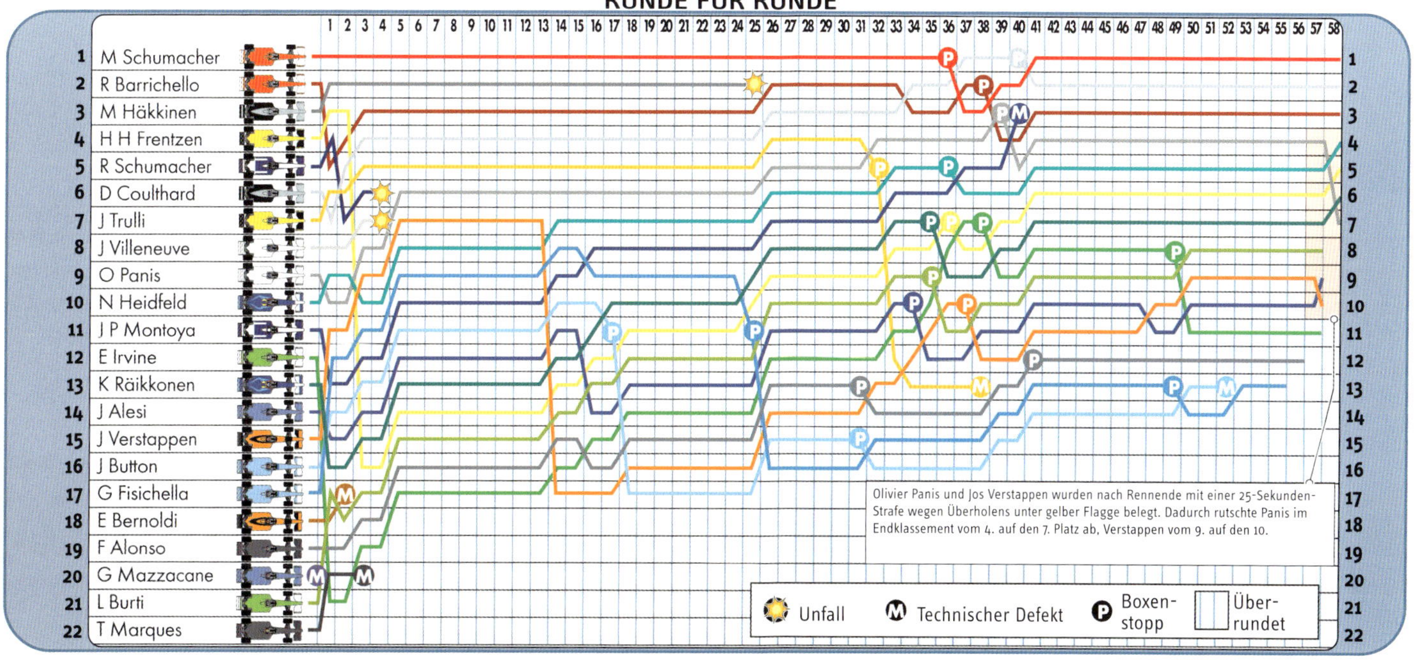

ERGEBNIS

Pos.	Fahrer	Rd.	Zeit/Ausfallgrund	Stopps	Schn. Runde (Pl.)
1.	M. Schumacher	58	1:38.26,533 Std.	1	1.28,214 (1.)
2.	Coulthard	58	+ 1,717 Sek.	1	1.28,838 (2.)
3.	Barrichello	58	+ 33,491 Sek.	1	1.29,060 (3.)
4.	Heidfeld	58	+ 1.11,479 Min.	1	1.30,317 (9.)
5.	Frentzen	58	+ 1.12,807 Min.	1	1.30,266 (8.)
6.	Räikkönen	58	+ 1.24,143 Min.	1	1.30,229 (7.)
7.	Panis	58	+ 1.27,050 Min.	1	1.30,199 (6.)
8.	Burti	57	- 1 Rd.	1	1.30,903 (11.)
9.	Alesi	57	- 1 Rd.	1	1.31,030 (12.)
10.	Verstappen	57	- 1 Rd.	2	1.31,999 (14.)
11.	Irvine	57	- 1 Rd.	2	1.31,267 (13.)
12.	Alonso	56	- 2 Rd.	2	1.32,043 (16.)
13.	Fisichella	55	- 3 Rd.	2	1.32,407 (17.)
14.	Button *	52	- 6 Rd.	2	1.32,001 (15.)
	Montoya	40	Motor	1	1.29,606 (4.)
	Trulli	38	Motor	1	1.30,432 (10.)
	Häkkinen	25	Unfall	-	1.29,612 (5.)
	R. Schumacher	4	Unfall	-	1.34,406 (18.)
	Villeneuve	4	Unfall	-	1.34,432 (19.)
	Marques	3	Elektronik	-	1.38,249 (21.)
	Bernoldi	2	Unfall	-	1.36,689 (20.)
	Mazzacane	0	Bremsen	-	-

* nicht im Ziel (Elektronik), aber gewertet

GP MALAYSIA 2. Lauf zur Formel 1-WM, Sepang (MAL), 18. März 2001

Streckenlänge: 5,543 km. **Distanz:** 55 Runden. **Bisheriger Rundenrekord:** Mika Häkkinen (McLaren-Mercedes), 1.38,573 (2000).
Sieger 2000: Michael Schumacher (Ferrari). **Pole Position 2000:** Michael Schumacher (Ferrari), 1.37,397.
Gestartet: 22. **Gewertet:** 14. **Schnitt des Siegers:** 170,030 km/h.

SEPANG F1 CIRCUIT

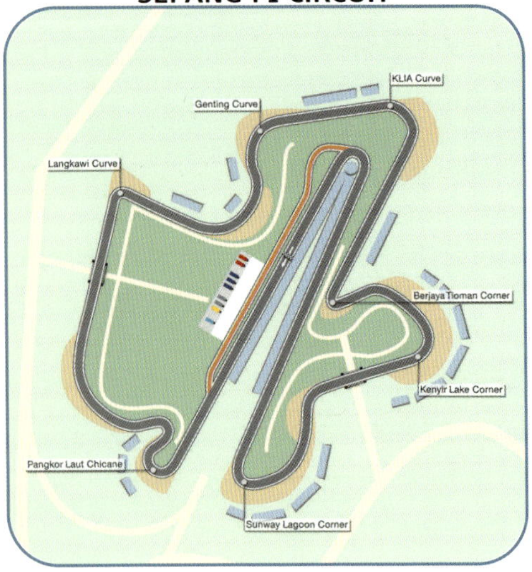

TRAINING + STARTAUFSTELLUNG

Pos.	Fahrer (Nation)	Chassis	Motor	Reifen	1.Training (Pl.)	2.Training (Pl.)	Zeittraining	Warm-up (Pl.)
1.	Michael Schumacher (D)	Ferrari F2001	Ferrari	Bridgestone	1.38,929 (2.)	1.36,548 (4.)	1.35,220	1.52,316 (7.)
2.	Rubens Barrichello (BR)	Ferrari F2001	Ferrari	Bridgestone	1.38,931 (3.)	1.36,188 (1.)	1.35,319	1.49,763 (1.)
3.	Ralf Schumacher (D)	Williams FW23	BMW	Michelin	1.40,617 (10.)	1.36,475 (2.)	1.35,511	1.55,109 (11.)
4.	Mika Häkkinen (FIN)	McLaren MP4/16	Mercedes	Bridgestone	1.39,861 (6.)	1.36,519 (3.)	1.36,040	1.57,064 (13.)
5.	Jarno Trulli (I)	Jordan EJ11	Honda	Bridgestone	1.38,846 (1.)	1.37,231 (7.)	1.36,180	1.51,046 (3.)
6.	Juan Pablo Montoya (CO)	Williams FW23	BMW	Michelin	2.13,188 (22.)	1.37,502 (13.)	1.36,218	1.55,278 (12.)
7.	Jacques Villeneuve (CDN)	BAR 003	Honda	Bridgestone	1.41,003 (11.)	1.37,463 (12.)	1.36,397	1.53,482 (10.)
8.	David Coulthard (GB)	McLaren MP4/16	Mercedes	Bridgestone	1.39,300 (4.)	1.36,814 (5.)	1.36,417	1.50,846 (2.)
9.	Heinz-Harald Frentzen (D)	Jordan EJ11	Honda	Bridgestone	1.40,197 (7.)	1.37,030 (6.)	1.36,578	1.52,061 (6.)
10.	Olivier Panis (F)	BAR 003	Honda	Bridgestone	1.40,229 (9.)	1.37,391 (9.)	1.36,681	1.53,470 (9.)
11.	Nick Heidfeld (D)	Sauber C20	Petronas	Bridgestone	1.41,027 (12.)	1.37,459 (11.)	1.36,913	1.53,352 (8.)
12.	Eddie Irvine (GB)	Jaguar R2	Cosworth	Michelin	1.39,520 (5.)	1.37,360 (8.)	1.37,140	1.58,322 (15.)
13.	Jean Alesi (F)	Prost AP04	Acer	Michelin	1.41,834 (16.)	1.38,130 (15.)	1.37,406	1.57,832 (14.)
14.	Kimi Räikkönen (FIN)	Sauber C20	Petronas	Bridgestone	1.41,592 (14.)	1.37,428 (10.)	1.37,728	1.51,265 (4.)
15.	Luciano Burti (BR)	Jaguar R2	Cosworth	Michelin	1.40,211 (8.)	1.37,636 (14.)	1.38,035	2.01,120 (18.)
16.	Giancarlo Fisichella (I)	Benetton B201	Renault	Michelin	1.41,375 (13.)	1.38,548 (16.)	1.38,086	1.58,656 (17.)
17.	Jenson Button (GB)	Benetton B201	Renault	Michelin	1.42,214 (17.)	1.38,712 (17.)	1.38,258	2.07,047 (22.)
18.	Jos Verstappen (NL)	Arrows A22	Asiatech	Bridgestone	1.41,794 (15.)	1.39,401 (19.)	1.38,509	1.51,508 (5.)
19.	Gaston Mazzacane (RA)	Prost AP04	Acer	Michelin	1.42,563 (19.)	1.39,651 (20.)	1.39,006	1.58,416 (16.)
20.	Tarso Marques (BR)	Minardi PS01	European	Michelin	1.42,872 (20.)	1.40,171 (22.)	1.39,714	2.04,349 (21.)
21.	Fernando Alonso (E)	Minardi PS01	European	Michelin	1.43,107 (21.)	1.39,956 (21.)	1.40,249	2.01,771 (20.)
22.	Enrique Bernoldi (BR)	Arrows A22	Asiatech	Bridgestone	1.42,541 (18.)	1.38,958 (18.)	- *	2.01,630 (19.)

* Aberkennung der Trainingszeit wg. illegaler Aerodynamik

RUNDE FÜR RUNDE

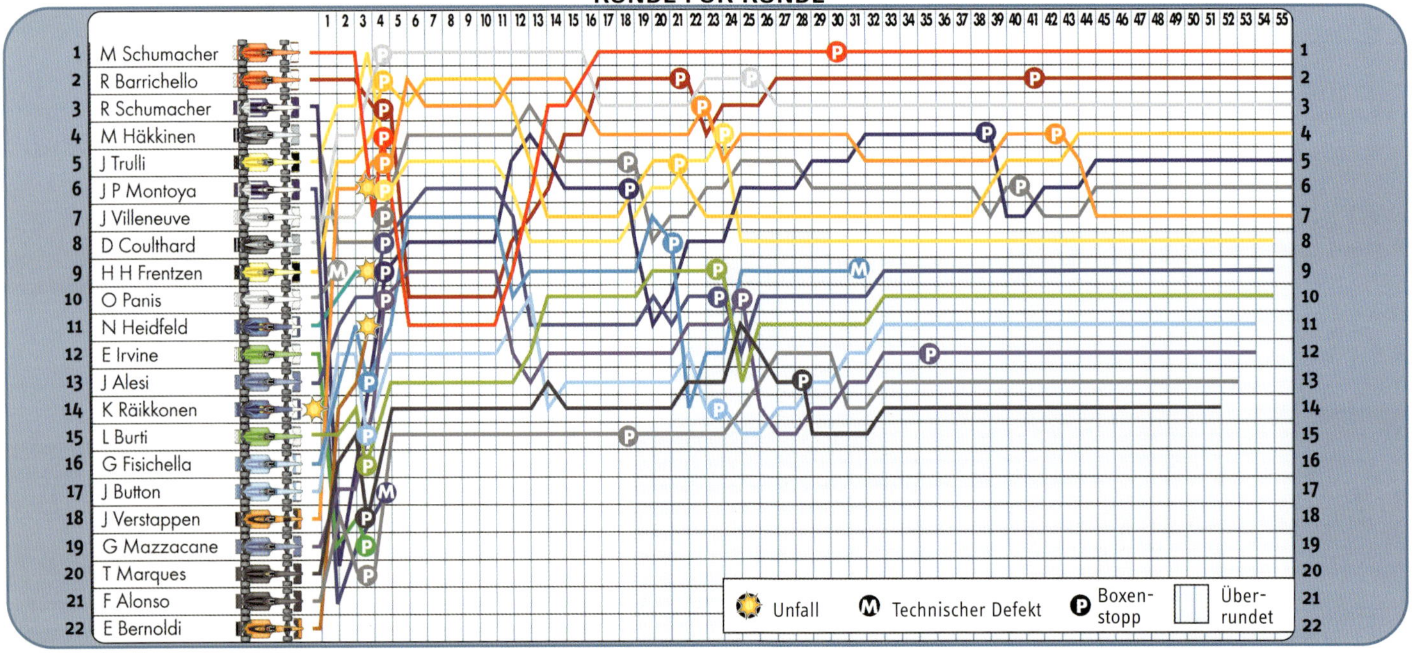

ERGEBNIS

Pos.	Fahrer	Rd.	Zeit/Ausfallgrund	Stopps	Schn. Runde (Pl.)
1.	M. Schumacher	55	1:47.34,801 Std.	2	1.41,833 (3.)
2.	Barrichello	55	+ 23,660 Sek.	3	1.42,037 (4.)
3.	Coulthard	55	+ 28,555 Sek.	2	1.42,839 (6.)
4.	Frentzen	55	+ 46,543 Sek.	2	1.42,119 (5.)
5.	R. Schumacher	55	+ 48,233 Sek.	3	1.41,503 (2.)
6.	Häkkinen	55	+ 48,606 Sek.	3	1.40,962 (1.)
7.	Verstappen	55	+ 1.21,560 Min.	3	1.43,029 (7.)
8.	Trulli	54	- 1 Rd.	3	1.43,559 (9.)
9.	Alesi	54	- 1 Rd.	2	1.43,853 (11.)
10.	Burti	54	- 1 Rd.	2	1.43,697 (10.)
11.	Button	53	- 2 Rd.	2	1.44,891 (14.)
12.	Mazzacane	53	- 2 Rd.	3	1.43,991 (13.)
13.	Alonso	52	- 3 Rd.	5	1.45,585 (16.)
14.	Marques	51	- 4 Rd.	2	1.46,016 (17.)
	Fisichella	31	Benzindruck	2	1.46,982 (18.)
	Villeneuve	3	Dreher	0	1.43,470 (8.)
	Heidfeld	3	Dreher	0	1.45,328 (15.)
	Bernoldi	3	Dreher	0	1.47,294 (19.)
	Montoya	3	Dreher	0	1.43,926 (12.)
	Irvine	3	Wasserverlust	0	1.51,532 (20.)
	Panis	1	Motor	0	–
	Räikkönen	0	Antrieb	0	–

STATISTIK

FORMEL 1

GP BRASILIEN 3. Lauf zur Formel 1-WM, Interlagos (BR), 1. April 2001

Streckenlänge: 4,309 km. **Distanz:** 71 Runden. **Bisheriger Rundenrekord:** Michael Schumacher (Ferrari), 1.14,755 (2000).
Sieger 2000: Michael Schumacher (Ferrari). **Pole Position 2000:** Mika Häkkinen (McLaren-Mercedes), 1.14,111.
Gestartet: 22. **Gewertet:** 11. **Schnitt des Siegers:** 185,373 km/h.

AUTODROMO JOSÉ CARLOS PACE

TRAINING + STARTAUFSTELLUNG

Pos.	Fahrer (Nation)	Chassis	Motor	Reifen	1.Training (Pl.)	2.Training (Pl.)	Zeittraining	Warm-up (Pl.)
1.	Michael Schumacher (D)	Ferrari F2001	Ferrari	Bridgestone	1.16,598 (3.)	1.14,652 (5.)	1.13,780	1.15,971 (1.)
2.	Ralf Schumacher (D)	Williams FW23	BMW	Michelin	1.16,929 (6.)	1.14,282 (4.)	1.14,090	1.16,375 (4.)
3.	Mika Häkkinen (FIN)	McLaren MP4/16	Mercedes	Bridgestone	1.16,882 (5.)	1.14,108 (2.)	1.14,122	1.16,308 (3.)
4.	Juan Pablo Montoya (CO)	Williams FW23	BMW	Michelin	1.16,851 (4.)	1.13,963 (1.)	1.14,165	1.17,008 (8.)
5.	David Coulthard (GB)	McLaren MP4/16	Mercedes	Bridgestone	1.15,220 (1.)	1.14,182 (3.)	1.14,178	1.16,679 (6.)
6.	Rubens Barrichello (BR)	Ferrari F2001	Ferrari	Bridgestone	1.16,994 (7.)	1.14,895 (7.)	1.14,191	1.16,145 (2.)
7.	Jarno Trulli (I)	Jordan EJ11	Honda	Bridgestone	1.16,224 (2.)	1.15,163 (11.)	1.14,630	1.16,449 (5.)
8.	Heinz-Harald Frentzen (D)	Jordan EJ11	Honda	Bridgestone	1.17,072 (8.)	1.14,837 (6.)	1.14,633	1.17,138 (10.)
9.	Nick Heidfeld (D)	Sauber C20	Petronas	Bridgestone	1.17,102 (9.)	1.15,096 (10.)	1.14,810	1.17,135 (9.)
10.	Kimi Räikkönen (FIN)	Sauber C20	Petronas	Bridgestone	1.17,712 (15.)	1.15,031 (8.)	1.14,924	1.17,213 (11.)
11.	Olivier Panis (F)	BAR 003	Honda	Bridgestone	1.17,432 (12.)	1.15,039 (9.)	1.15,046	1.16,711 (7.)
12.	Jacques Villeneuve (CDN)	BAR 003	Honda	Bridgestone	1.17,455 (13.)	1.16,135 (16.)	1.15,182	1.17,405 (12.)
13.	Eddie Irvine (GB)	Jaguar R2	Cosworth	Michelin	1.17,295 (10.)	1.15,409 (12.)	1.15,192	1.17,420 (13.)
14.	Luciano Burti (BR)	Jaguar R2	Cosworth	Michelin	1.17,430 (11.)	1.15,470 (13.)	1.15,371	1.17,674 (14.)
15.	Jean Alesi (F)	Prost AP04	Acer	Michelin	1.17,518 (14.)	1.15,735 (14.)	1.15,437	1.17,728 (16.)
16.	Enrique Bernoldi (BR)	Arrows A22	Asiatech	Bridgestone	1.18,233 (19.)	1.16,160 (17.)	1.15,657	1.18,460 (19.)
17.	Jos Verstappen (NL)	Arrows A22	Asiatech	Bridgestone	1.17,792 (16.)	1.15,972 (15.)	1.15,704	1.18,074 (18.)
18.	Giancarlo Fisichella (I)	Benetton B201	Renault	Michelin	1.18,096 (17.)	1.16,439 (20.)	1.16,175	1.18,773 (20.)
19.	Fernando Alonso (E)	Minardi PS01	European	Michelin	1.18,222 (18.)	1.16,602 (21.)	1.16,184	1.18,016 (17.)
20.	Jenson Button (GB)	Benetton B201	Renault	Michelin	1.19,585 (22.)	1.16,411 (19.)	1.16,229	1.20,008 (22.)
21.	Gaston Mazzacane (RA)	Prost AP04	Acer	Michelin	1.18,269 (20.)	1.16,347 (18.)	1.16,520	1.17,681 (15.)
22.	Tarso Marques (BR)	Minardi PS01	European	Michelin	1.19,005 (21.)	1.18,212 (22.)	1.16,784	1.19,126 (21.)

RUNDE FÜR RUNDE

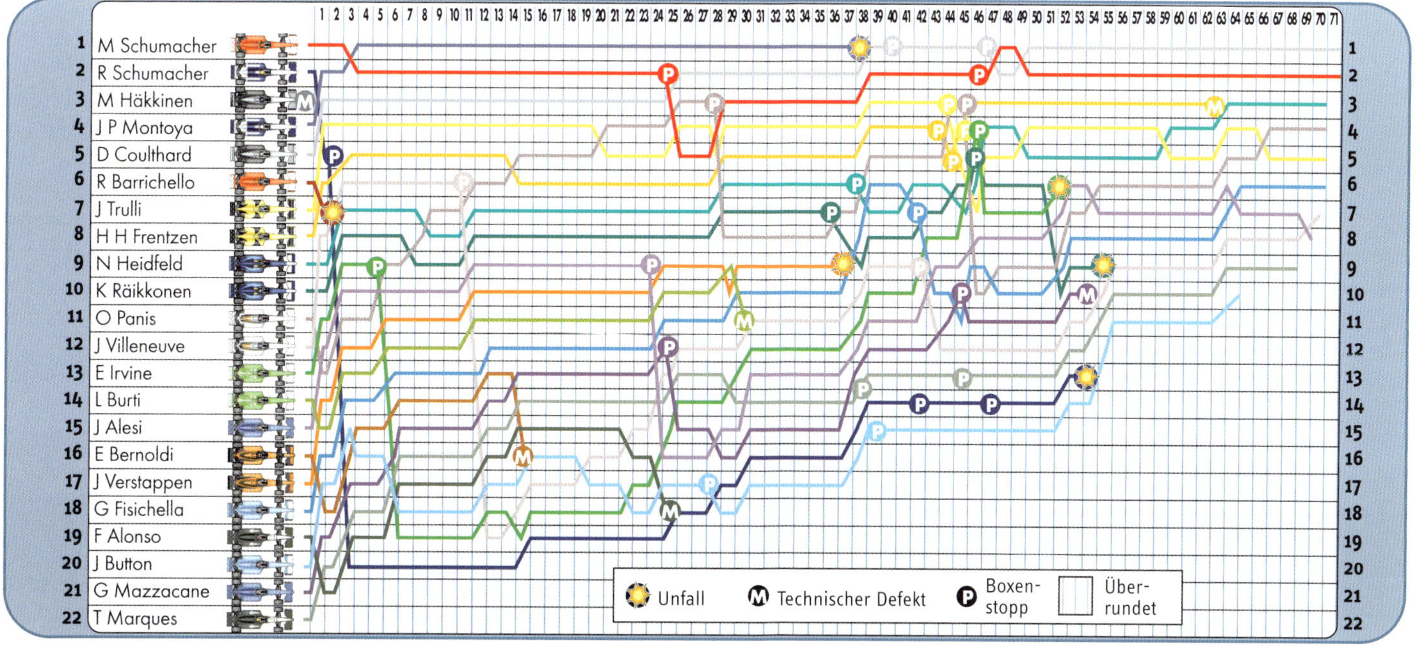

ERGEBNIS

Pos.	Fahrer	Rd.	Zeit/Ausfallgrund	Stopps	Schn. Runde (Pl.)
1.	Coulthard	71	1:39.00,834 Std.	2	1.16,498 (2.)
2.	M. Schumacher	71	+ 16,164 Sek.	2	1.16,545 (3.)
3.	Heidfeld	70	- 1 Rd.	2	1.18,064 (13.)
4.	Panis	70	- 1 Rd.	2	1.16,732 (5.)
5.	Trulli	70	- 1 Rd.	3	1.17,632 (10.)
6.	Fisichella	70	- 1 Rd.	2	1.17,830 (12.)
7.	Villeneuve	70	- 1 Rd.	3	1.17,106 (6.)
8.	Alesi	70	- 1 Rd.	2	1.17,609 (9.)
9.	Marques	68	- 3 Rd.	2	1.19,734 (18.)
10.	Button	64	- 7 Rd.	2	1.19,846 (20.)
11.	Frentzen *	63	- 8 Rd.	2	1.17,522 (8.)
	Räikkönen	56	Dreher	2	1.17,816 (11.)
	Mazzacane	54	Kupplung	2	1.18,176 (14.)
	R. Schumacher	54	Dreher	4	1.15,693 (1.)
	Irvine	52	Dreher	2	1.17,132 (7.)
	Montoya	38	Unfall	0	1.16,593 (4.)
	Verstappen	37	Unfall	0	1.18,875 (16.)
	Burti	30	Motor	0	1.18,759 (15.)
	Alonso	25	Elektronik	0	1.19,765 (19.)
	Bernoldi	15	Hydraulik	0	1.19,449 (17.)
	Barrichello	2	Unfall	0	1.58,705 (21.)
	Häkkinen	0	Kupplung	0	-

* nicht im Ziel (Elektronik), aber gewertet

GP SAN MARINO 4. Lauf zur Formel 1-WM, Imola (I), 15. April 2001

Streckenlänge: 4,933 km. **Distanz:** 62 Runden. **Bisheriger Rundenrekord:** Heinz-Harald Frentzen (Williams-Renault), 1.25,531 (1997).
Sieger 2000: Michael Schumacher (Ferrari). **Pole Position 2000:** Mika Häkkinen (McLaren-Mercedes), 1.24,714.
Gestartet: 22. **Gewertet:** 12. **Schnitt des Siegers:** 202,062 km/h.

AUTODROMO ENZO E DINO FERRARI

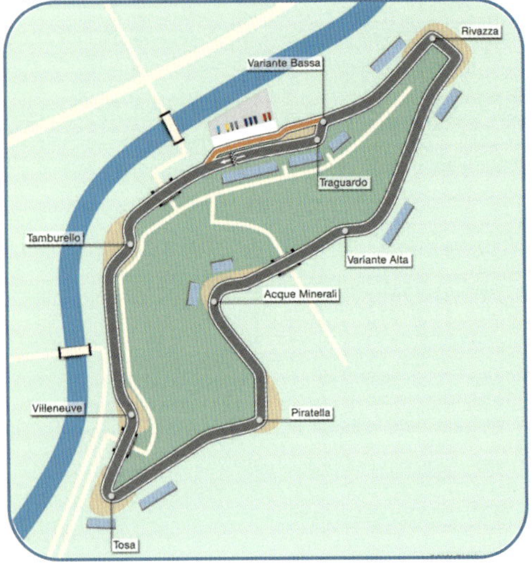

TRAINING + STARTAUFSTELLUNG

Pos.	Fahrer (Nation)	Chassis	Motor	Reifen	1.Training (Pl.)	2.Training (Pl.)	Zeittraining	Warm-up (Pl.)
1.	David Coulthard (GB)	McLaren MP4/16	Mercedes	Bridgestone	1.27,132 (11.)	1.31,536 (3.)	1.23,054	1.26,440 (1.)
2.	Mika Häkkinen (FIN)	McLaren MP4/16	Mercedes	Bridgestone	1.26,341 (4.)	1.34,036 (10.)	1.23,282	1.26,836 (3.)
3.	Ralf Schumacher (D)	Williams FW23	BMW	Michelin	1.25,829 (3.)	1.33,025 (7.)	1.23,357	1.26,727 (2.)
4.	Michael Schumacher (D)	Ferrari F2001	Ferrari	Bridgestone	1.25,096 (1.)	1.30,737 (1.)	1.23,593	1.26,948 (6.)
5.	Jarno Trulli (I)	Jordan EJ11	Honda	Bridgestone	1.26,923 (9.)	1.36,046 (16.)	1.23,658	1.27,575 (10.)
6.	Rubens Barrichello (BR)	Ferrari F2001	Ferrari	Bridgestone	1.25,372 (2.)	1.31,003 (2.)	1.23,786	1.26,941 (5.)
7.	Juan Pablo Montoya (CO)	Williams FW23	BMW	Michelin	1.39,812 (22.)	1.34,548 (12.)	1.24,141	1.28,142 (13.)
8.	Olivier Panis (F)	BAR 003	Honda	Bridgestone	1.26,535 (5.)	1.33,071 (8.)	1.24,213	1.27,534 (9.)
9.	Heinz-Harald Frentzen (D)	Jordan EJ11	Honda	Bridgestone	1.27,406 (13.)	1.32,164 (5.)	1.24,436	1.26,954 (7.)
10.	Kimi Räikkönen (FIN)	Sauber C20	Petronas	Bridgestone	1.26,552 (6.)	1.31,726 (4.)	1.24,671	1.27,492 (8.)
11.	Jacques Villeneuve (CDN)	BAR 003	Honda	Bridgestone	1.26,739 (8.)	1.34,789 (13.)	1.24,769	1.28,035 (12.)
12.	Nick Heidfeld (D)	Sauber C20	Petronas	Bridgestone	1.27,142 (12.)	1.32,392 (6.)	1.25,007	1.26,929 (4.)
13.	Eddie Irvine (GB)	Jaguar R2	Cosworth	Michelin	1.26,599 (7.)	1.41,771 (21.)	1.25,392	1.28,655 (16.)
14.	Jean Alesi (F)	Prost AP04	Acer	Michelin	1.27,437 (14.)	1.34,531 (11.)	1.25,411	1.29,347 (17.)
15.	Luciano Burti (BR)	Jaguar R2	Cosworth	Michelin	1.26,933 (10.)	–	1.25,572	1.30,030 (21.)
16.	Enrique Bernoldi (BR)	Arrows A22	Asiatech	Bridgestone	1.29,273 (19.)	1.33,884 (9.)	1.25,872	1.28,639 (15.)
17.	Jos Verstappen (NL)	Arrows A22	Asiatech	Bridgestone	1.29,750 (21.)	1.34,948 (14.)	1.26,062	1.27,728 (11.)
18.	Fernando Alonso (E)	Minardi PS01	European	Michelin	1.28,931 (18.)	1.36,058 (17.)	1.26,855	1.30,150 (22.)
19.	Giancarlo Fisichella (I)	Benetton B201	Renault	Michelin	1.28,322 (15.)	1.39,214 (20.)	1.26,902	1.29,623 (20.)
20.	Gaston Mazzacane (RA)	Prost AP04	Acer	Michelin	1.28,586 (16.)	1.35,056 (15.)	1.27,750	1.28,404 (14.)
21.	Jenson Button (GB)	Benetton B201	Renault	Michelin	1.28,902 (17.)	1.38,306 (19.)	1.27,758	1.29,593 (19.)
22.	Tarso Marques (BR)	Minardi PS01	European	Michelin	1.29,589 (20.)	1.36,671 (18.)	1.28,281	1.29,480 (18.)

RUNDE FÜR RUNDE

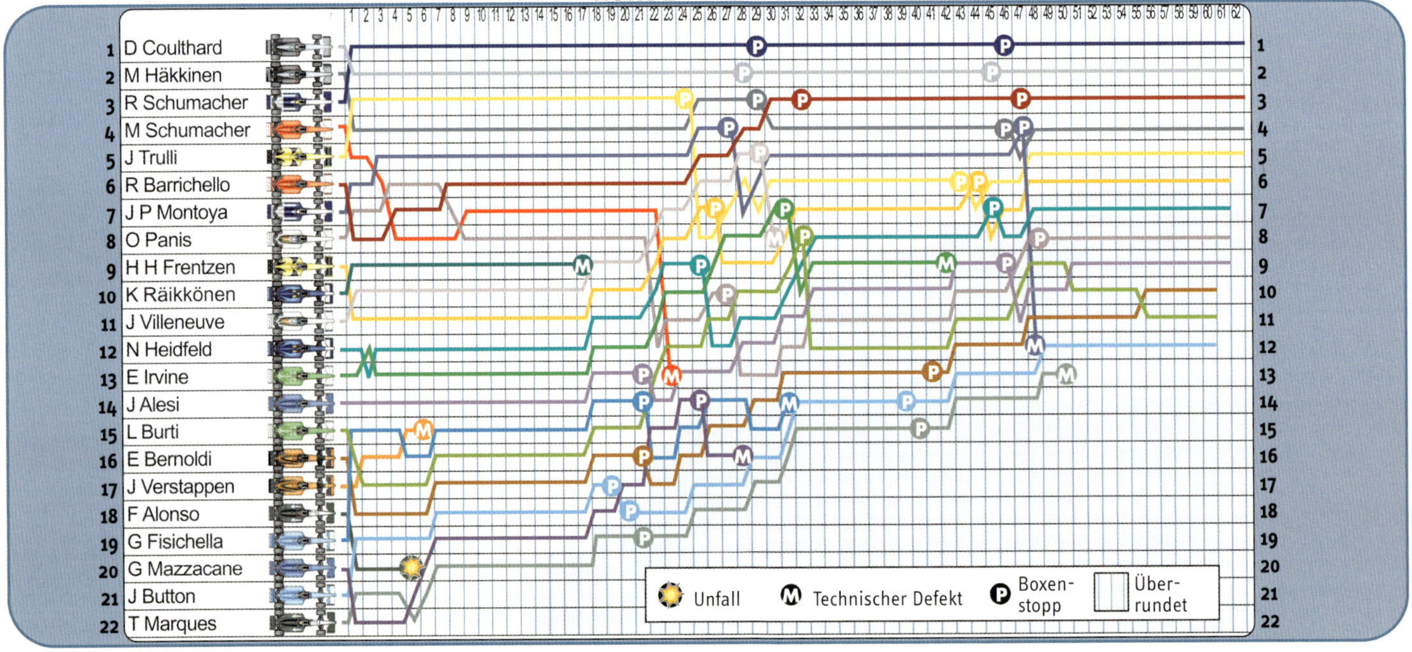

ERGEBNIS

Pos.	Fahrer	Rd.	Zeit/Ausfallgrund	Stopps	Schn. Runde (Pl.)
1.	R. Schumacher	62	1:30.44,817 Std.	2	1.25,524 (1.)
2.	Coulthard	62	+ 4,352 Sek.	2	1.25,569 (2.)
3.	Barrichello	62	+ 34,766 Sek.	2	1.26,117 (3.)
4.	Häkkinen	62	+ 36,315 Sek.	2	1.26,308 (4.)
5.	Trulli	62	+ 1.25,580 Min.	2	1.27,358 (8.)
6.	Frentzen	61	- 1 Rd.	2	1.27,245 (7.)
7.	Heidfeld	61	- 1 Rd.	2	1.27,380 (9.)
8.	Panis	61	- 1 Rd.	2	1.27,582 (10.)
9.	Alesi	61	- 1 Rd.	2	1.28,369 (14.)
10.	Bernoldi	60	- 2 Rd.	2	1.28,956 (17.)
11.	Burti	60	- 2 Rd.	1	1.27,932 (13.)
12.	Button	60	- 2 Rd.	3	1.29,096 (18.)
	Marques	50	Benzindruck	2	1.31,725 (22.)
	Montoya	48	Kupplung	2	1.26,385 (5.)
	Irvine	42	Motor	2	1.27,854 (12.)
	Fisichella	31	Elektronik	1	1.29,644 (19.)
	Villeneuve	30	Motor	1	1.27,614 (11.)
	Mazzacane	28	Motor	1	1.28,954 (16.)
	M. Schumacher	24	Bremsen	1	1.27,229 (6.)
	Räikkönen	17	Unfall	0	1.28,604 (15.)
	Verstappen	6	Auspuff	0	1.30,403 (20.)
	Alonso	5	Unfall	0	1.31,671 (21.)

GP SPANIEN 5. Lauf zur Formel 1-WM, Barcelona (E), 29. April 2001

Streckenlänge: 4,730 km. **Distanz:** 65 Runden. **Bisheriger Rundenrekord:** Eddie Irvine (Ferrari), 1.20,382 (1999).
Sieger 2000: Mika Häkkinen (McLaren-Mercedes). **Pole Position 2000:** Michael Schumacher (Ferrari), 1.20,974.
Gestartet: 22. **Gewertet:** 16. **Schnitt des Siegers:** 202,507 km/h.

CIRCUIT DE CATALUNYA

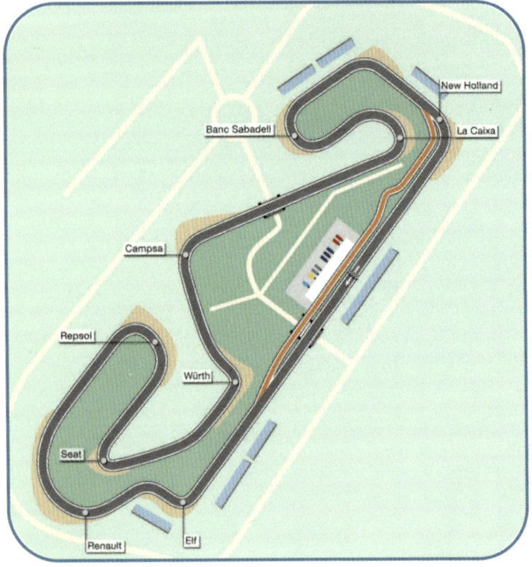

TRAINING + STARTAUFSTELLUNG

Pos.	Fahrer (Nation)	Chassis	Motor	Reifen	1.Training (Pl.)	2.Training (Pl.)	Zeittraining	Warm-up (Pl.)
1.	Michael Schumacher (D)	Ferrari F2001	Ferrari	Bridgestone	1.20,880 (5.)	1.18,634 (1.)	1.18,201	1.21,211 (4.)
2.	Mika Häkkinen (FIN)	McLaren MP4/16	Mercedes	Bridgestone	1.20,894 (6.)	1.19,281 (8.)	1.18,286	1.20,901 (2.)
3.	David Coulthard (GB)	McLaren MP4/16	Mercedes	Bridgestone	1.20,107 (1.)	1.18,686 (3.)	1.18,635	1.21,148 (3.)
4.	Rubens Barrichello (BR)	Ferrari F2001	Ferrari	Bridgestone	1.20,823 (3.)	1.18,674 (2.)	1.18,674	1.20,680 (1.)
5.	Ralf Schumacher (D)	Williams FW23	BMW	Michelin	1.21,259 (8.)	1.19,406 (9.)	1.19,016	1.21,886 (7.)
6.	Jarno Trulli (I)	Jordan EJ11	Honda	Bridgestone	1.21,647 (10.)	1.19,186 (6.)	1.19,093	1.21,929 (8.)
7.	Jacques Villeneuve (CDN)	BAR 003	Honda	Bridgestone	1.21,401 (9.)	1.19,253 (7.)	1.19,122	1.22,120 (9.)
8.	Heinz-Harald Frentzen (D)	Jordan EJ11	Honda	Bridgestone	1.22,221 (14.)	1.19,903 (11.)	1.19,150	1.21,558 (6.)
9.	Kimi Räikkönen (FIN)	Sauber C20	Petronas	Bridgestone	1.21,786 (11.)	1.18,765 (4.)	1.19,229	1.22,864 (12.)
10.	Nick Heidfeld (D)	Sauber C20	Petronas	Bridgestone	1.21,808 (12.)	1.19,010 (5.)	1.19,232	1.22,343 (10.)
11.	Olivier Panis (F)	BAR 003	Honda	Bridgestone	1.20,826 (4.)	1.19,577 (10.)	1.19,479	1.21,558 (5.)
12.	Juan Pablo Montoya (CO)	Williams FW23	BMW	Michelin	1.22,020 (13.)	1.20,202 (12.)	1.19,660	1.22,558 (11.)
13.	Eddie Irvine (GB)	Jaguar R2	Cosworth	Michelin	1.20,615 (2.)	1.21,289 (17.)	1.20,326	1.23,294 (14.)
14.	Luciano Burti (BR)	Prost AP04	Acer	Michelin	1.23,885 (21.)	1.20,801 (14.)	1.20,585	1.24,633 (21.)
15.	Jean Alesi (F)	Prost AP04	Acer	Michelin	1.22,843 (15.)	1.20,741 (13.)	1.20,601	1.23,794 (16.)
16.	Enrique Bernoldi (BR)	Arrows A22	Asiatech	Bridgestone	1.22,888 (16.)	1.20,997 (15.)	1.20,696	1.24,138 (18.)
17.	Jos Verstappen (NL)	Arrows A22	Asiatech	Bridgestone	1.22,962 (17.)	1.21,069 (16.)	1.20,737	1.23,240 (13.)
18.	Fernando Alonso (E)	Minardi PS01	European	Michelin	1.23,801 (20.)	1.21,493 (19.)	1.21,037	1.24,361 (19.)
19.	Giancarlo Fisichella (I)	Benetton B201	Renault	Michelin	1.22,971 (18.)	1.21,404 (18.)	1.21,065	1.24,468 (20.)
20.	Pedro de la Rosa (E)	Jaguar R2	Cosworth	Michelin	1.21,184 (7.)	1.22,296 (21.)	1.21,338	1.23,847 (17.)
21.	Jenson Button (GB)	Benetton B201	Renault	Michelin	1.23,201 (19.)	1.21,804 (20.)	1.21,916	1.23,754 (15.)
22.	Tarso Marques (BR)	Minardi PS01	European	Michelin	1.25,540 (22.)	1.24,371 (22.)	1.22,522	1.24,924 (22.)

RUNDE FÜR RUNDE

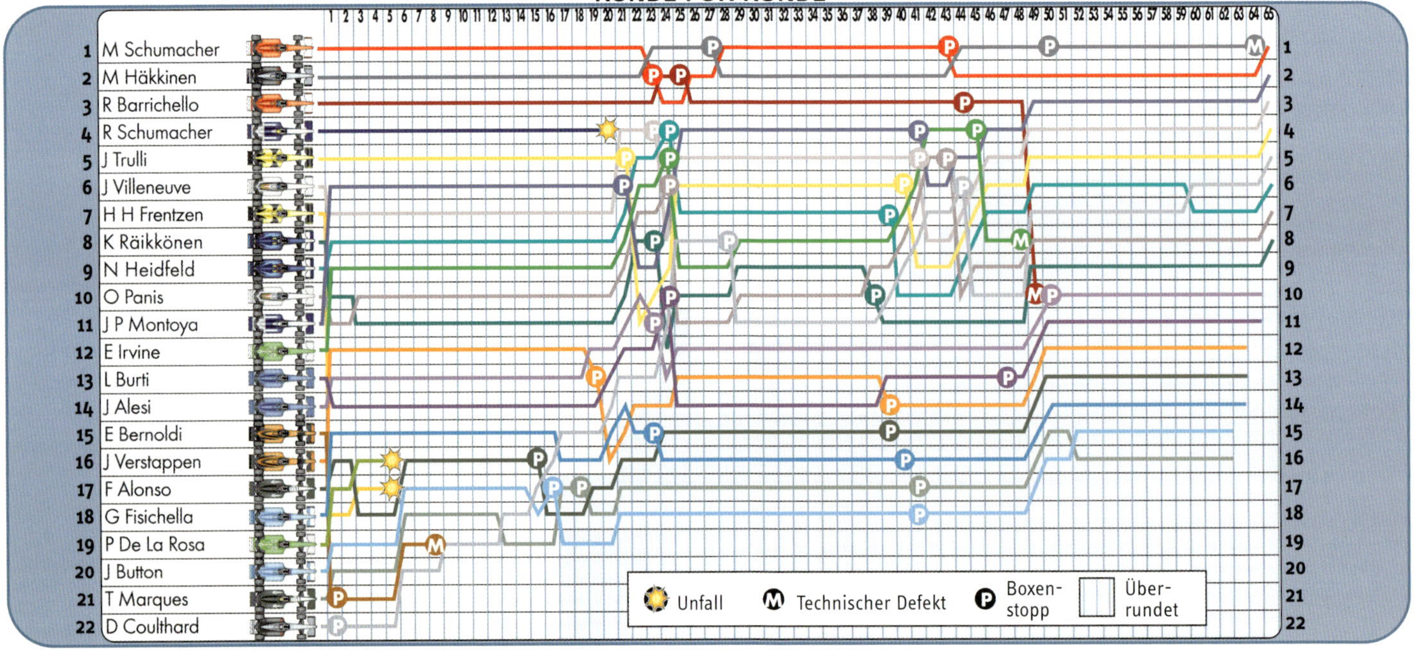

STATISTIK

FORMEL 1

ERGEBNIS

Pos.	Fahrer	Rd.	Zeit/Ausfallgrund	Stopps	Schn. Runde (Pl.)
1.	M. Schumacher	65	1:31.03,305 Std.	2	1.21,151 (1.)
2.	Montoya	65	+ 40,738 Sek.	2	1.22,841 (10.)
3.	Villeneuve	65	+ 49,626 Sek.	2	1.22,513 (7.)
4.	Trulli	65	+ 51,253 Sek.	2	1.23,087 (12.)
5.	Coulthard	65	+ 51,616 Sek.	3	1.22,091 (4.)
6.	Heidfeld	65	+ 1.01,893 Min.	2	1.22,738 (9.)
7.	Panis	65	+ 1.04,977 Min.	2	1.22,475 (6.)
8.	Räikkönen	65	+ 1.19,808 Min.	2	1.23,049 (11.)
9.	Häkkinen *	64	- 1 Rd.	2	1.21,368 (2.)
10.	Alesi	64	- 1 Rd.	2	1.23,668 (13.)
11.	Burti	64	- 1 Rd.	2	1.23,794 (14.)
12.	Verstappen	63	- 2 Rd.	2	1.23,965 (15.)
13.	Alonso	63	- 2 Rd.	2	1.24,423 (16.)
14.	Fisichella	63	- 2 Rd.	2	1.25,298 (18.)
15.	Button	62	- 3 Rd.	2	1.25,406 (19.)
16.	Marques	62	- 3 Rd.	2	1.25,791 (20.)
	Barrichello	49	Aufhängung	3	1.21,720 (3.)
	Irvine	48	Motor	2	1.22,568 (8.)
	R. Schumacher	20	Dreher	0	1.22,362 (5.)
	Bernoldi	8	Benzindruck	1	1.24,740 (17.)
	de la Rosa	5	Unfall	0	1.25,932 (21.)
	Frentzen	5	Unfall	0	1.26,158 (22.)

* nicht im Ziel (Kupplung), aber gewertet

GP ÖSTERREICH 6. Lauf zur Formel 1-WM, Spielberg (A), 13. Mai 2001

Streckenlänge: 4,326 km. **Distanz:** 71 Runden. **Bisheriger Rundenrekord:** David Coulthard (McLaren-Mercedes), 1.11,783 (2000).
Sieger 2000: Mika Häkkinen (McLaren-Mercedes). **Pole Position 2000:** Mika Häkkinen (McLaren-Mercedes), 1.10,410.
Gestartet: 22. **Gewertet:** 11. **Schnitt des Siegers:** 209,977 km/h.

A1-RING

TRAINING + STARTAUFSTELLUNG

Pos.	Fahrer (Nation)	Chassis	Motor	Reifen	1.Training (Pl.)	2.Training (Pl.)	Zeittraining	Warm-up (Pl.)
1.	Michael Schumacher (D)	Ferrari F2001	Ferrari	Bridgestone	1.11,647 (5.)	1.10,039 (2.)	1.09,562	1.12,790 (5.)
2.	Juan Pablo Montoya (CO)	Williams FW23	BMW	Michelin	1.12,299 (11.)	1.10,391 (5.)	1.09,686	1.13,558 (16.)
3.	Ralf Schumacher (D)	Williams FW23	BMW	Michelin	1.11,555 (4.)	1.10,397 (6.)	1.09,769	1.13,549 (15.)
4.	Rubens Barrichello (BR)	Ferrari F2001	Ferrari	Bridgestone	1.11,401 (3.)	1.10,103 (3.)	1.09,786	1.12,331 (4.)
5.	Jarno Trulli (I)	Jordan EJ11	Honda	Bridgestone	1.12,555 (13.)	1.10,751 (8.)	1.10,202	1.12,993 (6.)
6.	Nick Heidfeld (D)	Sauber C20	Petronas	Bridgestone	1.11,776 (6.)	1.10,863 (9.)	1.10,211	1.13,201 (10.)
7.	David Coulthard (GB)	McLaren MP4/16	Mercedes	Bridgestone	1.11,245 (1.)	1.10,010 (1.)	1.10,331	1.11,765 (2.)
8.	Mika Häkkinen (FIN)	McLaren MP4/16	Mercedes	Bridgestone	1.11,272 (2.)	1.10,148 (4.)	1.10,342	1.11,647 (1.)
9.	Kimi Räikkönen (FIN)	Sauber C20	Petronas	Bridgestone	1.12,189 (8.)	1.11,382 (12.)	1.10,396	1.13,005 (7.)
10.	Olivier Panis (F)	BAR 003	Honda	Bridgestone	1.12,259 (9.)	1.10,935 (10.)	1.10,435	1.13,012 (8.)
11.	Heinz-Harald Frentzen (D)	Jordan EJ11	Honda	Bridgestone	1.11,977 (7.)	1.10,434 (7.)	1.10,923	1.11,800 (3.)
12.	Jacques Villeneuve (CDN)	BAR 003	Honda	Bridgestone	1.12,290 (10.)	1.11,351 (11.)	1.11,058	1.13,221 (11.)
13.	Eddie Irvine (GB)	Jaguar R2	Cosworth	Michelin	1.12,346 (12.)	1.11,543 (13.)	1.11,632	1.13,406 (12.)
14.	Pedro de la Rosa (E)	Jaguar R2	Cosworth	Michelin	1.12,847 (15.)	1.11,994 (15.)	1.11,752	1.13,149 (9.)
15.	Enrique Bernoldi (BR)	Arrows A22	Asiatech	Bridgestone	1.12,853 (16.)	1.12,029 (16.)	1.11,823	1.13,543 (13.)
16.	Jos Verstappen (NL)	Arrows A22	Asiatech	Bridgestone	1.12,705 (14.)	1.11,831 (14.)	1.12,187	1.13,548 (14.)
17.	Luciano Burti (BR)	Prost AP04	Acer	Michelin	1.13,169 (17.)	1.12,714 (17.)	1.12,206	1.15,487 (20.)
18.	Fernando Alonso (E)	Minardi PS01	European	Michelin	1.14,523 (20.)	1.13,368 (20.)	1.12,640	1.15,265 (19.)
19.	Giancarlo Fisichella (I)	Benetton B201	Renault	Michelin	1.14,833 (21.)	1.13,345 (19.)	1.12,644	1.15,662 (21.)
20.	Jean Alesi (F)	Prost AP04	Acer	Michelin	1.13,288 (18.)	1.13,485 (21.)	1.12,910	1.14,611 (17.)
21.	Jenson Button (GB)	Benetton B201	Renault	Michelin	1.15,570 (22.)	1.13,969 (22.)	1.13,459	1.15,692 (22.)
22.	Tarso Marques (BR)	Minardi PS01	European	Michelin	1.14,314 (19.)	1.13,333 (18.)	1.13,585	1.14,745 (18.)

RUNDE FÜR RUNDE

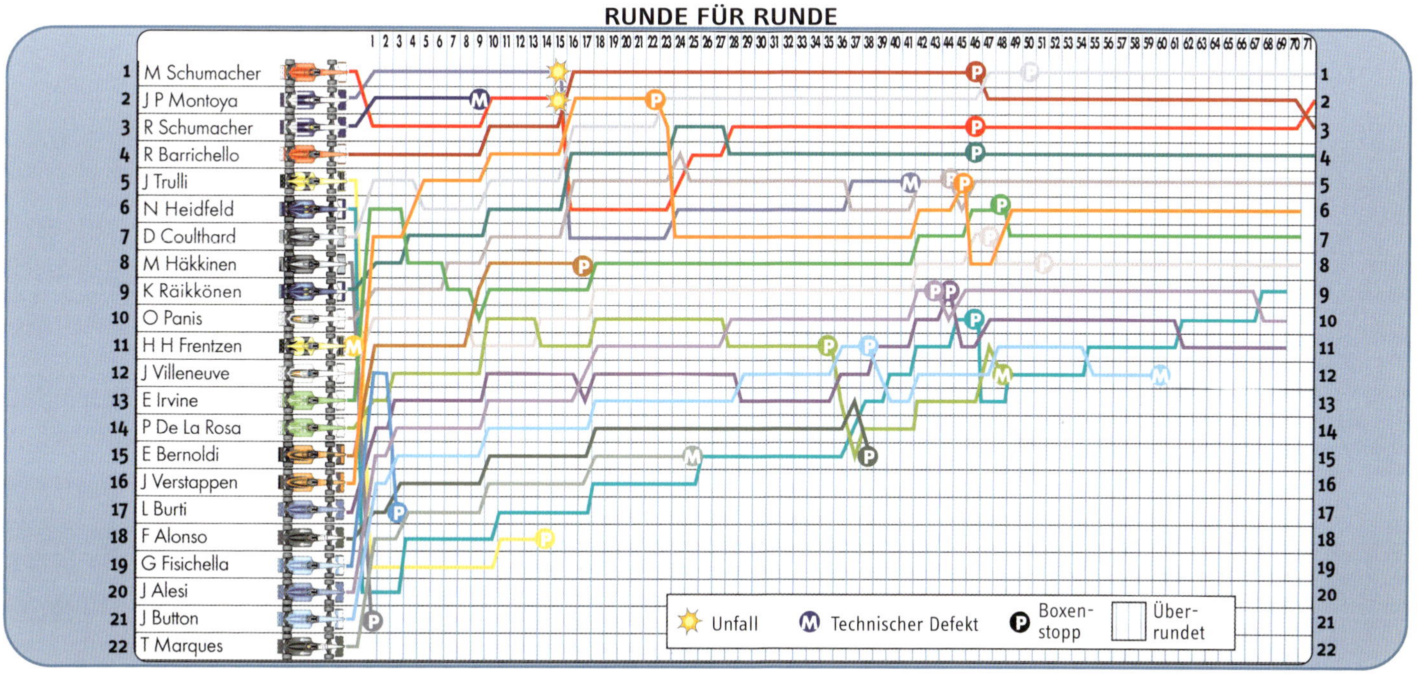

ERGEBNIS

Pos.	Fahrer	Rd.	Zeit/Ausfallgrund	Stopps	Schn. Runde (Pl.)
1.	Coulthard	71	1:27.45,927 Std.	1	1.10,843 (1.)
2.	M. Schumacher	71	+ 2,191 Sek.	1	1.11,030 (3.)
3.	Barrichello	71	+ 2,528 Sek.	1	1.11,009 (2.)
4.	Räikkönen	71	+ 41,594 Sek.	1	1.11,284 (5.)
5.	Panis	70	+ 53,776 Sek.	1	1.12,204 (9.)
6.	Verstappen	70	- 1 Rd.	2	1.12,423 (10.)
7.	Irvine	70	- 1 Rd.	1	1.12,088 (8.)
8.	Villeneuve	71	- 1 Rd.	2	1.11,718 (7.)
9.	Heidfeld	69	- 2 Rd.	1	1.11,388 (6.)
10.	Alesi	69	- 2 Rd.	1	1.13,130 (12.)
11.	Burti	69	- 2 Rd.	1	1.12,642 (11.)
	Button	60	Motor	1	1.13,498 (13.)
	de la Rosa	48	Kraftübertragung	1	1.13,978 (16.)
	Montoya	41	Getriebe	0	1.11,140 (4.)
	Alonso	38	Getriebe	0	1.14,432 (18.)
	Marques	25	Getriebe	0	1.15,212 (19.)
	Bernoldi	17	Hydraulik	0	1.13,587 (14.)
	R. Schumacher	10	Bremsen	0	1.13,888 (15.)
	Fisichella	3	Motor	0	1.58,438 (20.)
	Häkkinen	1	Elektronik	1	-
	Frentzen	0	Getriebe	0	-
	Trulli *	14	-	0	1.14,082 (17.)

* disqualifiziert (Missachtung der roten Ampel am Boxenausgang)

GP MONACO 7. Lauf zur Formel 1-WM, Monte-Carlo (MC), 27. Mai 2001

Streckenlänge: 3,370 km. **Distanz:** 78 Runden. **Bisheriger Rundenrekord:** Mika Häkkinen (McLaren-Mercedes), 1.21,571 (2000).
Sieger 2000: David Coulthard (McLaren-Mercedes). **Pole Position 2000:** Michael Schumacher (Ferrari), 1.19,475.
Gestartet: 22. **Gewertet:** 10. **Schnitt des Siegers:** 146,881 km/h.

CIRCUIT DE MONACO

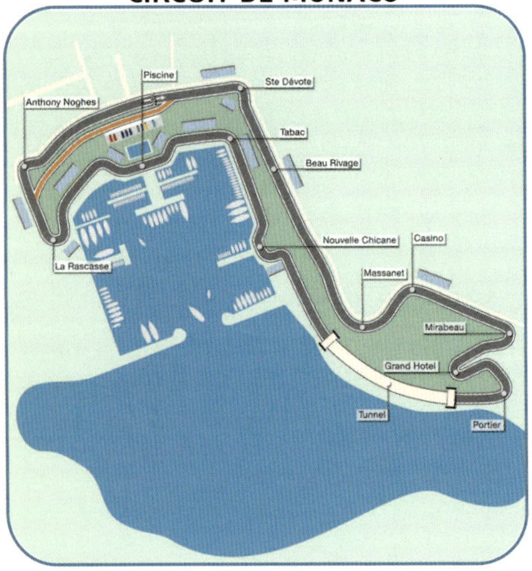

TRAINING + STARTAUFSTELLUNG

Pos.	Fahrer (Nation)	Chassis	Motor	Reifen	1.Training (Pl.)	2.Training (Pl.)	Zeittraining	Warm-up (Pl.)
1.	David Coulthard (GB)	McLaren MP4/16	Mercedes	Bridgestone	1.21,091 (6.)	1.19,031 (4.)	1.17,430	1.20,944 (1.)
2.	Michael Schumacher (D)	Ferrari F2001	Ferrari	Bridgestone	1.20,316 (2.)	1.18,456 (2.)	1.17,631	1.21,650 (3.)
3.	Mika Häkkinen (FIN)	McLaren MP4/16	Mercedes	Bridgestone	1.19,853 (1.)	1.18,282 (1.)	1.17,749	1.21,017 (2.)
4.	Rubens Barrichello (BR)	Ferrari F2001	Ferrari	Bridgestone	1.20,959 (4.)	1.19,651 (8.)	1.17,856	1.22,502 (4.)
5.	Ralf Schumacher (D)	Williams FW23	BMW	Michelin	1.20,938 (3.)	1.18,725 (3.)	1.18,029	1.22,650 (6.)
6.	Eddie Irvine (GB)	Jaguar R2	Cosworth	Michelin	1.22,302 (12.)	1.19,081 (5.)	1.18,432	1.22,816 (7.)
7.	Juan Pablo Montoya (CO)	Williams FW23	BMW	Michelin	1.22,035 (10.)	1.19,603 (7.)	1.18,751	1.23,590 (12.)
8.	Jarno Trulli (I)	Jordan EJ11	Honda	Bridgestone	1.21,048 (5.)	1.19,307 (6.)	1.18,921	1.23,574 (11.)
9.	Jacques Villeneuve (CDN)	BAR 003	Honda	Bridgestone	1.22,010 (9.)	1.20,397 (11.)	1.19,086	1.23,747 (14.)
10.	Giancarlo Fisichella (I)	Benetton B201	Renault	Michelin	1.22,214 (11.)	1.20,591 (13.)	1.19,220	1.23,407 (10.)
11.	Jean Alesi (F)	Prost AP04	Acer	Michelin	1.21,935 (8.)	1.20,020 (9.)	1.19,245	1.24,046 (17.)
12.	Olivier Panis (F)	BAR 003	Honda	Bridgestone	1.23,662 (16.)	1.20,528 (12.)	1.19,294	1.23,595 (13.)
13.	Heinz-Harald Frentzen (D)	Jordan EJ11	Honda	Bridgestone	1.21,505 (7.)	1.20,064 (10.)	1.19,316	1.22,566 (5.)
14.	Pedro de la Rosa (E)	Jaguar R2	Cosworth	Michelin	1.27,316 (22.)	1.22,316 (20.)	1.20,033	1.23,200 (9.)
15.	Kimi Räikkönen (FIN)	Sauber C20	Petronas	Bridgestone	1.22,800 (13.)	1.21,621 (15.)	1.20,081	1.24,042 (16.)
16.	Nick Heidfeld (D)	Sauber C20	Petronas	Bridgestone	1.22,807 (14.)	1.22,207 (19.)	1.20,261	1.23,842 (15.)
17.	Jenson Button (GB)	Benetton B201	Renault	Michelin	1.24,026 (17.)	1.21,316 (14.)	1.20,342	1.24,137 (18.)
18.	Fernando Alonso (E)	Minardi PS01	European	Michelin	1.26,393 (21.)	1.21,670 (16.)	1.20,788	1.24,941 (19.)
19.	Jos Verstappen (NL)	Arrows A22	Asiatech	Bridgestone	1.23,409 (15.)	1.21,827 (17.)	1.20,823	1.23,066 (8.)
20.	Enrique Bernoldi (BR)	Arrows A22	Asiatech	Bridgestone	1.24,105 (18.)	1.22,024 (18.)	1.21,336	1.25,328 (20.)
21.	Luciano Burti (BR)	Prost AP04	Acer	Michelin	1.24,857 (19.)	1.25,795 (22.)	1.21,771	1.25,938 (21.)
22.	Tarso Marques (BR)	Minardi PS01	European	Michelin	1.25,920 (20.)	1.23,313 (21.)	1.22,201	1.26,365 (22.)

RUNDE FÜR RUNDE

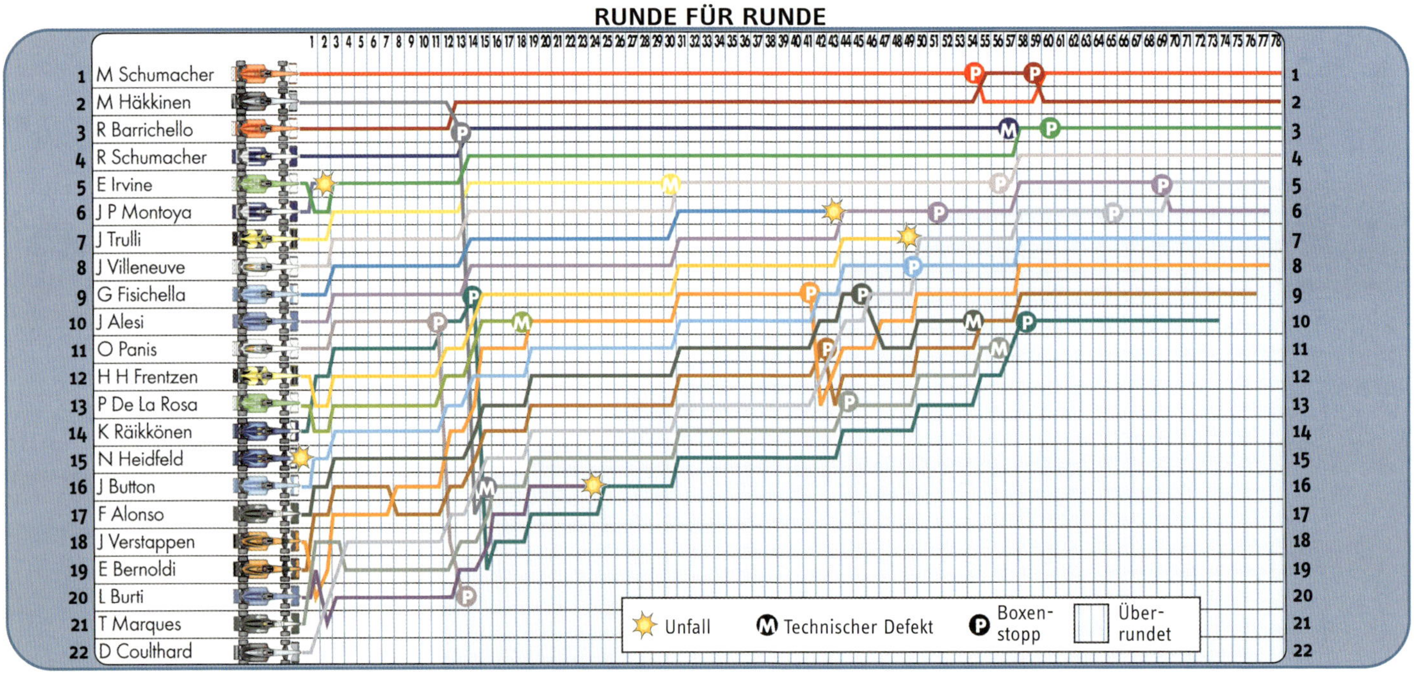

ERGEBNIS

Pos.	Fahrer	Rd.	Zeit/Ausfallgrund	Stopps	Schn. Runde (Pl.)
1.	M. Schumacher	78	1:47.22,561 Std.	1	1.19,770 (2.)
2.	Barrichello	78	+ 0,431 Sek.	1	1.20,329 (3.)
3.	Irvine	78	+ 30,698 Sek.	1	1.20,681 (5.)
4.	Villeneuve	78	+ 32,454 Sek.	1	1.20,417 (4.)
5.	Coulthard	77	- 1 Rd.	1	1.19,424 (1.)
6.	Alesi	77	- 1 Rd.	2	1.21,151 (9.)
7.	Button	77	- 1 Rd.	1	1.21,580 (10.)
8.	Verstappen	77	- 1 Rd.	1	1.21,732 (13.)
9.	Bernoldi	76	- 2 Rd.	1	1.22,053 (14.)
10.	Räikkönen	73	- 5 Rd.	2	1.20,705 (6.)
	R. Schumacher	57	Elektronik	0	1.20,975 (8.)
	Marques	56	Antriebswelle	1	1.24,570 (19.)
	Alonso	54	Getriebe	1	1.22,956 (16.)
	Frentzen	49	Unfall	0	1.20,810 (7.)
	Fisichella	43	Unfall	0	1.21,646 (11.)
	Trulli	30	Hydraulik	0	1.22,345 (15.)
	Burti	24	Dreher	1	1.24,206 (18.)
	de la Rosa	18	Hydraulik	0	1.23,483 (17.)
	Häkkinen	15	Lenkung	1	1.21,682 (12.)
	Panis	13	Lenkung	2	1.24,719 (20.)
	Montoya	2	Unfall	0	1.25,773 (21.)
	Heidfeld	0	Unfall	0	–

STATISTIK

FORMEL 1

GP KANADA 8. Lauf zur Formel 1-WM, Montreal (CDN), 10. Juni 2001

Streckenlänge: 4,421 km. **Distanz:** 69 Runden. **Bisheriger Rundenrekord:** Mika Häkkinen (McLaren-Mercedes), 1.19,049 (2000).
Sieger 2000: Michael Schumacher (Ferrari). **Pole Position 2000:** Michael Schumacher (Ferrari), 1.18,439.
Gestartet: 22. **Gewertet:** 11. **Schnitt des Siegers:** 193,629 km/h.

CIRCUIT GILLES VILLENEUVE

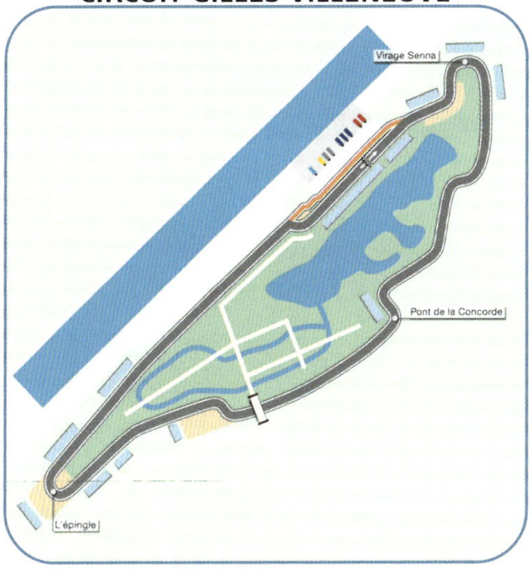

TRAINING + STARTAUFSTELLUNG

Pos.	Fahrer (Nation)	Chassis	Motor	Reifen	1.Training (Pl.)	2.Training (Pl.)	Zeittraining	Warm-up (Pl.)
1.	Michael Schumacher (D)	Ferrari F2001	Ferrari	Bridgestone	1.19,166 (11.)	1.16,200 (1.)	1.15,782	1.18,663 (6.)
2.	Ralf Schumacher (D)	Williams FW23	BMW	Michelin	1.18,967 (6.)	1.17,521 (8.)	1.16,297	1.19,536 (10.)
3.	David Coulthard (GB)	McLaren MP4/16	Mercedes	Bridgestone	1.18,086 (2.)	1.16,707 (2.)	1.16,423	1.18,540 (2.)
4.	Jarno Trulli (I)	Jordan EJ11	Honda	Bridgestone	1.18,990 (8.)	1.17,618 (9.)	1.16,459	1.18,875 (7.)
5.	Rubens Barrichello (BR)	Ferrari F2001	Ferrari	Bridgestone	1.18,570 (4.)	1.16,986 (4.)	1.16,760	1.19,201 (8.)
6.	Olivier Panis (F)	BAR 003	Honda	Bridgestone	1.19,102 (10.)	1.17,284 (7.)	1.16,771	1.18,512 (1.)
7.	Kimi Räikkönen (FIN)	Sauber C20	Petronas	Bridgestone	1.19,427 (13.)	1.17,144 (6.)	1.16,875	1.19,876 (13.)
8.	Mika Häkkinen (FIN)	McLaren MP4/16	Mercedes	Bridgestone	1.17,672 (1.)	1.16,828 (3.)	1.16,979	1.18,650 (5.)
9.	Jacques Villeneuve (CDN)	BAR 003	Honda	Bridgestone	1.21,916 (19.)	1.17,937 (11.)	1.17,035	1.19,572 (11.)
10.	Juan Pablo Montoya (CO)	Williams FW23	BMW	Michelin	1.18,630 (5.)	1.18,216 (14.)	1.17,123	1.19,372 (9.)
11.	Nick Heidfeld (D)	Sauber C20	Petronas	Bridgestone	1.18,967 (7.)	1.17,103 (5.)	1.17,165	1.20,062 (16.)
12.	Ricardo Zonta (BR)	Jordan EJ11	Honda	Bridgestone	1.19,057 (9.) *	1.18,595 (15.)	1.17,328	1.18,545 (3.)
13.	Jos Verstappen (NL)	Arrows A22	Asiatech	Bridgestone	1.20,561 (16.)	1.18,030 (13.)	1.17,903	1.19,775 (12.)
14.	Pedro de la Rosa (E)	Jaguar R2	Cosworth	Michelin	1.19,707 (14.)	1.17,774 (10.)	1.18,015	1.20,012 (14.)
15.	Eddie Irvine (GB)	Jaguar R2	Cosworth	Michelin	1.18,508 (3.)	1.17,982 (12.)	1.18,016	1.18,594 (4.)
16.	Jean Alesi (F)	Prost AP04	Acer	Michelin	1.19,209 (12.)	1.18,935 (17.)	1.18,178	1.20,943 (17.)
17.	Enrique Bernoldi (BR)	Arrows A22	Asiatech	Bridgestone	1.21,259 (17.)	1.18,649 (16.)	1.18,575	1.20,059 (15.)
18.	Giancarlo Fisichella (I)	Benetton B201	Renault	Michelin	1.20,561 (15.)	1.19,347 (19.)	1.18,622	1.21,344 (20.)
19.	Luciano Burti (BR)	Prost AP04	Acer	Michelin	1.21,280 (18.)	1.19,693 (20.)	1.18,753	1.21,563 (22.)
20.	Jenson Button (GB)	Benetton B201	Renault	Michelin	1.22,766 (21.)	1.19,213 (18.)	1.19,033	1.21,114 (19.)
-	Fernando Alonso (E)	Minardi PS01	European	Michelin	1.22,206 (20.)	1.20,549 (21.)	(1.19,454) **	1.21,071 (18.)
21.	Tarso Marques (BR)	Minardi PS01	European	Michelin	1.25,415 (22.)	1.21,013 (22.)	1.20,690	1.21,415 (21.)

* Frentzen fuhr das 1. Training. Nach Unfall und Verletzung wurde Ersatzfahrer Zonta nominiert
** Qualifying-Zeiten nachträglich aberkannt (illegaler Frontflügel)

RUNDE FÜR RUNDE

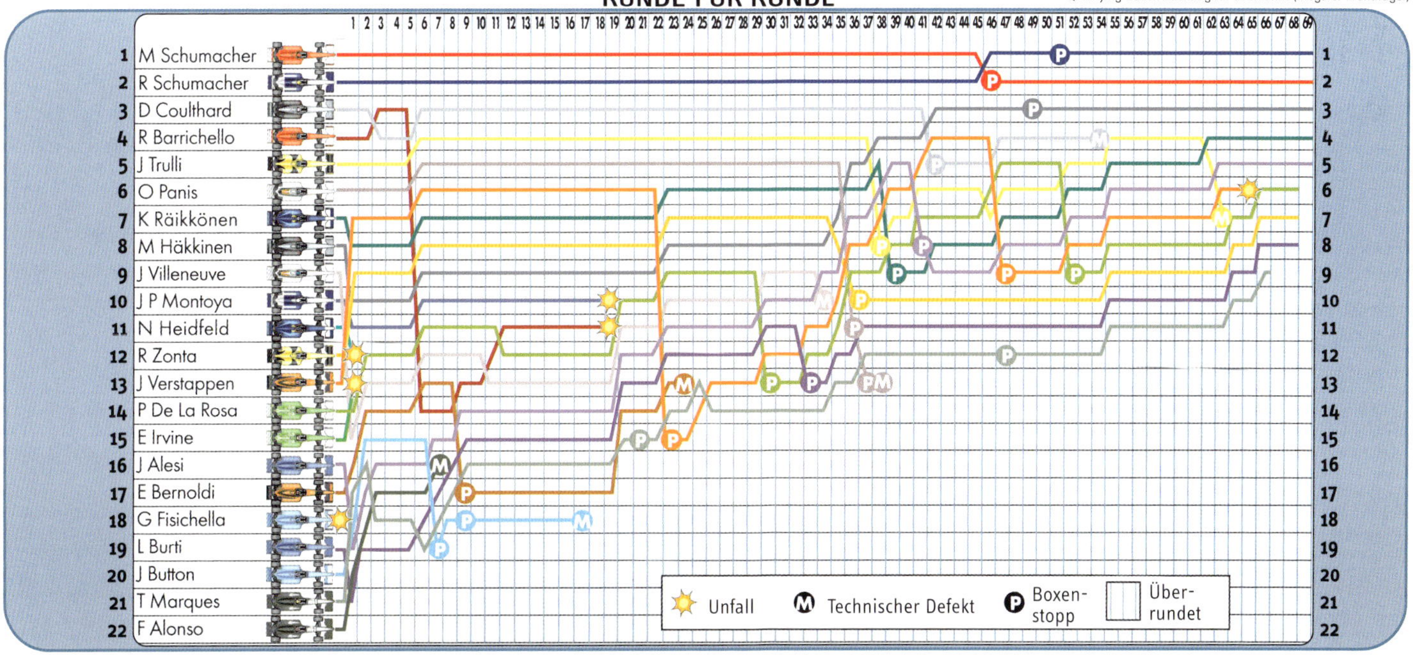

ERGEBNIS

Pos.	Fahrer	Rd.	Zeit/Ausfallgrund	Stopps	Schn. Runde (Pl.)
1.	R. Schumacher	69	1:34.31,522 Std.	1	1.17,205 (1.)
2.	M. Schumacher	69	+ 20,235 Sek.	1	1.18,176 (3.)
3.	Häkkinen	69	+ 40,672 Sek.	1	1.18,148 (2.)
4.	Räikkönen	69	+ 1.08,115 Min.	1	1.19,309 (6.)
5.	Alesi	69	+ 1.10,435 Min.	1	1.19,328 (7.)
6.	de la Rosa	68	- 1 Rd.	2	1.19,006 (4.)
7.	Zonta	68	- 1 Rd.	1	1.20,078 (14.)
8.	Burti	68	- 1 Rd.	1	1.19,841 (12.)
9.	Marques	66	- 3 Rd.	2	1.22,312 (18.)
10.	Verstappen *	65	- 4 Rd.	2	1.19,257 (5.)
11.	Trulli *	63	- 6 Rd.	1	1.19,414 (8.)
	Coulthard	54	Motor	1	1.19,745 (10.)
	Panis	38	Bremsen	2	1.19,856 (13.)
	Villeneuve	34	Antriebswelle	0	1.19,782 (11.)
	Bernoldi	24	Ölleck	1	1.20,767 (16.)
	Montoya	19	Unfall	0	1.20,159 (15.)
	Barrichello	19	Unfall	0	1.19,722 (9.)
	Button	17	Kühler	1	1.21,124 (17.)
	Alonso	7	Antriebswelle	0	1.22,413 (19.)
	Heidfeld	1	Unfall	0	-
	Irvine	1	Unfall	0	-
	Fisichella	0	Unfall	0	-

* nicht im Ziel (Verstappen/Unfall, Trulli/Bremsen), aber gewertet

GP EUROPA 9. Lauf zur Formel 1-WM, Nürburgring (D), 24. Juni 2001

Streckenlänge: 4,556 km. **Distanz:** 67 Runden. **Bisheriger Rundenrekord:** Heinz-Harald Frentzen (Williams-Renault), 1.18,805 (1997).
Sieger 2000: Michael Schumacher (Ferrari). **Pole Position 2000:** David Coulthard (McLaren-Mercedes), 1.17,529.
Gestartet: 22. **Gewertet:** 15. **Schnitt des Siegers:** 204,143 km/h.

NÜRBURGRING

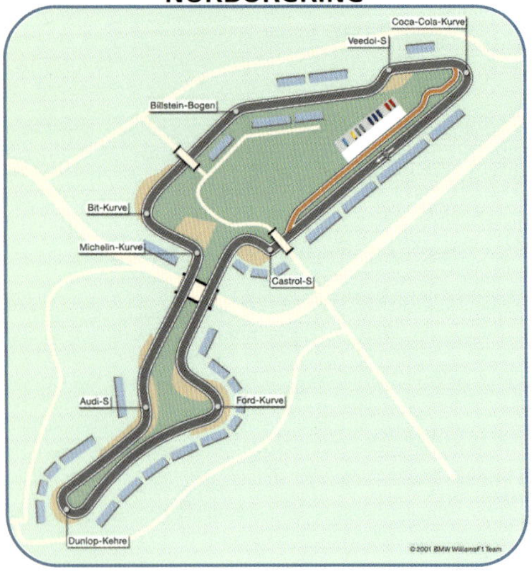

TRAINING + STARTAUFSTELLUNG

Pos.	Fahrer (Nation)	Chassis	Motor	Reifen	1.Training (Pl.)	2.Training (Pl.)	Zeittraining	Warm-up (Pl.)
1.	Michael Schumacher (D)	Ferrari F2001	Ferrari	Bridgestone	1.17,507 (4.)	1.16,308 (6.)	1.14,960	1.18,371 (2.)
2.	Ralf Schumacher (D)	Williams FW23	BMW	Michelin	1.17,355 (3.)	1.15,355 (1.)	1.15,226	1.18,392 (3.)
3.	Juan Pablo Montoya (CO)	Williams FW23	BMW	Michelin	1.17,737 (6.)	1.15,749 (2.)	1.15,490	1.18,843 (6.)
4.	Rubens Barrichello (BR)	Ferrari F2001	Ferrari	Bridgestone	1.17,665 (5.)	1.15,855 (3.)	1.15,622	1.18,209 (1.)
5.	David Coulthard (GB)	McLaren MP4/16	Mercedes	Bridgestone	1.16,579 (2.)	1.16,237 (5.)	1.15,717	1.18,674 (5.)
6.	Mika Häkkinen (FIN)	McLaren MP4/16	Mercedes	Bridgestone	1.16,408 (1.)	1.16,038 (4.)	1.15,776	1.19,164 (8.)
7.	Jarno Trulli (I)	Jordan EJ11	Honda	Bridgestone	1.18,133 (7.)	1.16,385 (7.)	1.16,138	1.19,002 (7.)
8.	Heinz-Harald Frentzen (D)	Jordan EJ11	Honda	Bridgestone	1.19,988 (19.)	1.16,407 (8.)	1.16,376	1.19,917 (14.)
9.	Kimi Räikkönen (FIN)	Sauber C20	Petronas	Bridgestone	1.18,413 (11.)	1.16,852 (10.)	1.16,402	1.19,787 (10.)
10.	Nick Heidfeld (D)	Sauber C20	Petronas	Bridgestone	1.18,196 (8.)	1.16,941 (11.)	1.16,438	1.19,732 (9.)
11.	Jacques Villeneuve (CDN)	BAR 003	Honda	Bridgestone	1.18,434 (12.)	1.17,006 (12.)	1.16,439	1.20,320 (17.)
12.	Eddie Irvine (GB)	Jaguar R2	Cosworth	Michelin	1.19,503 (15.)	1.17,609 (13.)	1.16,588	1.18,466 (4.)
13.	Olivier Panis (F)	BAR 003	Honda	Bridgestone	1.18,410 (10.)	1.16,625 (9.)	1.16,872	1.19,808 (12.)
14.	Jean Alesi (F)	Prost AP04	Acer	Michelin	1.18,352 (9.)	1.17,839 (17.)	1.17,251	1.19,854 (13.)
15.	Giancarlo Fisichella (I)	Benetton B201	Renault	Michelin	1.19,339 (14.)	1.17,785 (16.)	1.17,378	1.21,766 (22.)
16.	Pedro de la Rosa (E)	Jaguar R2	Cosworth	Michelin	1.18,473 (13.)	1.18,048 (18.)	1.17,627	1.19,796 (11.)
17.	Luciano Burti (BR)	Prost AP04	Acer	Michelin	1.20,094 (20.)	1.17,688 (15.)	1.18,113	1.20,608 (18.)
18.	Enrique Bernoldi (BR)	Arrows A22	Asiatech	Bridgestone	1.19,822 (17.)	1.17,686 (14.)	1.18,151	1.20,098 (15.)
19.	Jos Verstappen (NL)	Arrows A22	Asiatech	Bridgestone	1.19,640 (16.)	1.18,123 (19.)	1.18,262	1.20,115 (16.)
20.	Jenson Button (GB)	Benetton B201	Renault	Michelin	1.19,978 (18.)	1.18,674 (20.)	1.18,626	1.21,423 (21.)
21.	Fernando Alonso (E)	Minardi PS01	European	Michelin	1.20,183 (21.)	1.19,164 (21.)	1.18,630	1.21,367 (20.)
22.	Tarso Marques (BR)	Minardi PS01	European	Michelin	1.21,129 (22.)	1.20,208 (22.)	1.18,689	1.20,988 (19.)

RUNDE FÜR RUNDE

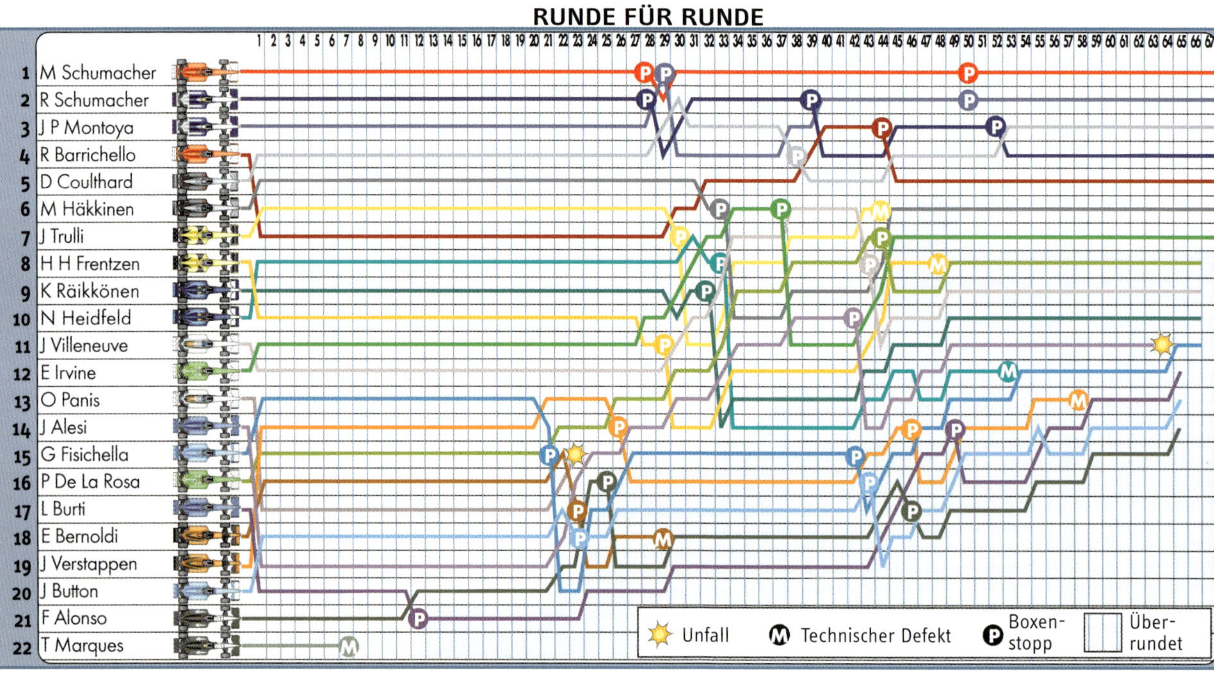

ERGEBNIS

Pos.	Fahrer	Rd.	Zeit/Ausfallgrund	Stopps	Schn. Runde (Pl.)
1.	M. Schumacher	67	1:29.42,724 Std.	2	1.18,612 (4.)
2.	Montoya	67	+ 4,217 Sek.	2	1.18,354 (1.)
3.	Coulthard	67	+ 24,993 Sek.	1	1.18,883 (6.)
4.	R. Schumacher	67	+ 33,345 Sek.	3	1.18,496 (2.)
5.	Barrichello	67	+ 45,495 Sek.	1	1.18,537 (3.)
6.	Häkkinen	67	+ 1.04,800 Min.	1	1.19,273 (8.)
7.	Irvine	67	+ 1.06,100 Min.	1	1.18,674 (5.)
8.	de la Rosa	66	- 1 Rd.	1	1.19,737 (10.)
9.	Villeneuve	66	- 1 Rd.	1	1.19,797 (11.)
10.	Räikkönen	66	- 1 Rd.	1	1.19,257 (7.)
11.	Fisichella	66	- 1 Rd.	2	1.20,498 (15.)
12.	Burti	65	- 2 Rd.	2	1.20,729 (16.)
13.	Button	65	- 2 Rd.	2	1.20,069 (14.)
14.	Alonso	65	- 2 Rd.	2	1.20,937 (17.)
15.	Alesi *	64	- 3 Rd.	1	1.20,049 (13.)
	Verstappen	58	Motor	2	1.21,154 (19.)
	Heidfeld	54	Antriebswelle	1	1.20,976 (18.)
	Frentzen	48	Unfall	1	1.19,892 (12.)
	Trulli	44	Kupplung	1	1.19,484 (9.)
	Bernoldi	29	Getriebe	1	1.21,188 (20.)
	Panis	23	Dreher	0	1.21,314 (21.)
	Marques	7	Elektronik	0	1.23,778 (22.)

* nicht im Ziel (Dreher), aber gewertet

STATISTIK

FORMEL 1

GP FRANKREICH 10. Lauf zur Formel 1-WM, Magny-Cours (F), 1. Juli 2001

Streckenlänge: 4,251 km. **Distanz:** 72 Runden. **Bisheriger Rundenrekord:** David Coulthard (McLaren-Mercedes), 1.17,523 (1998).
Sieger 2000: David Coulthard (McLaren-Mercedes). **Pole Position 2000:** Michael Schumacher (Ferrari), 1.15,632.
Gestartet: 22. **Gewertet:** 17. **Schnitt des Siegers:** 196,093 km/h.

CIRCUIT DE NEVERS

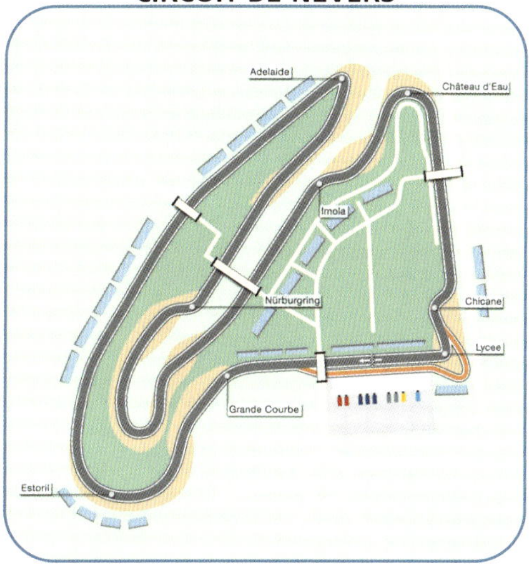

TRAINING + STARTAUFSTELLUNG

Pos.	Fahrer (Nation)	Chassis	Motor	Reifen	1.Training (Pl.)	2.Training (Pl.)	Zeittraining	Warm-up (Pl.)
1.	Ralf Schumacher (D)	Williams FW23	BMW	Michelin	1.15,537 (5.)	1.13,953 (2.)	1.12,989	1.17,605 (17.)
2.	Michael Schumacher (D)	Ferrari F2001	Ferrari	Bridgestone	1.15,810 (7.)	1.13,729 (1.)	1.12,999	1.15,429 (2.)
3.	David Coulthard (GB)	McLaren MP4/16	Mercedes	Bridgestone	1.14,935 (1.)	1.13,972 (3.)	1.13,186	1.15,780 (4.)
4.	Mika Häkkinen (FIN)	McLaren MP4/16	Mercedes	Bridgestone	1.15,372 (4.)	1.14,295 (4.)	1.13,268	1.15,428 (1.)
5.	Jarno Trulli (I)	Jordan EJ11	Honda	Bridgestone	1.16,187 (9.)	1.14,482 (5.)	1.13,310	1.15,980 (5.)
6.	Juan Pablo Montoya (CO)	Williams FW23	BMW	Michelin	1.15,582 (6.)	1.14,652 (7.)	1.13,625	1.16,735 (11.)
7.	Heinz-Harald Frentzen (D)	Jordan EJ11	Honda	Bridgestone	1.16,868 (13.)	1.14,992 (11.)	1.13,815	1.16,952 (13.)
8.	Rubens Barrichello (BR)	Ferrari F2001	Ferrari	Bridgestone	1.16,325 (10.)	1.14,515 (6.)	1.13,867	1.15,676 (3.)
9.	Nick Heidfeld (D)	Sauber C20	Petronas	Bridgestone	1.17,011 (15.)	1.14,652 (8.)	1.14,095	1.16,559 (9.)
10.	Jacques Villeneuve (CDN)	BAR 003	Honda	Bridgestone	1.15,244 (3.)	1.15,061 (12.)	1.14,096	1.17,073 (14.)
11.	Olivier Panis (F)	BAR 003	Honda	Bridgestone	1.16,364 (11.)	1.15,122 (13.)	1.14,181	1.16,184 (7.)
12.	Eddie Irvine (GB)	Jaguar R2	Cosworth	Michelin	1.15,133 (2.)	1.14,824 (9.)	1.14,441	1.16,567 (10.)
13.	Kimi Räikkönen (FIN)	Sauber C20	Petronas	Bridgestone	1.16,906 (14.)	1.14,872 (10.)	1.14,536	1.16,136 (6.)
14.	Pedro de la Rosa (E)	Jaguar R2	Cosworth	Michelin	1.16,140 (8.)	1.15,602 (14.)	1.15,020	1.16,426 (8.)
15.	Luciano Burti (BR)	Prost AP04	Acer	Michelin	1.16,455 (12.)	1.15,846 (17.)	1.15,072	1.17,443 (16.)
16.	Giancarlo Fisichella (I)	Benetton B201	Renault	Michelin	1.17,566 (20.)	1.15,873 (18.)	1.15,220	1.18,084 (19.)
17.	Jenson Button (GB)	Benetton B201	Renault	Michelin	1.17,172 (17.)	1.16,129 (19.)	1.15,420	1.18,431 (20.)
18.	Jos Verstappen (NL)	Arrows A22	Asiatech	Bridgestone	1.17,285 (18.)	1.15,829 (16.)	1.15,707	1.17,120 (15.)
19.	Jean Alesi (F)	Prost AP04	Acer	Michelin	1.17,088 (16.)	1.15,750 (15.)	1.15,774	1.17,945 (18.)
20.	Enrique Bernoldi (BR)	Arrows A22	Asiatech	Bridgestone	1.17,527 (19.)	1.16,177 (20.)	1.15,828	1.16,777 (12.)
21.	Fernando Alonso (E)	Minardi PS01	European	Michelin	1.17,866 (21.)	1.17,135 (21.)	1.16,039	1.19,986 (21.)
22.	Tarso Marques (BR)	Minardi PS01	European	Michelin	1.18,372 (22.)	1.17,156 (22.)	1.16,500	1.21,295 (22.)

RUNDE FÜR RUNDE

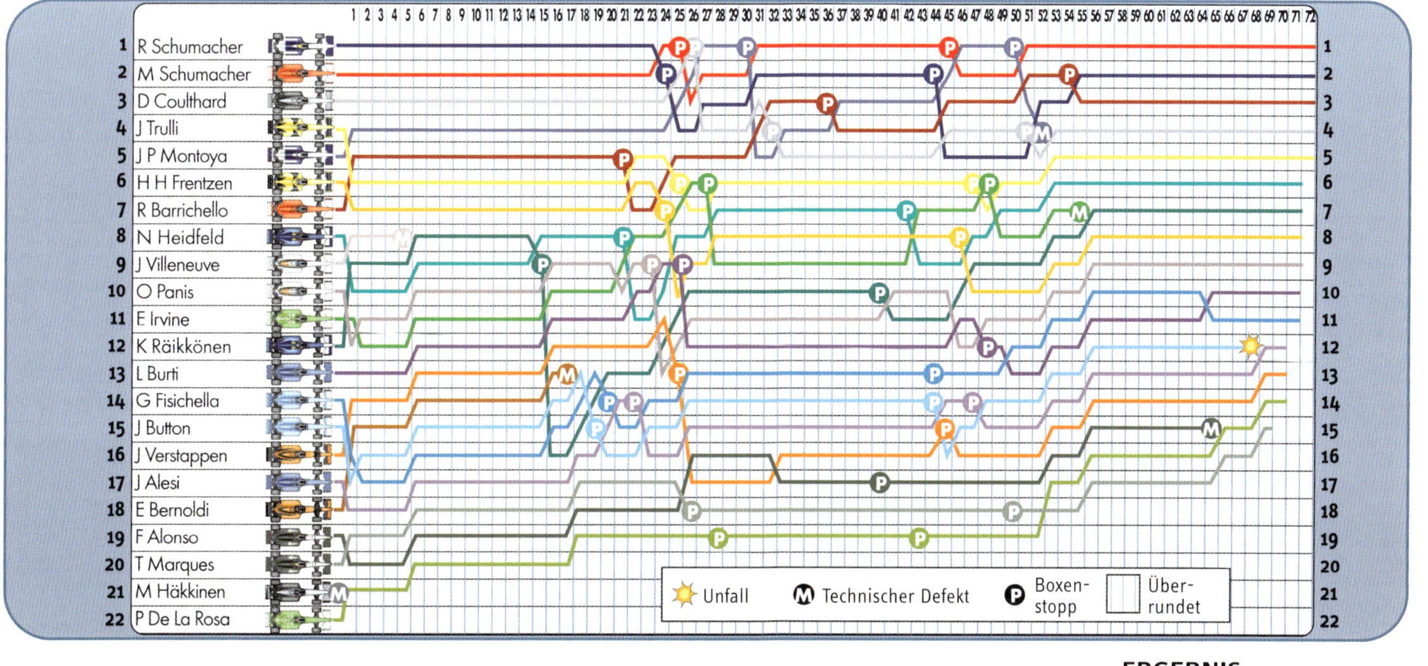

ERGEBNIS

Pos.	Fahrer	Rd.	Zeit/Ausfallgrund	Stopps	Schn. Runde (Pl.)
1.	M. Schumacher	72	1:33.35,636 Std.	2	1.16,286 (3.)
2.	R. Schumacher	72	+ 10,399 Sek.	2	1.16,585 (5.)
3.	Barrichello	72	+ 16,381 Sek.	3	1.16,181 (2.)
4.	Coulthard	72	+ 17,106 Sek.	2	1.16,088 (1.)
5.	Trulli	72	+ 1.08,285 Min.	2	1.17,369 (8.)
6.	Heidfeld	71	- 1 Rd.	2	1.17,538 (10.)
7.	Räikkönen	71	- 1 Rd.	2	1.17,311 (7.)
8.	Frentzen	71	- 1 Rd.	2	1.17,540 (11.)
9.	Panis	71	- 1 Rd.	2	1.18,250 (14.)
10.	Burti	71	- 1 Rd.	2	1.18,253 (15.)
11.	Fisichella	71	- 1 Rd.	2	1.17,968 (12.)
12.	Alesi	70	- 2 Rd.	2	1.18,817 (18.)
13.	Verstappen	70	- 2 Rd.	2	1.18,662 (17.)
14.	de la Rosa	70	- 2 Rd.	2	1.17,508 (9.)
15.	Marques	69	- 3 Rd.	2	1.19,608 (21.)
16.	Button *	68	- 4 Rd.	2	1.18,359 (16.)
17.	Alonso *	65	- 7 Rd.	1	1.19,199 (20.)
	Irvine	54	Motor	2	1.17,304 (6.)
	Montoya	52	Motor	2	1.16,355 (4.)
	Bernoldi	17	Motor	0	1.19,181 (19.)
	Villeneuve	5	Elektronik	0	1.18,181 (13.)
	Häkkinen	0	Getriebe	0	–

* nicht im Ziel (Alonso/Motor, Button/Dreher), aber gewertet

GP GROSSBRITANNIEN

11. Lauf zur Formel 1-WM, Silverstone (GB), 15. Juli 2001

Streckenlänge: 5,141 km. **Distanz:** 60 Runden. **Bisheriger Rundenrekord:** Michael Schumacher (Ferrari), 1.24,475 (1997).
Sieger 2000: David Coulthard (McLaren-Mercedes). **Pole Position 2000:** Rubens Barrichello (Ferrari), 1.25,703.
Gestartet: 21. **Gewertet:** 16. **Schnitt des Siegers:** 216,231 km/h.

SILVERSTONE CIRCUIT

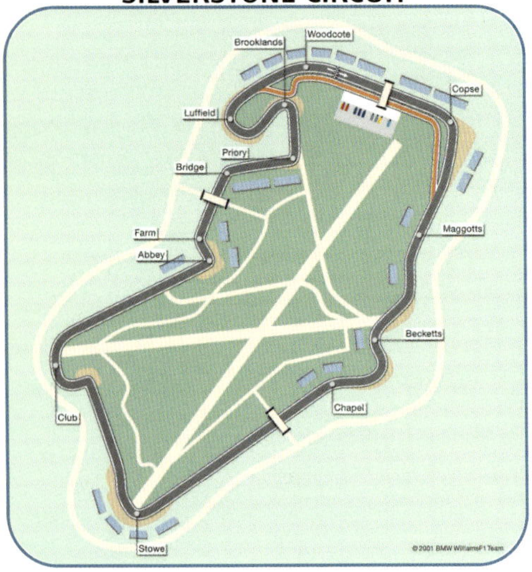

TRAINING + STARTAUFSTELLUNG

Pos.	Fahrer (Nation)	Chassis	Motor	Reifen	1.Training (Pl.)	2.Training (Pl.)	Zeittraining	Warm-up (Pl.)
1.	Michael Schumacher (D)	Ferrari F2001	Ferrari	Bridgestone	1.23,619 (4.)	1.31,430 (1.)	1.20,447	1.24,407 (5.)
2.	Mika Häkkinen (FIN)	McLaren MP4/16	Mercedes	Bridgestone	1.22,827 (1.)	1.31,849 (3.)	1.20,529	1.23,416 (3.)
3.	David Coulthard (GB)	McLaren MP4/16	Mercedes	Bridgestone	1.22,894 (2.)	1.32,014 (4.)	1.20,927	1.22,994 (1.)
4.	Jarno Trulli (I)	Jordan EJ11	Honda	Bridgestone	1.24,343 (9.)	1.33,879 (7.)	1.20,930	1.23,182 (2.)
5.	Heinz-Harald Frentzen (D)	Jordan EJ11	Honda	Bridgestone	1.23,877 (5.)	1.31,803 (2.)	1.21,217	1.24,052 (4.)
6.	Rubens Barrichello (BR)	Ferrari F2001	Ferrari	Bridgestone	1.23,578 (3.)	1.32,128 (5.)	1.21,715	1.24,657 (9.)
7.	Kimi Räikkönen (FIN)	Sauber C20	Petronas	Bridgestone	1.24,387 (10.)	1.34,069 (8.)	1.22,023	1.24,609 (7.)
8.	Juan Pablo Montoya (CO)	Williams FW23	BMW	Michelin	1.25,267 (17.)	1.34,674 (11.)	1.22,219	1.25,260 (12.)
9.	Nick Heidfeld (D)	Sauber C20	Petronas	Bridgestone	1.24,096 (6.)	1.33,837 (6.)	1.22,223	1.25,734 (15.)
10.	Ralf Schumacher (D)	Williams FW23	BMW	Michelin	1.24,222 (8.)	1.34,248 (10.)	1.22,283	1.24,631 (8.)
11.	Olivier Panis (F)	BAR 003	Honda	Bridgestone	1.24,562 (12.)	1.34,097 (9.)	1.22,316	1.24,598 (6.)
12.	Jacques Villeneuve (CDN)	BAR 003	Honda	Bridgestone	1.24,436 (11.)	1.35,690 (16.)	1.22,916	1.25,217 (11.)
13.	Pedro de la Rosa (E)	Jaguar R2	Cosworth	Michelin	1.24,116 (7.)	1.35,157 (12.)	1.23,273	1.26,463 (16.)
14.	Jean Alesi (F)	Prost AP04	Acer	Michelin	1.24,832 (14.)	1.36,193 (18.)	1.23,392	1.28,060 (20.)
15.	Eddie Irvine (GB)	Jaguar R2	Cosworth	Michelin	1.24,733 (13.)	1.43,227 (22.)	1.23,439	1.25,147 (10.)
16.	Luciano Burti (BR)	Prost AP04	Acer	Michelin	1.25,448 (18.)	1.37,203 (19.)	1.23,735	1.28,240 (21.)
17.	Jos Verstappen (NL)	Arrows A22	Asiatech	Bridgestone	1.25,026 (15.)	1.35,173 (13.)	1.24,067	1.25,581 (13.)
18.	Jenson Button (GB)	Benetton B201	Renault	Michelin	1.25,673 (19.)	1.35,974 (17.)	1.24,123	1.27,987 (19.)
19.	Giancarlo Fisichella (I)	Benetton B201	Renault	Michelin	1.26,730 (21.)	1.35,624 (15.)	1.24,275	1.27,198 (18.)
20.	Enrique Bernoldi (BR)	Arrows A22	Asiatech	Bridgestone	1.25,209 (16.)	1.35,402 (14.)	1.24,606	1.25,658 (14.)
21.	Fernando Alonso (E)	Minardi PS01	European	Michelin	1.26,695 (20.)	1.38,748 (20.)	1.24,792	1.26,988 (17.)
22.	Tarso Marques (BR)	Minardi PS01	European	Michelin	1.27,203 (22.)	1.40,199 (21.)	1.26,506 *	–

* nicht für das Rennen qualifiziert (107 %-Zeit = 1.26,078 Min. nicht erreicht)

RUNDE FÜR RUNDE

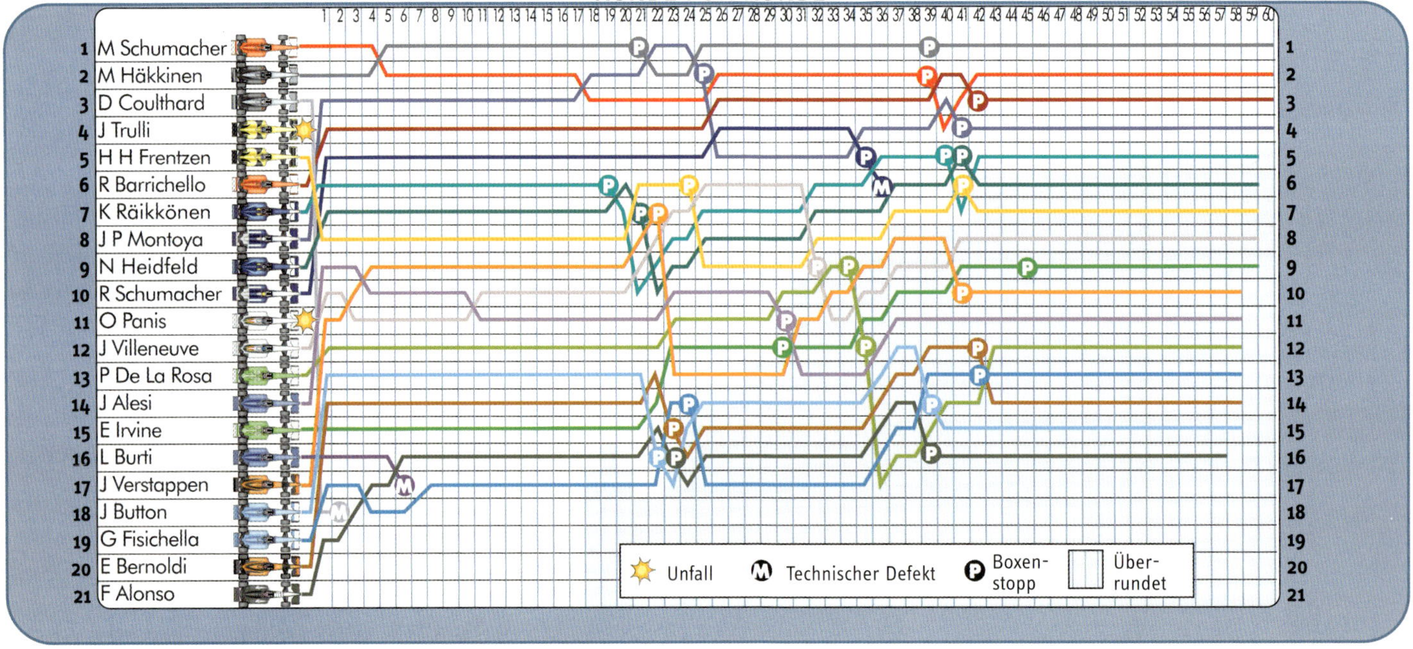

STATISTIK

FORMEL 1

ERGEBNIS

Pos.	Fahrer	Rd.	Zeit/Ausfallgrund	Stopps	Schn. Runde (Pl.)
1.	Häkkinen	60	1:25.33,770 Std.	2	1.23,405 (1.)
2.	M. Schumacher	60	+ 33,646 Sek.	1	1.23,928 (2.)
3.	Barrichello	60	+ 59,280 Sek.	1	1.24,445 (4.)
4.	Montoya	60	+ 1.08,772 Min.	2	1.24,437 (3.)
5.	Räikkönen	59	- 1 Rd.	2	1.24,563 (6.)
6.	Heidfeld	59	- 1 Rd.	2	1.24,765 (7.)
7.	Frentzen	59	- 1 Rd.	2	1.25,029 (8.)
8.	Villeneuve	59	- 1 Rd.	1	1.25,809 (11.)
9.	Irvine	59	- 1 Rd.	2	1.24,544 (5.)
10.	Verstappen	58	- 2 Rd.	2	1.26,394 (12.)
11.	Alesi	58	- 2 Rd.	1	1.26,497 (13.)
12.	de la Rosa	58	- 2 Rd.	2	1.25,739 (10.)
13.	Fisichella	58	- 2 Rd.	2	1.26,798 (15.)
14.	Bernoldi	58	- 2 Rd.	2	1.26,695 (14.)
15.	Button	58	- 2 Rd.	2	1.26,963 (16.)
16.	Alonso	57	- 3 Rd.	2	1.27,091 (17.)
	R. Schumacher	36	Motor	1	1.25,188 (9.)
	Burti	6	Motor	0	1.29,252 (19.)
	Coulthard	2	Unfall	0	1.28,908 (18.)
	Trulli	0	Unfall	0	–
	Panis	0	Unfall	0	–

GP DEUTSCHLAND
12. Lauf zur Formel 1-WM, Hockenheim (D), 29. Juli 2001

Streckenlänge: 6,825 km. **Distanz:** 45 Runden. **Bisheriger Rundenrekord:** Rubens Barrichello (Ferrari), 1.44,300 (2000).
Sieger 2000: Rubens Barrichello (Ferrari). **Pole Position 2000:** David Coulthard (McLaren-Mercedes), 1.45,697.
Gestartet: 22. **Gewertet:** 10. **Schnitt des Siegers:** 235,351 km/h.

HOCKENHEIMRING

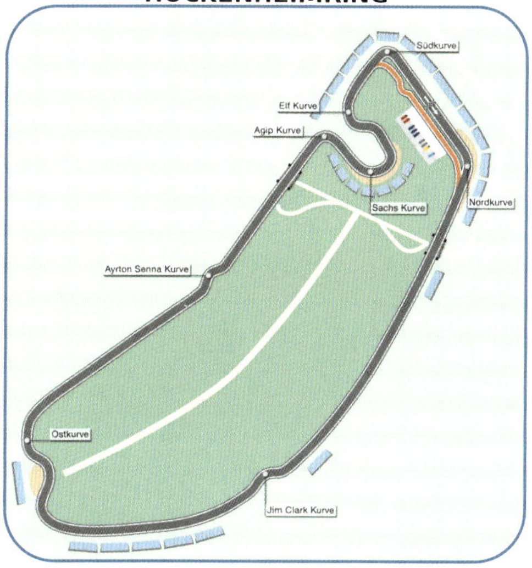

TRAINING + STARTAUFSTELLUNG

Pos.	Fahrer (Nation)	Chassis	Motor	Reifen	1.Training (Pl.)	2.Training (Pl.)	Zeittraining	Warm-up (Pl.)
1.	Juan Pablo Montoya (CO)	Williams FW23	BMW	Michelin	1.41,487 (2.)	1.39,469 (2.)	1.38,117	1.42,651 (2.)
2.	Ralf Schumacher (D)	Williams FW23	BMW	Michelin	1.42,987 (10.)	1.39,188 (1.)	1.38,136	1.42,621 (1.)
3.	Mika Häkkinen (FIN)	McLaren MP4/16	Mercedes	Bridgestone	1.41,949 (3.)	1.40,069 (4.)	1.38,811	1.43,129 (6.)
4.	Michael Schumacher (D)	Ferrari F2001	Ferrari	Bridgestone	1.42,255 (5.)	1.39,937 (3.)	1.38,941	1.42,747 (4.)
5.	David Coulthard (GB)	McLaren MP4/16	Mercedes	Bridgestone	1.42,304 (7.)	1.40,697 (9.)	1.39,574	1.42,743 (3.)
6.	Rubens Barrichello (BR)	Ferrari F2001	Ferrari	Bridgestone	1.41,953 (4.)	1.40,436 (6.)	1.39,682	1.42,989 (5.)
7.	Nick Heidfeld (D)	Sauber C20	Petronas	Bridgestone	1.43,211 (12.)	1.40,263 (5.)	1.39,921	1.43,479 (7.)
8.	Kimi Räikkönen (FIN)	Sauber C20	Petronas	Bridgestone	1.43,528 (16.)	1.41,153 (12.)	1.40,072	1.43,986 (15.)
9.	Pedro de la Rosa (E)	Jaguar R2	Cosworth	Michelin	1.42,302 (6.)	1.40,905 (11.)	1.40,265	1.43,706 (12.)
10.	Jarno Trulli (I)	Jordan EJ11	Honda	Bridgestone	1.42,941 (9.)	1.40,894 (10.)	1.40,322	1.43,856 (14.)
11.	Eddie Irvine (GB)	Jaguar R2	Cosworth	Michelin	1.41,424 (1.)	1.40,443 (7.)	1.40,371	1.43,851 (13.)
12.	Jacques Villeneuve (CDN)	BAR 003	Honda	Bridgestone	1.43,815 (17.)	1.41,683 (15.)	1.40,437	1.43,570 (9.)
13.	Olivier Panis (F)	BAR 003	Honda	Bridgestone	1.43,487 (14.)	1.40,575 (8.)	1.40,610	1.43,615 (10.)
14.	Jean Alesi (F)	Prost AP04	Acer	Michelin	1.42,828 (8.)	1.41,428 (13.)	1.40,724	1.44,300 (16.)
15.	Ricardo Zonta (BR)	Jordan EJ11	Honda	Bridgestone	1.43,461 (13.)	1.41,534 (14.)	1.41,174	6.35,247 (22.)
16.	Luciano Burti (BR)	Prost AP04	Acer	Michelin	1.44,162 (19.)	1.42,136 (17.)	1.41,213	1.45,004 (18.)
17.	Giancarlo Fisichella (I)	Benetton B201	Renault	Michelin	1.43,014 (11.)	1.43,256 (20.)	1.41,299	1.44,601 (17.)
18.	Jenson Button (GB)	Benetton B201	Renault	Michelin	1.43,496 (15.)	1.41,771 (16.)	1.41,438	1.45,653 (20.)
19.	Enrique Bernoldi (BR)	Arrows A22	Asiatech	Bridgestone	1.44,549 (20.)	1.42,223 (18.)	1.41,668	1.43,512 (8.)
20.	Jos Verstappen (NL)	Arrows A22	Asiatech	Bridgestone	1.44,143 (18.)	1.42,580 (19.)	1.41,870	1.43,704 (11.)
21.	Fernando Alonso (E)	Minardi PS01	European	Michelin	1.44,730 (21.)	1.43,512 (21.)	1.41,913	1.45,263 (19.)
22.	Tarso Marques (BR)	Minardi PS01	European	Michelin	1.45,005 (22.)	1.43,909 (22.)	1.42,716	1.45,981 (21.)

RUNDE FÜR RUNDE

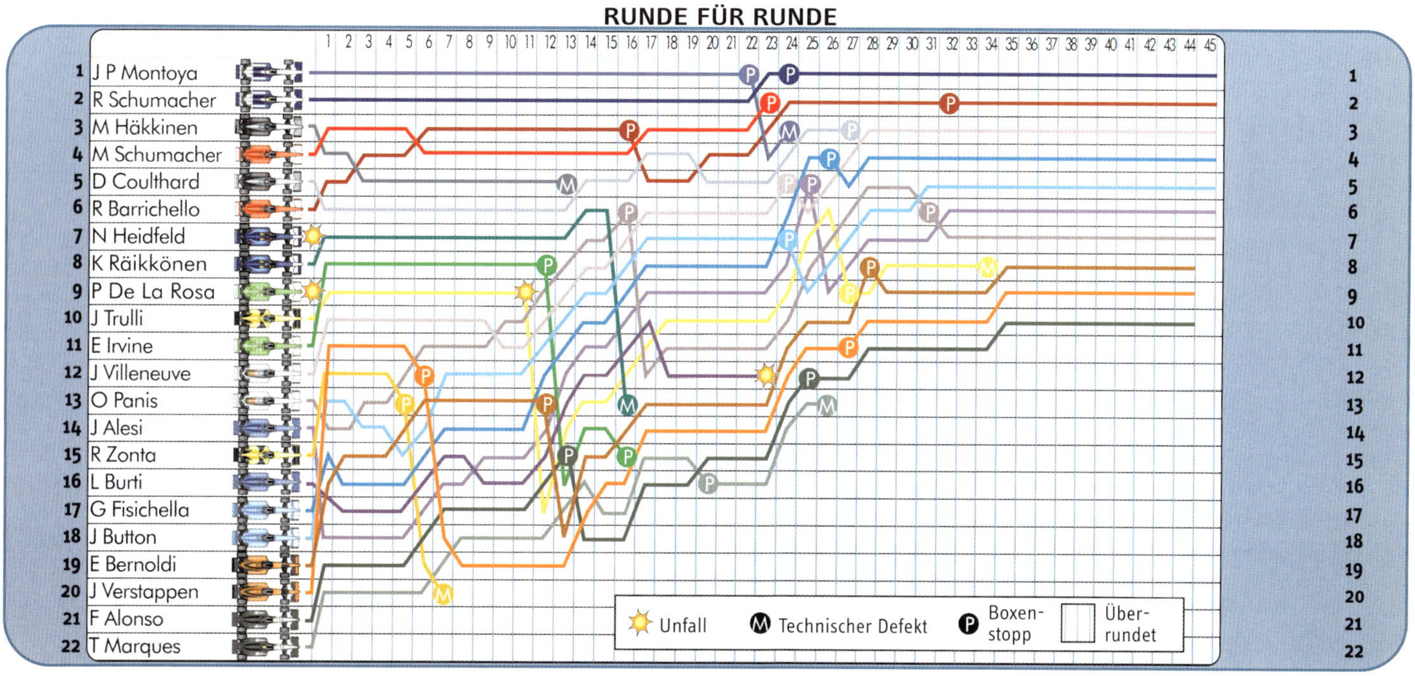

ERGEBNIS

Pos.	Fahrer	Rd.	Zeit/Ausfallgrund	Stopps	Schn. Runde (Pl.)
1.	R. Schumacher	45	1:18.17,873 Std.	1	1.42,048 (2.)
2.	Barrichello	45	+ 46,117 Sek.	2	1.42,638 (3.)
3.	Villeneuve	45	+ 1.02,806 Min.	1	1.43,448 (6.)
4.	Fisichella	45	+ 1.03,477 Min.	1	1.43,999 (10.)
5.	Button	45	+ 1.05,454 Min.	1	1.44,051 (11.)
6.	Alesi	45	+ 1.05,950 Min.	1	1.44,135 (12.)
7.	Panis	45	+ 1.17,527 Min.	2	1.43,329 (5.)
8.	Bernoldi	44	- 1 Rd.	2	1.44,785 (17.)
9.	Verstappen	44	- 1 Rd.	2	1.44,681 (15.)
10.	Alonso	44	- 1 Rd.	2	1.45,908 (19.)
	Trulli	34	Hydraulik	1	1.43,740 (9.)
	Coulthard	27	Motor	1	1.43,571 (8.)
	Marques	26	Getriebe	1	1.46,013 (20.)
	Montoya	24	Motor	1	1.41,808 (1.)
	M. Schumacher	23	Benzinpumpe	1	1.42,853 (4.)
	Burti	23	Handling	0	1.44,683 (16.)
	Räikkönen	16	Antriebswelle	0	1.44,365 (13.)
	Irvine	16	Benzinpumpe	1	1.44,415 (14.)
	Häkkinen	13	Motor	0	1.43,516 (7.)
	Zonta	7	Aufhängung	1	1.45,591 (18.)
	Heidfeld	0	Unfall	0	-
	de la Rosa	0	Unfall	0	-

GP UNGARN 13. Lauf zur Formel 1-WM, Budapest (H), 19. August 2001

Streckenlänge: 3,975 km. **Distanz:** 77 Runden. **Bisheriger Rundenrekord:** Nigel Mansell (Williams-Renault), 1.18,308 (1992).
Sieger 2000: Mika Häkkinen (McLaren-Mercedes). **Pole Position 2000:** Michael Schumacher (Ferrari), 1.17,514.
Gestartet: 22. **Gewertet:** 12. **Schnitt des Siegers:** 180,348 km/h.

HUNGARORING

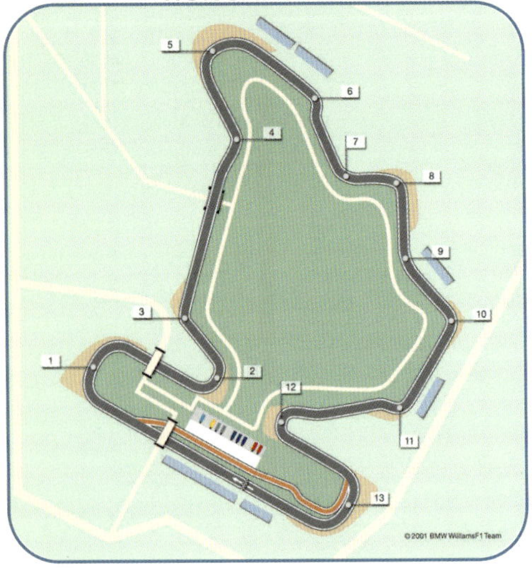

TRAINING + STARTAUFSTELLUNG

Pos.	Fahrer (Nation)	Chassis	Motor	Reifen	1.Training (Pl.)	2.Training (Pl.)	Zeittraining	Warm-up (Pl.)
1.	Michael Schumacher (D)	Ferrari F2001	Ferrari	Bridgestone	1.16,651 (1.)	1.15,466 (2.)	1.14,059	1.17,338 (2.)
2.	David Coulthard (GB)	McLaren MP4/16	Mercedes	Bridgestone	1.18,182 (10.)	1.15,263 (1.)	1.14,860	1.16,915 (1.)
3.	Rubens Barrichello (BR)	Ferrari F2001	Ferrari	Bridgestone	1.16,734 (2.)	1.15,650 (3.)	1.14,953	1.17,360 (3.)
4.	Ralf Schumacher (D)	Williams FW23	BMW	Michelin	1.17,308 (4.)	1.16,033 (7.)	1.15,095	1.17,608 (4.)
5.	Jarno Trulli (I)	Jordan EJ11	Honda	Bridgestone	1.18,277 (12.)	1.16,021 (6.)	1.15,394	1.18,433 (6.)
6.	Mika Häkkinen (FIN)	McLaren MP4/16	Mercedes	Bridgestone	1.16,789 (3.)	1.15,839 (5.)	1.15,411	1.17,704 (5.)
7.	Nick Heidfeld (D)	Sauber C20	Petronas	Bridgestone	1.17,928 (8.)	1.15,821 (4.)	1.15,739	1.18,851 (7.)
8.	Juan Pablo Montoya (CO)	Williams FW23	BMW	Michelin	1.18,524 (13.)	1.16,098 (8.)	1.15,881	1.19,465 (12.)
9.	Kimi Räikkönen (FIN)	Sauber C20	Petronas	Bridgestone	1.18,834 (15.)	1.16,578 (11.)	1.15,906	1.19,068 (9.)
10.	Jacques Villeneuve (CDN)	BAR 003	Honda	Bridgestone	1.19,238 (16.)	1.17,087 (14.)	1.16,212	1.19,554 (13.)
11.	Olivier Panis (F)	BAR 003	Honda	Bridgestone	1.17,970 (9.)	1.16,581 (12.)	1.16,382	1.18,881 (8.)
12.	Jean Alesi (F)	Jordan EJ11	Honda	Bridgestone	1.17,862 (6.)	1.17,334 (16.)	1.16,471	1.19,581 (14.)
13.	Pedro de la Rosa (E)	Jaguar R2	Cosworth	Michelin	1.18,195 (11.)	1.17,549 (17.)	1.16,543	1.19,393 (11.)
14.	Eddie Irvine (GB)	Jaguar R2	Cosworth	Michelin	1.17,409 (5.)	1.16,471 (9.)	1.16,607	1.19,148 (10.)
15.	Giancarlo Fisichella (I)	Benetton B201	Renault	Michelin	1.17,896 (7.)	1.16,513 (10.)	1.16,632	1.19,704 (15.)
16.	Heinz-Harald Frentzen (D)	Prost AP04	Acer	Michelin	1.18,724 (14.)	1.17,203 (15.)	1.17,196	1.20,546 (18.)
17.	Jenson Button (GB)	Benetton B201	Renault	Michelin	1.19,263 (17.)	1.16,619 (13.)	1.17,535	1.21,397 (22.)
18.	Fernando Alonso (E)	Minardi PS01	European	Michelin	1.19,992 (20.)	1.18,234 (19.)	1.17,624	1.20,965 (20.)
19.	Luciano Burti (BR)	Prost AP04	Acer	Michelin	1.20,615 (21.)	1.17,992 (18.)	1.18,238	1.20,895 (19.)
20.	Enrique Bernoldi (BR)	Arrows A22	Asiatech	Bridgestone	1.19,466 (19.)	1.18,533 (20.)	1.18,258	1.20,500 (17.)
21.	Jos Verstappen (NL)	Arrows A22	Asiatech	Bridgestone	1.19,368 (18.)	1.18,954 (21.)	1.18,389	1.19,887 (16.)
22.	Tarso Marques (BR)	Minardi PS01	European	Michelin	1.20,981 (22.)	1.19,153 (22.)	1.19,139	1.21,354 (21.)

RUNDE FÜR RUNDE

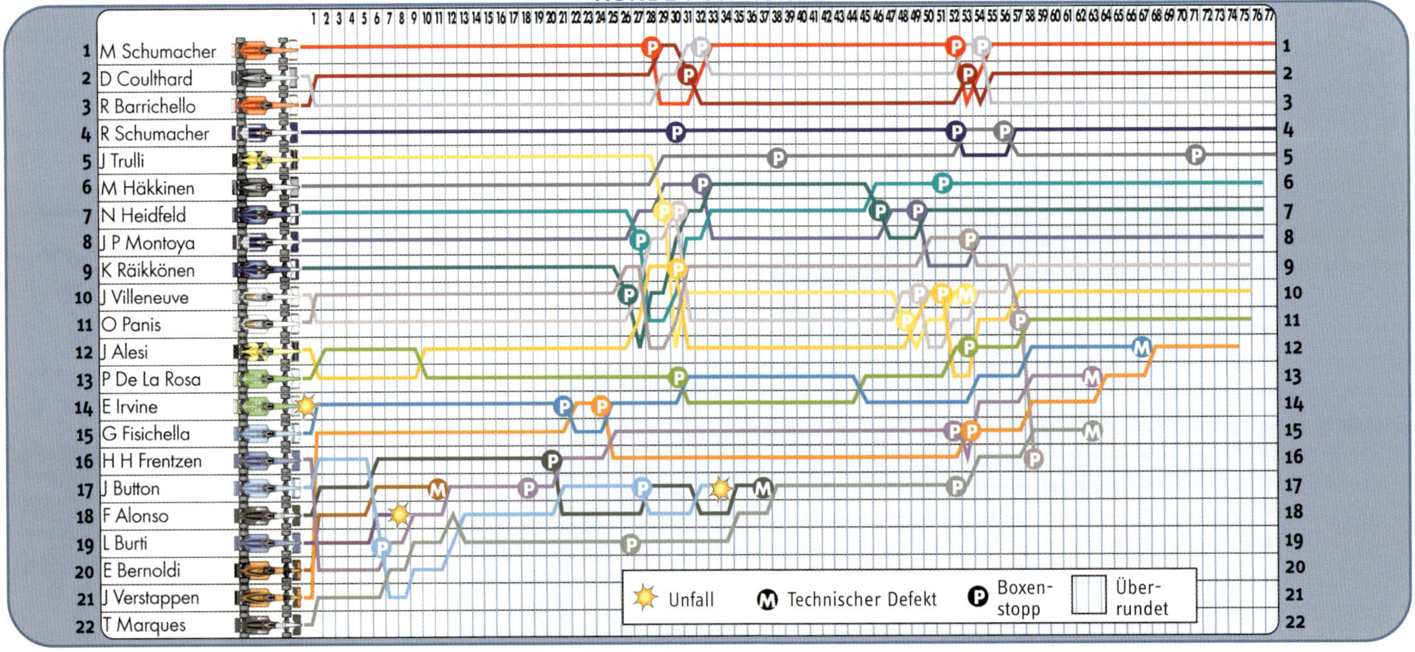

STATISTIK

FORMEL 1

ERGEBNIS

Pos.	Fahrer	Rd.	Zeit/Ausfallgrund	Stopps	Schn. Runde (Pl.)
1.	M. Schumacher	77	1:41.49,675 Std.	2	1.17,436 (5.)
2.	Barrichello	77	+ 3,363 Sek.	2	1.17,274 (4.)
3.	Coulthard	77	+ 3,940 Sek.	2	1.17,054 (2.)
4.	R. Schumacher	77	+ 49,687 Sek.	2	1.17,233 (3.)
5.	Häkkinen	77	+ 1.10,293 Min.	3	1.16,723 (1.)
6.	Heidfeld	76	- 1 Rd.	2	1.18,165 (7.)
7.	Räikkönen	76	- 1 Rd.	2	1.18,216 (9.)
8.	Montoya	76	- 1 Rd.	2	1.18,030 (6.)
9.	Villeneuve	75	- 2 Rd.	2	1.19,494 (15.)
10.	Alesi	75	- 2 Rd.	2	1.19,134 (11.)
11.	de la Rosa	75	- 2 Rd.	2	1.18,186 (8.)
12.	Verstappen	74	- 3 Rd.	2	1.20,401 (17.)
	Fisichella	67	Motor	2	1.19,471 (13.)
	Frentzen	63	Unfall	2	1.20,046 (16.)
	Marques	63	Öldruck	2	1.21,379 (18.)
	Panis	58	Elektronik	3	1.19,222 (12.)
	Trulli	53	Hydraulik	2	1.18,536 (10.)
	Alonso	37	Dreher	1	1.21,633 (19.)
	Button	34	Dreher	1	1.19,475 (14.)
	Bernoldi	11	Dreher	0	1.22,045 (21.)
	Burti	8	Dreher	0	1.21,912 (20.)
	Irvine	0	Unfall	0	–

GP BELGIEN 14. Lauf zur Formel 1-WM, Spa-Francorchamps (B), 2. September 2001

Streckenlänge: 6,968 km. **Distanz:** 36 Runden. **Bisheriger Rundenrekord:** Jacques Villeneuve (Williams-Renault), 1.52,692 (1996).
Sieger 2000: Mika Häkkinen (McLaren-Mercedes). **Pole Position 2000:** Mika Häkkinen (McLaren-Mercedes), 1.50,646.
Gestartet: 17. **Gewertet:** 13. **Schnitt des Siegers:** 221,050 km/h.

CIRCUIT SPA-FRANCORCHAMPS

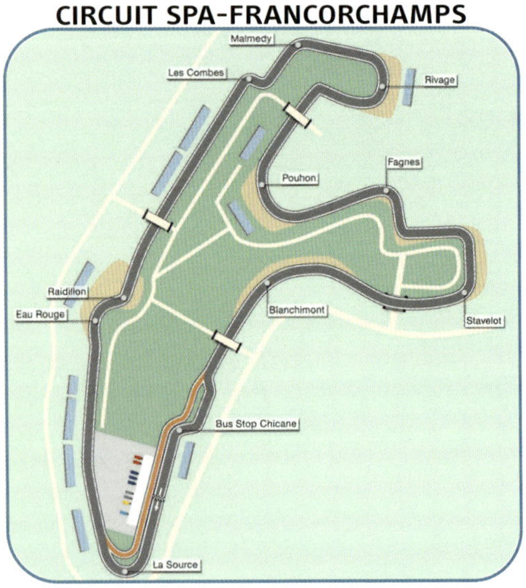

TRAINING + STARTAUFSTELLUNG

Pos.	Fahrer (Nation)	Chassis	Motor	Reifen	1.Training (Pl.)	2.Training (Pl.)	Zeittraining	Warm-up (Pl.)
1.	Juan Pablo Montoya (CO)	Williams FW23	BMW	Michelin	1.52,829 (16.)	1.47,494 (1.)	1.52,072	1.50,993 (7.)
2.	Ralf Schumacher (D)	Williams FW23	BMW	Michelin	1.50,801 (7.)	1.47,768 (2.)	1.52,959	1.50,776 (4.)
3.	Michael Schumacher (D)	Ferrari F2001	Ferrari	Bridgestone	1.48,655 (1.)	1.57,257 (19.)	1.54,685	1.49,495 (1.)
4.	Heinz-Harald Frentzen (D)	Prost AP04	Acer	Michelin	1.52,073 (12.)	1.50,765 (13.)	1.55,233	1.50,908 (6.)
5.	Rubens Barrichello (BR)	Ferrari F2001	Ferrari	Bridgestone	1.49,456 (3.)	1.49,071 (5.)	1.56,116	1.51,394 (10.)
6.	Jacques Villeneuve (CDN)	BAR 003	Honda	Bridgestone	1.52,804 (15.)	1.49,953 (8.)	1.57,038	1.52,903 (17.)
7.	Mika Häkkinen (FIN)	McLaren MP4/16	Mercedes	Bridgestone	1.50,239 (5.)	1.48,465 (3.)	1.57,043	1.50,694 (2.)
8.	Giancarlo Fisichella (I)	Benetton B201	Renault	Michelin	1.50,192 (4.)	1.49,511 (6.)	1.57,668	1.52,436 (14.)
9.	David Coulthard (GB)	McLaren MP4/16	Mercedes	Bridgestone	12.37,913 (22.)	1.48,698 (4.)	1.58,008	1.51,750 (12.)
10.	Pedro de la Rosa (E)	Jaguar R2	Cosworth	Michelin	1.52,119 (13.)	1.52,267 (14.)	1.58,519	1.51,418 (11.)
11.	Olivier Panis (F)	BAR 003	Honda	Bridgestone	1.52,071 (11.)	1.50,501 (12.)	1.58,838	1.52,519 (16.)
12.	Kimi Räikkönen (FIN)	Sauber C20	Petronas	Bridgestone	1.50,495 (6.)	1.58,547 (21.)	1.59,050	1.50,738 (3.)
13.	Jean Alesi (F)	Jordan EJ11	Honda	Bridgestone	1.51,631 (9.)	1.50,485 (10.)	1.59,128	1.52,338 (13.)
14.	Nick Heidfeld (D)	Sauber C20	Petronas	Bridgestone	1.52,436 (14.)	2.55,816 (22.)	1.59,302	1.51,317 (9.)
15.	Jenson Button (GB)	Benetton B201	Renault	Michelin	1.51,673 (10.)	1.50,130 (9.)	1.59,587	2.34,526 (22.)
16.	Jarno Trulli (I)	Jordan EJ11	Honda	Bridgestone	1.49,404 (2.)	1.50,494 (11.)	1.59,647	1.51,062 (8.)
17.	Eddie Irvine (GB)	Jaguar R2	Cosworth	Michelin	1.51,555 (8.)	1.49,857 (7.)	1.59,689	1.50,818 (5.)
18.	Luciano Burti (BR)	Prost AP04	Acer	Michelin	2.11,037 (21.)	1.52,740 (15.)	1.59,900	1.53,083 (19.)
19.	Jos Verstappen (NL) *	Arrows A22	Asiatech	Bridgestone	1.52,995 (17.)	1.57,477 (20.)	2.02,039	1.53,737 (20.)
20.	Fernando Alonso (E) *	Minardi PS01	European	Michelin	1.55,021 (18.)	1.53,546 (17.)	2.02,594	1.52,479 (15.)
21.	Enrique Bernoldi (BR) *	Arrows A22	Asiatech	Bridgestone	1.55,491 (20.)	1.52,906 (16.)	2.03,048	1.54,472 (21.)
22.	Tarso Marques (BR) *	Minardi PS01	European	Michelin	1.55,099 (19.)	1.53,861 (18.)	2.04,204	1.52,908 (18.)

* trotz Überschreitung der Maximalzeit von 1.59,917 Min. (107 %) zum Rennen zugelassen

RUNDE FÜR RUNDE

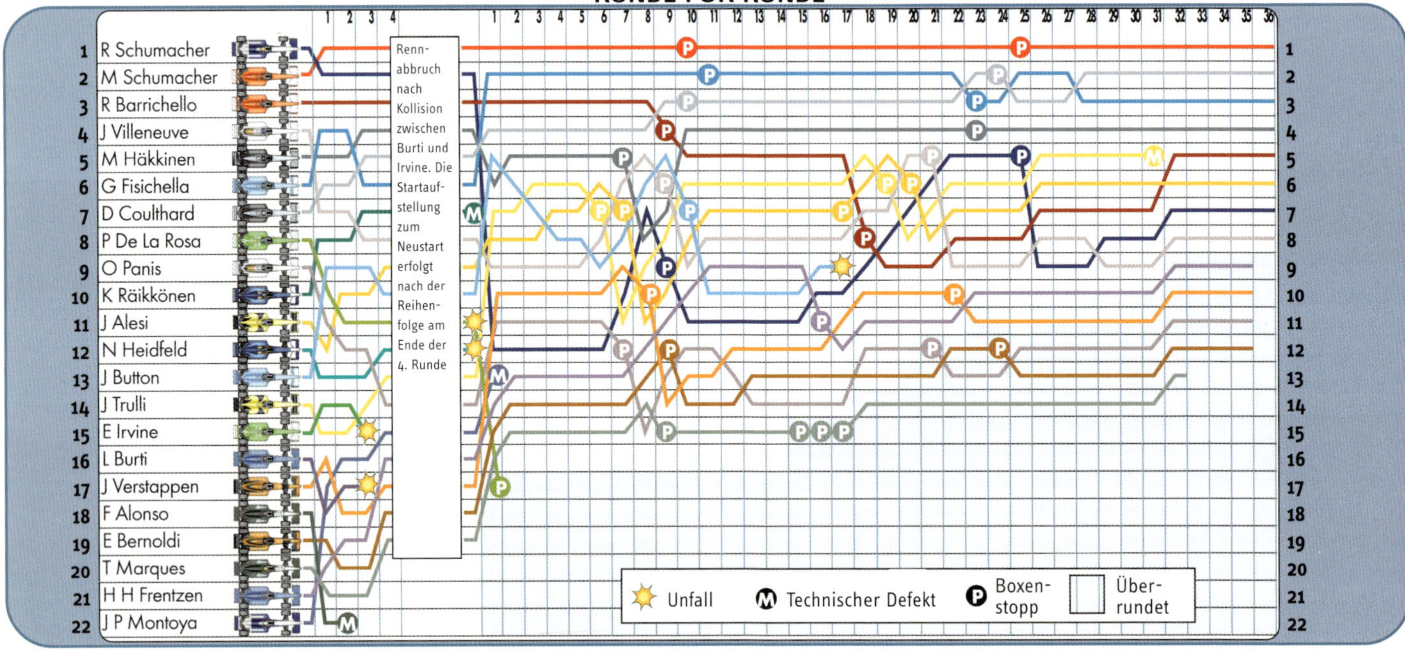

STATISTIK

FORMEL 1

ERGEBNIS

Pos.	Fahrer	Rd.	Zeit/Ausfallgrund	Stopps	Schn. Runde (Pl.)
1.	M. Schumacher	36	1:08.05,002 Std.	2	1.49,758 (1.)
2.	Coulthard	36	+ 10,098 Sek.	2	1.51,608 (3.)
3.	Fisichella	36	+ 27,742 Sek.	2	1.51,725 (4.)
4.	Häkkinen	36	+ 36,087 Sek.	2	1.51,741 (5.)
5.	Barrichello	36	+ 54,521 Sek.	3	1.51,776 (6.)
6.	Alesi	36	+ 59,884 Sek.	2	1.51,996 (8.)
7.	R. Schumacher	36	+ 59,986 Sek.	2	1.51,058 (2.)
8.	Villeneuve	36	+ 1.04,970 Min.	2	1.52,372 (9.)
9.	Frentzen	35	- 1 Rd.	1	1.54,051 (12.)
10.	Verstappen	35	- 1 Rd.	2	1.54,095 (13.)
11.	Panis	35	- 1 Rd.	3	1.52,533 (10.)
12.	Bernoldi	35	- 1 Rd.	2	1.55,196 (14.)
13.	Marques	32	- 4 Rd.	4	1.56,484 (15.)
	Trulli	31	Motor	2	1.51,828 (7.)
	Button	17	Unfall	1	-
	Montoya	1	Motor	0	-
	de la Rosa	1	Aufhängung	0	-
	Heidfeld *	0	Frontflügel	0	-
	Alonso *	0	Getriebe	0	-
	Räikkönen *	0	Getriebe	0	-
	Burti *	0	Unfall	0	-
	Irvine *	0	Unfall	0	-

* beim Neustart nicht dabei

GP ITALIEN 15. Lauf zur Formel 1-WM, Monza (I), 16. September 2001

Streckenlänge: 5,793 km. **Distanz:** 53 Runden. **Bisheriger Rundenrekord:** Mika Häkkinen (McLaren-Mercedes), 1.25,595 (2000).
Sieger 2000: Michael Schumacher (Ferrari). **Pole Position 2000:** Michael Schumacher (Ferrari), 1.23,770.
Gestartet: 22. **Gewertet:** 13. **Schnitt des Siegers:** 239,103 km/h.

AUTODROMO DI MONZA

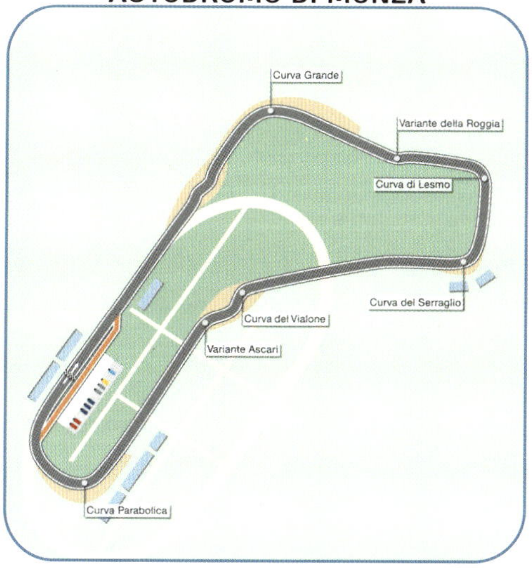

TRAINING + STARTAUFSTELLUNG

Pos.	Fahrer (Nation)	Chassis	Motor	Reifen	1.Training (Pl.)	2.Training (Pl.)	Zeittraining	Warm-up (Pl.)
1.	Juan Pablo Montoya (CO)	Williams FW23	BMW	Michelin	1.25,067 (2.)	1.23,477 (2.)	1.22,216	1.26,247 (3.)
2.	Rubens Barrichello (BR)	Ferrari F2001	Ferrari	Bridgestone	1.25,311 (5.)	1.23,828 (4.)	1.22,528	1.26,296 (4.)
3.	Michael Schumacher (D)	Ferrari F2001	Ferrari	Bridgestone	1.25,131 (3.)	1.23,178 (1.)	1.22,624	1.26,029 (1.)
4.	Ralf Schumacher (D)	Williams FW23	BMW	Michelin	1.24,667 (1.)	1.23,917 (6.)	1.22,841	1.26,793 (8.)
5.	Jarno Trulli (I)	Jordan EJ11	Honda	Bridgestone	1.25,987 (12.)	1.23,762 (3.)	1.23,126	1.26,446 (6.)
6.	David Coulthard (GB)	McLaren MP4/16	Mercedes	Bridgestone	1.25,544 (7.)	1.23,873 (5.)	1.23,148	1.26,086 (2.)
7.	Mika Häkkinen (FIN)	McLaren MP4/16	Mercedes	Bridgestone	1.25,343 (6.)	1.24,263 (8.)	1.23,394	1.26,825 (9.)
8.	Nick Heidfeld (D)	Sauber C20	Petronas	Bridgestone	1.25,740 (8.)	1.24,251 (7.)	1.23,417	1.27,218 (11.)
9.	Kimi Räikkönen (FIN)	Sauber C20	Petronas	Bridgestone	1.26,701 (16.)	1.24,586 (10.)	1.23,595	1.26,389 (5.)
10.	Pedro de la Rosa (E)	Jaguar R2	Cosworth	Michelin	1.25,205 (4.)	1.24,275 (9.)	1.23,693	1.27,351 (12.)
11.	Jenson Button (GB)	Benetton B201	Renault	Michelin	1.26,197 (13.)	1.25,062 (15.)	1.23,892	1.28,633 (18.)
12.	Heinz-Harald Frentzen (D)	Prost AP04	Acer	Michelin	1.25,860 (10.)	1.25,600 (17.)	1.23,943	1.28,752 (19.)
13.	Eddie Irvine (GB)	Jaguar R2	Cosworth	Michelin	1.27,401 (19.)	1.24,642 (11.)	1.24,031	1.27,458 (13.)
14.	Giancarlo Fisichella (I)	Benetton B201	Renault	Michelin	1.25,911 (11.)	1.24,683 (12.)	1.24,090	1.28,137 (17.)
15.	Jacques Villeneuve (CDN)	BAR 003	Honda	Bridgestone	1.26,521 (15.)	1.25,258 (16.)	1.24,164	1.27,161 (10.)
16.	Jean Alesi (F)	Jordan EJ11	Honda	Bridgestone	1.25,849 (9.)	1.24,928 (13.)	1.24,198	1.26,778 (7.)
17.	Olivier Panis (F)	BAR 003	Honda	Bridgestone	1.26,354 (14.)	1.24,990 (14.)	1.24,677	1.27,708 (15.)
18.	Enrique Bernoldi (BR)	Arrows A22	Asiatech	Bridgestone	1.27,217 (18.)	1.27,309 (19.)	1.25,444	1.27,766 (16.)
19.	Jos Verstappen (NL)	Arrows A22	Asiatech	Bridgestone	1.27,900 (21.)	1.26,285 (18.)	1.25,511	1.27,548 (14.)
20.	Tomas Enge (CZ)	Prost AP04	Acer	Michelin	1.27,662 (20.)	1.28,064 (20.)	1.26,039	1.30,445 (22.)
21.	Fernando Alonso (E)	Minardi PS01	European	Michelin	1.26,972 (17.)	–	1.26,218	1.29,027 (20.)
22.	Alex Yoong (MAL)	Minardi PS01	European	Michelin	1.28,250 (22.)	34.40,514 (21.)	1.27,463	1.29,826 (21.)

RUNDE FÜR RUNDE

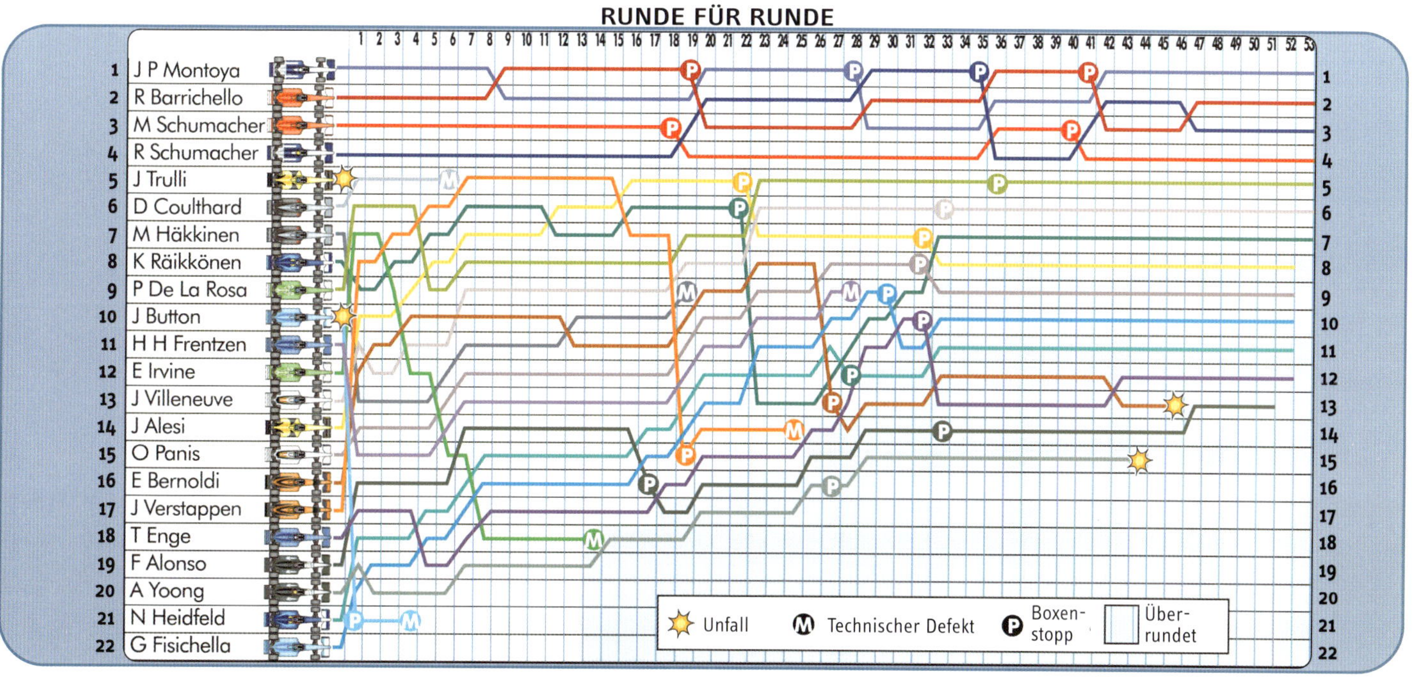

ERGEBNIS

Pos.	Fahrer	Rd.	Zeit/Ausfallgrund	Stopps	Schn. Runde (Pl.)
1.	Montoya	53	1:16.58,493 Std.	1	1.25,657 (4.)
2.	Barrichello	53	+ 5,175 Sek.	2	1.25,221 (2.)
3.	R. Schumacher	53	+ 17,335 Sek.	2	1.25,073 (1.)
4.	M. Schumacher	53	+ 24,991 Sek.	2	1.25,525 (3.)
5.	de la Rosa	53	+ 1.14,984 Min.	1	1.26,381 (6.)
6.	Villeneuve	53	+ 1.22,469 Min.	1	1.26,657 (9.)
7.	Räikkönen	53	+ 1.23,107 Min.	1	1.26,656 (8.)
8.	Alesi	52	- 1 Rd.	2	1.26,365 (5.)
9.	Panis	52	- 1 Rd.	1	1.26,386 (7.)
10.	Fisichella	52	- 1 Rd.	1	1.27,283 (11.)
11.	Heidfeld	52	- 1 Rd.	1	1.26,825 (10.)
12.	Enge	52	- 1 Rd.	1	1.27,643 (15.)
13.	Alonso	51	- 2 Rd.	2	1.27,709 (16.)
	Bernoldi	46	Bremsen	1	1.28,578 (19.)
	Yoong	44	Unfall	1	1.30,605 (21.)
	Frentzen	28	Getriebe	0	1.27,394 (13.)
	Verstappen	25	Elektronik	1	1.27,945 (17.)
	Häkkinen	19	Getriebe	0	1.27,627 (14.)
	Irvine	14	Motor	0	1.29,262 (20.)
	Coulthard	6	Motor	0	1.27,323 (12.)
	Button	4	Motor	0	1.28,268 (18.)
	Trulli	0	Unfall	0	–

GP USA 16. Lauf zur Formel 1-WM, Indianapolis (USA), 30. September 2001

Streckenlänge: 4,192 km. **Distanz:** 73 Runden. **Bisheriger Rundenrekord:** David Coulthard (McLaren-Mercedes), 1.14,711 (2000).
Sieger 2000: Michael Schumacher (Ferrari). **Pole Position 2000:** Michael Schumacher (Ferrari), 1.14,266.
Gestartet: 22. **Gewertet:** 14. **Schnitt des Siegers:** 198,038 km/h.

INDIANAPOLIS MOTOR SPEEDWAY

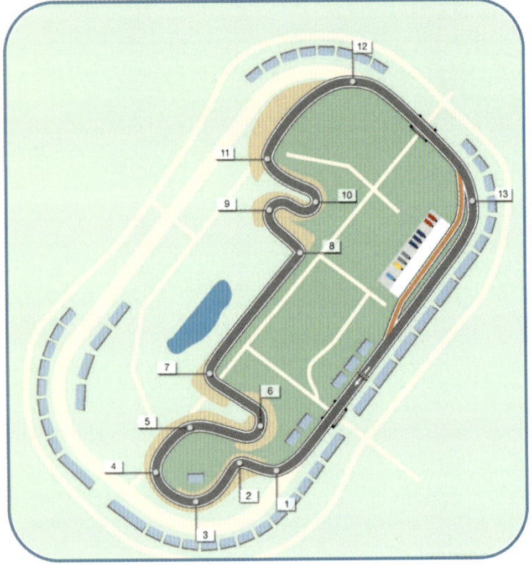

TRAINING + STARTAUFSTELLUNG

Pos.	Fahrer (Nation)	Chassis	Motor	Reifen	1.Training (Pl.)	2.Training (Pl.)	Zeittraining	Warm-up (Pl.)
1.	Michael Schumacher (D)	Ferrari F2001	Ferrari	Bridgestone	1.13,552 (2.)	1.12,078 (1.)	1.11,708	1.14,029 (4.)
2.	Mika Häkkinen (FIN)	McLaren MP4/16	Mercedes	Bridgestone	1.13,387 (1.)	1.12,330 (2.)	(1.11,945) *	1.14,025 (3.)
3.	Ralf Schumacher (D)	Williams FW23	BMW	Michelin	1.13,919 (9.)	1.12,454 (4.)	1.11,986	1.13,912 (1.)
4.	Juan Pablo Montoya (CO)	Williams FW23	BMW	Michelin	1.13,983 (10.)	1.12,668 (6.)	1.12,252	1.14,063 (6.)
5.	Rubens Barrichello (BR)	Ferrari F2001	Ferrari	Bridgestone	1.13,584 (3.)	1.12,463 (5.)	1.12,327	1.14,220 (9.)
6.	Nick Heidfeld (D)	Sauber C20	Petronas	Bridgestone	1.13,827 (6.)	1.12,407 (3.)	1.12,434	1.14,528 (10.)
7.	David Coulthard (GB)	McLaren MP4/16	Mercedes	Bridgestone	1.13,656 (4.)	1.12,724 (8.)	1.12,500	1.13,982 (2.)
8.	Jarno Trulli (I)	Jordan EJ11	Honda	Bridgestone	1.14,215 (14.)	1.13,205 (11.)	1.12,605	1.14,778 (12.)
9.	Jean Alesi (F)	Jordan EJ11	Honda	Bridgestone	1.14,057 (12.)	1.13,675 (13.)	1.12,607	1.15,344 (16.)
10.	Jenson Button (GB)	Benetton B201	Renault	Michelin	1.14,186 (13.)	1.12,955 (9.)	1.12,805	1.15,122 (14.)
11.	Kimi Räikkönen (FIN)	Sauber C20	Petronas	Bridgestone	1.14,027 (11.)	1.13,186 (10.)	1.12,881	1.14,145 (8.)
12.	Giancarlo Fisichella (I)	Benetton B201	Renault	Michelin	1.14,911 (17.)	1.12,672 (7.)	1.12,942	1.14,979 (13.)
13.	Olivier Panis (F)	BAR 003	Honda	Bridgestone	1.14,368 (15.)	1.13,521 (12.)	1.13,122	1.15,201 (15.)
14.	Eddie Irvine (GB)	Jaguar R2	Cosworth	Michelin	1.13,806 (5.)	1.14,052 (17.)	1.13,189	1.14,597 (11.)
15.	Heinz-Harald Frentzen (D)	Prost AP04	Acer	Michelin	1.13,858 (7.)	1.13,870 (15.)	1.13,281	1.16,037 (20.)
16.	Pedro de la Rosa (E)	Jaguar R2	Cosworth	Michelin	1.13,917 (8.)	1.13,753 (14.)	1.13,679	1.14,083 (7.)
17.	Fernando Alonso (E)	Minardi PS01	European	Michelin	1.15,131 (19.)	1.14,867 (20.)	1.13,991	1.16,332 (21.)
18.	Jacques Villeneuve (CDN)	BAR 003	Honda	Bridgestone	1.14,999 (18.)	1.14,346 (19.)	1.14,012	1.15,958 (19.)
19.	Enrique Bernoldi (BR)	Arrows A22	Asiatech	Bridgestone	1.15,449 (20.)	1.13,978 (16.)	1.14,129	1.15,649 (18.)
20.	Jos Verstappen (NL)	Arrows A22	Asiatech	Bridgestone	1.15,547 (21.)	1.14,902 (21.)	1.14,138	1.14,036 (5.)
21.	Tomas Enge (CZ)	Prost AP04	Acer	Michelin	1.14,767 (16.)	1.14,205 (18.)	1.14,185	1.15,437 (17.)
22.	Alex Yoong (MAL)	Minardi PS01	European	Michelin	1.16,318 (22.)	1.15,604 (22.)	1.15,247	1.16,646 (22.)

* schnellste Qualifying-Runde nachträglich aberkannt, deshalb nur Startplatz 4

RUNDE FÜR RUNDE

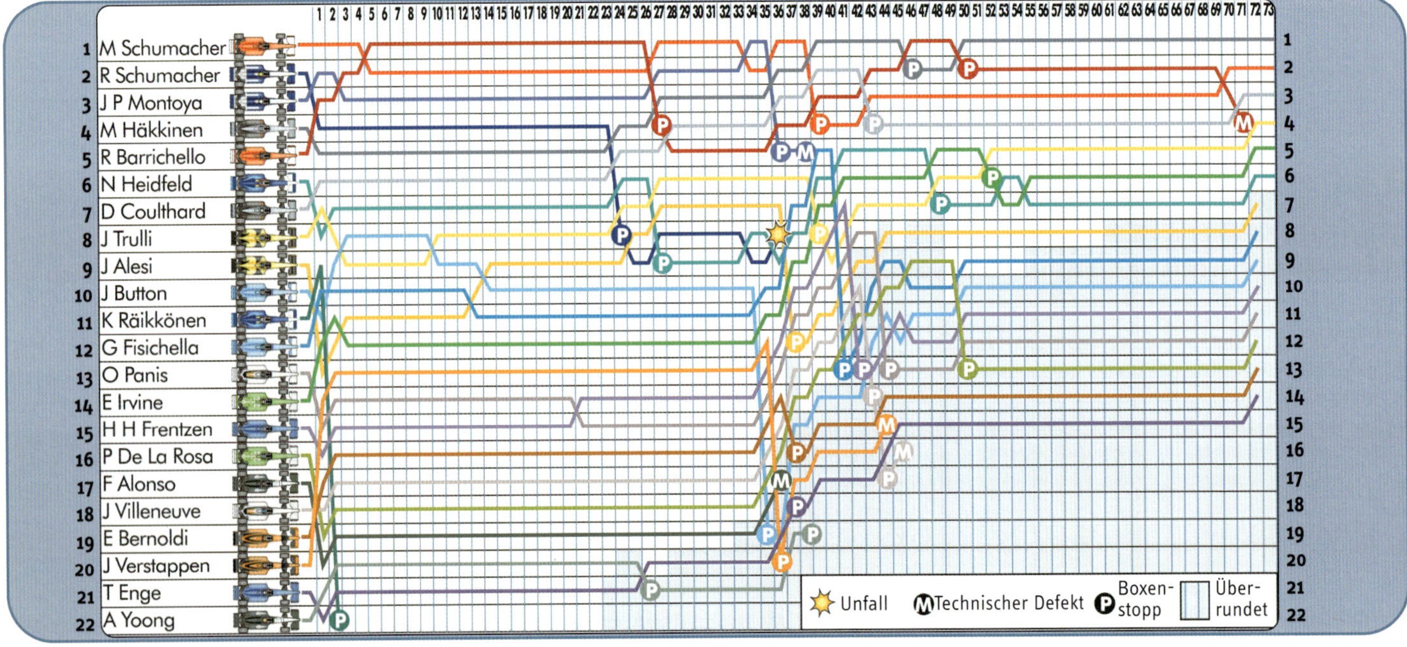

STATISTIK

FORMEL 1

ERGEBNIS

Pos.	Fahrer	Rd.	Zeit/Ausfallgrund	Stopps	Schn. Runde (Pl.)
1.	Häkkinen	73	1:32.42,840 Std.	1	1.14,481 (2.)
2.	M. Schumacher	73	+ 11,046 Sek.	1	1.14,841 (6.)
3.	Coulthard	73	+ 12,043 Sek.	1	1.14,641 (4.)
4.	Irvine	73	+ 1.12,434 Min.	1	1.15,139 (7.)
5.	Heidfeld	73	+ 1.12,996 Min.	1	1.15,169 (8.)
6.	Alesi	72	- 1 Rd.	1	1.15,659 (13.)
7.	Fisichella	72	- 1 Rd.	1	1.15,457 (12.)
8.	Button	72	- 1 Rd.	1	1.15,252 (10.)
9.	Frentzen	72	- 1 Rd.	1	1.15,296 (11.)
10.	Panis	72	- 1 Rd.	1	1.15,919 (15.)
11.	de la Rosa	72	- 1 Rd.	1	1.15,758 (14.)
12.	Bernoldi	72	- 1 Rd.	1	1.16,068 (16.)
13.	Enge	72	- 1 Rd.	1	1.16,155 (17.)
14.	Barrichello *	71	- 2 Rd.	2	1.14,629 (3.)
	Villeneuve	45	Aufhängung	1	1.16,680 (19.)
	Verstappen	44	Motor	1	1.16,342 (18.)
	Montoya	38	Hydraulik	1	1.14,448 (1.)
	Yoong	38	Getriebe	1	1.17,079 (21.)
	R. Schumacher	36	Dreher	1	1.14,706 (5.)
	Alonso	36	Differenzial	0	1.16,694 (20.)
	Räikkönen	2	Antriebswelle	1	1.51,518 (22.)
	Trulli **	-	-	1	1.15,199 (9.)

* nicht im Ziel (Motor), aber gewertet;
** nachträgliche Disqualifikation aufgehoben, als 4. gewertet

GP JAPAN 17. Lauf zur Formel 1-WM, Suzuka (J), 14. Oktober 2001

Streckenlänge: 5,864 km. **Distanz:** 53 Runden. **Bisheriger Rundenrekord:** Heinz-Harald Frentzen (Williams-Renault), 1.38,942 (1997).
Sieger 2000: Michael Schumacher (Ferrari). **Pole Position 2000:** Michael Schumacher (Ferrari), 1.35,825.
Gestartet: 22. **Gewertet:** 17. **Schnitt des Siegers:** 212,664 km/h.

SUZUKA RACING COURSE

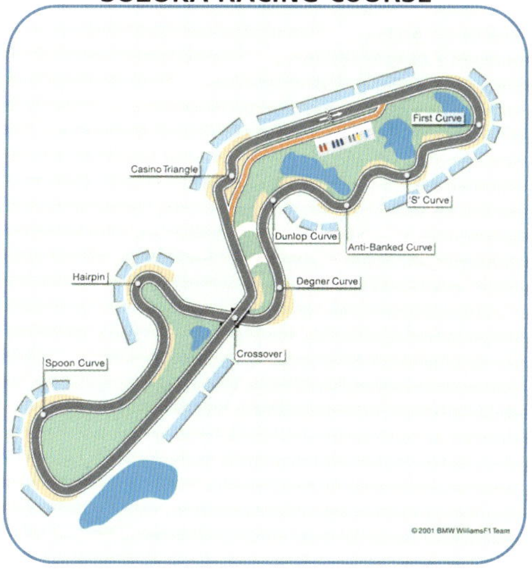

TRAINING + STARTAUFSTELLUNG

Pos.	Fahrer (Nation)	Chassis	Motor	Reifen	1.Training (Pl.)	2.Training (Pl.)	Zeittraining	Warm-up (Pl.)
1.	Michael Schumacher (D)	Ferrari F2001	Ferrari	Bridgestone	1.36,727 (8.)	1.34,711 (4.)	1.32,484	1.36,231 (1.)
2.	Juan Pablo Montoya (CO)	Williams FW23	BMW	Michelin	1.35,977 (2.)	1.34,301 (2.)	1.33,184	1.39,182 (17.)
3.	Ralf Schumacher (D)	Williams FW23	BMW	Michelin	1.36,874 (9.)	1.33,969 (1.)	1.33,297	1.38,183 (11.)
4.	Rubens Barrichello (BR)	Ferrari F2001	Ferrari	Bridgestone	1.36,994 (10.)	1.35,222 (9.)	1.33,323	1.37,813 (7.)
5.	Mika Häkkinen (FIN)	McLaren MP4/16	Mercedes	Bridgestone	1.36,430 (4.)	1.35,043 (8.)	1.33,662	1.37,584 (6.)
6.	Giancarlo Fisichella (I)	Benetton B201	Renault	Michelin	1.38,398 (16.)	1.36,114 (16.)	1.33,830	1.38,641 (14.)
7.	David Coulthard (GB)	McLaren MP4/16	Mercedes	Bridgestone	1.36,638 (7.)	1.34,562 (3.)	1.33,916	1.36,685 (2.)
8.	Jarno Trulli (I)	Jordan EJ11	Honda	Bridgestone	1.37,564 (11.)	1.34,909 (6.)	1.34,002	1.37,140 (4.)
9.	Jenson Button (GB)	Benetton B201	Renault	Michelin	1.37,645 (12.)	1.34,735 (5.)	1.34,375	1.38,740 (15.)
10.	Nick Heidfeld (D)	Sauber C20	Petronas	Bridgestone	1.37,665 (13.)	1.35,037 (7.)	1.34,386	1.36,966 (3.)
11.	Jean Alesi (F)	Jordan EJ11	Honda	Bridgestone	1.35,454 (1.)	1.35,719 (13.)	1.34,420	1.37,361 (5.)
12.	Kimi Räikkönen (FIN)	Sauber C20	Petronas	Bridgestone	1.38,315 (15.)	1.35,672 (12.)	1.34,581	1.37,942 (9.)
13.	Eddie Irvine (GB)	Jaguar R2	Cosworth	Michelin	1.36,589 (6.)	1.36,060 (15.)	1.34,851	1.38,263 (12.)
14.	Jacques Villeneuve (CDN)	BAR 003	Honda	Bridgestone	1.38,312 (14.)	1.35,457 (10.)	1.35,109	1.38,604 (13.)
15.	Heinz-Harald Frentzen (D)	Prost AP04	Acer	Michelin	1.36,439 (5.)	1.35,483 (11.)	1.35,132	1.37,891 (8.)
16.	Pedro de la Rosa (E)	Jaguar R2	Cosworth	Michelin	1.36,225 (3.)	1.36,144 (17.)	1.35,639	1.37,970 (10.)
17.	Olivier Panis (F)	BAR 003	Honda	Bridgestone	1.39,108 (18.)	1.36,051 (14.)	1.35,766	1.39,091 (16.)
18.	Fernando Alonso (E)	Minardi PS01	European	Michelin	1.38,961 (17.)	1.37,429 (19.)	1.36,410	1.42,142 (22.)
19.	Tomas Enge (CZ)	Prost AP04	Acer	Michelin	1.41,216 (22.)	1.37,246 (18.)	1.36,446	1.40,324 (19.)
20.	Enrique Bernoldi (BR)	Arrows A22	Asiatech	Bridgestone	1.39,744 (20.)	1.37,514 (20.)	1.36,885	1.39,295 (18.)
21.	Jos Verstappen (NL)	Arrows A22	Asiatech	Bridgestone	1.39,511 (19.)	1.37,805 (21.)	1.36,973	1.40,482 (20.)
22.	Alex Yoong (MAL)	Minardi PS01	European	Michelin	1.39,952 (21.)	1.38,839 (22.)	1.38,246	1.41,104 (21.)

RUNDE FÜR RUNDE

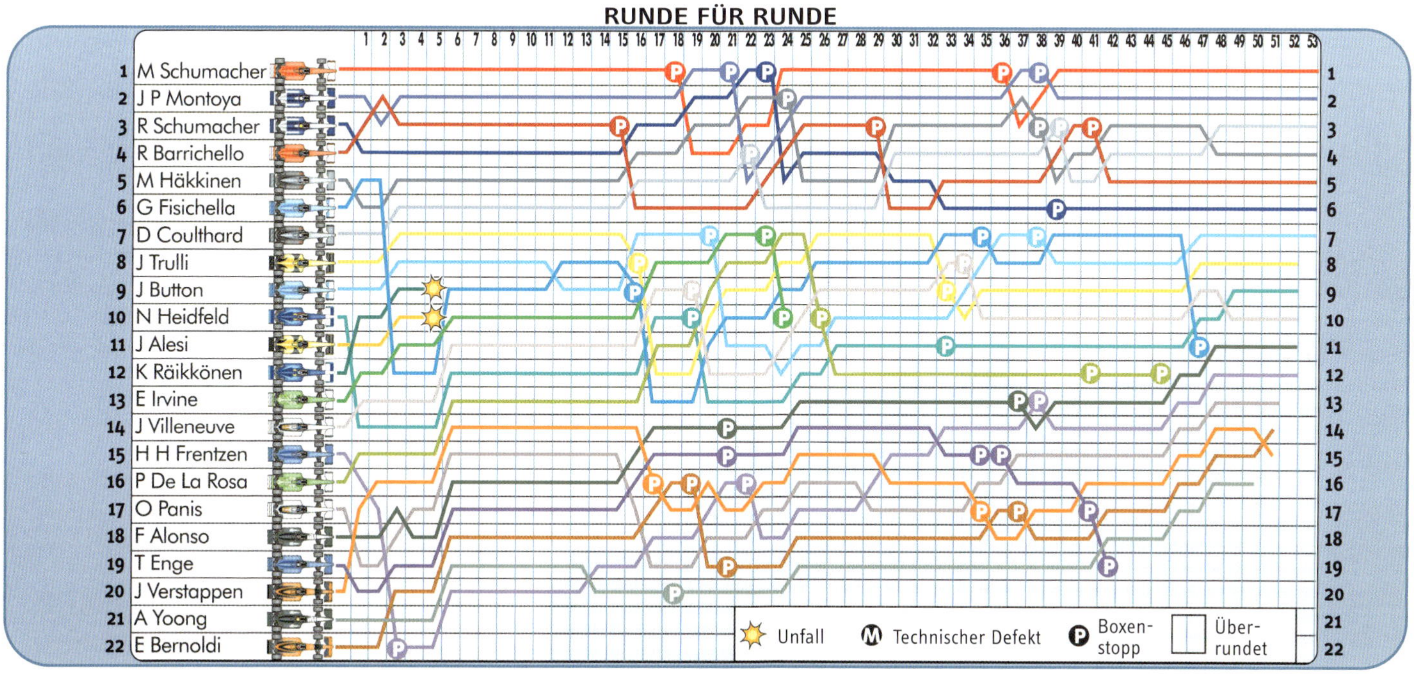

ERGEBNIS

Pos.	Fahrer	Rd.	Zeit/Ausfallgrund	Stopps	Schn. Runde (Pl.)
1.	M. Schumacher	53	1:27.33,298 Std.	2	1.37,133 (4.)
2.	Montoya	53	+ 3,154 Sek.	2	1.37,017 (1.)
3.	Coulthard	53	+ 23,262 Sek.	2	1.37,313 (6.)
4.	Häkkinen	53	+ 35,539 Sek.	2	1.37,298 (5.)
5.	Barrichello	53	+ 36,544 Sek.	3	1.36,970 (3.)
6.	R. Schumacher	53	+ 37,122 Sek.	3	1.36,944 (2.)
7.	Button	53	+ 1.37,102 Min.	2	1.38,526 (9.)
8.	Trulli	52	- 1 Rd.	2	1.38,857 (12.)
9.	Heidfeld	52	- 1 Rd.	2	1.38,647 (11.)
10.	Villeneuve	52	- 1 Rd.	2	1.38,887 (13.)
11.	Alonso	52	- 1 Rd.	2	1.39,153 (14.)
12.	Frentzen	52	- 1 Rd.	3	1.38,240 (7.)
13.	Panis	51	- 2 Rd.	2	1.39,299 (16.)
14.	Bernoldi	51	- 2 Rd.	3	1.40,940 (20.)
15.	Verstappen	51	- 2 Rd.	3	1.41,383 (21.)
16.	Yoong	50	- 3 Rd.	2	1.42,915 (22.)
17.	Fisichella *	47	- 6 Rd.	2	1.38,361 (8.)
	de la Rosa	45	Ölleitung	2	1.39,182 (15.)
	Enge	42	Bremsen	4	1.39,827 (17.)
	Irvine	24	Tankanlage	1	1.38,620 (10.)
	Räikkönen	5	Unfall	0	1.39,991 (18.)
	Alesi	5	Unfall	0	1.40,225 (19.)

*nicht im Ziel (Getriebe), aber gewertet

FAHRER-WELTMEISTERSCHAFT

	Fahrer	Gesamt	Australien	Malaysia	Brasilien	San Marino	Spanien	Österreich	Monaco	Kanada	Europa	Frankreich	Großbrit.	Deutschland	Ungarn	Belgien	Italien	USA	Japan
1.	M. Schumacher	123	10	10	6	–	10	6	10	6	10	10	6	–	10	10	3	6	10
2.	Coulthard	65	6	4	10	6	2	10	2	–	4	3	–	–	4	6	–	4	4
3.	Barrichello	56	4	6	–	4	–	4	6	–	2	4	4	6	6	2	6	0	2
4.	R. Schumacher	49	–	2	–	10	–	–	–	10	3	6	–	10	3	0	4	–	1
5.	Häkkinen	37	–	1	–	3	0	–	–	4	1	–	10	–	2	3	–	10	3
6.	Montoya	31	–	–	–	–	6	–	–	–	6	–	3	–	0	–	10	–	6
7.	Villeneuve	12	–	–	0	–	4	0	3	–	0	–	0	4	0	0	1	–	0
8.	Heidfeld	12	3	–	4	0	1	0	–	–	–	1	1	–	1	–	0	1	0
9.	Trulli	12	–	0	2	2	3	–	–	0	–	2	–	–	–	–	–	3	0
10.	Räikkönen	9	1	–	–	–	0	3	0	3	0	0	2	–	0	–	0	–	–
11.	Fisichella	8	0	–	1	–	0	–	–	–	0	0	0	3	–	4	0	0	0
12.	Irvine	6	0	–	–	–	–	0	4	–	0	–	0	–	–	–	–	2	–
13.	Frentzen	6	2	3	0	1	–	–	–		–	0	0		–	0	–	0	0
14.	Panis	5	0	–	3	0	0	2	–	–	–	0	–	0	–	0	0	0	0
15.	Alesi	5	0	0	0	0	0	0	1	2	0	0	0	1	0	1	0	0	–
16.	de la Rosa	3					–	–	–	1	0	0	0	–	0	–	2	0	–
17.	Button	2	0	0	0	0	0	–	0	–	0	0	0	2	–	–	–	0	0
18.	Verstappen	1	0	0	–	–	0	1	0	0	–	0	0	0	0	0	–	–	0
19.	Zonta	0								0				–					
20.	Burti	0	0	0	–	0	0	0	–	0	0	0	–	–	–	–			
21.	Bernoldi	0	–	–	–	0	–	–	0	–	–	–	0	0	–	0	–	0	0
22.	Marques	0	–	0	0	–	0	–	–	0	–	0	–	–	–	0			
23.	Alonso	0	0	0	–	–	0	–	–	–	0	0	0	0	–	–	0	–	0
24.	Mazzacane	0	–	0	0	–													
25.	Enge	0															0	0	–
26.	Yoong	0															–	–	0

KONSTRUKTEURS-WELTMEISTERSCHAFT

	Team	Gesamt	Australien	Malaysia	Brasilien	San Marino	Spanien	Österreich	Monaco	Kanada	Europa	Frankreich	Großbrit.	Deutschland	Ungarn	Belgien	Italien	USA	Japan
1.	Ferrari	179	14	16	6	4	10	10	16	6	12	14	10	6	16	12	9	6	12
2.	McLaren	102	6	5	10	9	2	10	2	4	5	3	10	–	6	9	–	14	7
3.	Williams	80	–	2	–	10	6	–	–	10	9	6	3	10	3	0	14	–	7
4.	Sauber	21	4	–	4	0	1	3	0	3	0	1	3	–	1	–	0	1	0
5.	Jordan	19	2	3	2	3	3	–	–	0	–	2	0	–	0	1	0	3	0
6.	BAR	17	0	–	3	0	4	2	3	–	0	0	0	4	0	0	1	0	0
7.	Benetton	10	0	0	1	0	0	–	0	–	0	0	0	5	–	4	0	0	0
8.	Jaguar	9	0	0	–	0	–	0	4	1	0	0	0	–	0	–	2	2	–
9.	Prost	4	0	0	0	0	0	0	1	2	0	0	0	1	–	0	0	0	0
10.	Arrows	1	0	0	–	0	0	1	0	0	–	0	0	0	0	0	–	0	0
11.	Minardi	0	0	0	0	–	0	–	–	0	0	0	0	0	–	0	0	–	0

Legende: 0 = im Ziel, aber außerhalb der Punktewertung – = Ausfall keine Angabe = nicht teilgenommen

Weltmeister

1950	Dr. Nino Farina Alfa Romeo
1951	Juan Manuel Fangio Alfa Romeo
1952	Alberto Ascari Ferrari (Formel 2)
1953	Alberto Ascari Ferrari (Formel 2)
1954	Juan Manuel Fangio Maserati/Mercedes
1955	Juan Manuel Fangio Mercedes
1956	Juan Manuel Fangio Lancia/Ferrari
1957	Juan Manuel Fangio Maserati
1958	Mike Hawthorn Ferrari
1959	Jack Brabham Cooper-Climax
1960	Jack Brabham Cooper-Climax
1961	Phil Hill Ferrari
1962	Graham Hill BRM
1963	Jim Clark Lotus-Climax
1964	John Surtees Ferrari
1965	Jim Clark Lotus-Climax
1966	Jack Brabham Brabham-Repco
1967	Denis Hulme Brabham-Repco
1968	Graham Hill Lotus-Ford
1969	Jackie Stewart Matra-Ford
1970	Jochen Rindt Lotus-Ford
1971	Jackie Stewart Tyrrell-Ford
1972	Emerson Fittipaldi Lotus-Ford
1973	Jackie Stewart Tyrrell-Ford
1974	Emerson Fittipaldi McLaren-Ford
1975	Niki Lauda Ferrari
1976	James Hunt McLaren-Ford
1977	Niki Lauda Ferrari
1978	Mario Andretti Lotus-Ford
1979	Jody Scheckter Ferrari
1980	Alan Jones Williams-Ford
1981	Nelson Piquet Brabham-Ford
1982	Keke Rosberg Williams-Ford
1983	Nelson Piquet Brabham-BMW
1984	Niki Lauda McLaren-Porsche
1985	Alain Prost McLaren-Porsche
1986	Alain Prost McLaren-Porsche
1987	Nelson Piquet Williams-Honda
1988	Ayrton Senna McLaren-Honda
1989	Alain Prost McLaren-Honda
1990	Ayrton Senna McLaren-Honda
1991	Ayrton Senna McLaren-Honda
1992	Nigel Mansell Williams-Renault
1993	Alain Prost Williams-Renault
1994	Michael Schumacher Benetton-Ford
1995	Michael Schumacher Benetton-Renault
1996	Damon Hill Williams-Renault
1997	Jacques Villeneuve Williams-Renault
1998	Mika Häkkinen McLaren-Mercedes
1999	Mika Häkkinen McLaren-Mercedes
2000	Michael Schumacher Ferrari
2001	Michael Schumacher Ferrari

Fahrer

Siege

1.	Michael Schumacher	53
2.	Alain Prost	51
3.	Ayrton Senna	41
4.	Nigel Mansell	31
5.	Jackie Stewart	27
6.	Jim Clark	25
	Niki Lauda	25
8.	Juan Manuel Fangio	24
9.	Nelson Piquet	23
10.	Damon Hill	22

Pole-Positions

1.	Ayrton Senna	65
2.	Michael Schumacher	43
3.	Jim Clark	33
	Alain Prost	33
5.	Nigel Mansell	32
6.	Juan Manuel Fangio	28
7.	Mika Häkkinen	26
8.	Niki Lauda	24
	Nelson Piquet	24
10.	Damon Hill	20

Schnellste Runden

1.	Michael Schumacher	44
2.	Alain Prost	41
3.	Nigel Mansell	30
4.	Jim Clark	28
5.	Niki Lauda	25
	Mika Häkkinen	25
7.	Juan Manuel Fangio	23
	Nelson Piquet	23
9.	Gerhard Berger	21
10.	Stirling Moss	20

Ewige Punkte-Liste

1.	Michael Schumacher	801 (723) *
2.	Alain Prost	798,5
3.	Ayrton Senna	614
4.	Nelson Piquet	485,5
5.	Nigel Mansell	482
6.	Niki Lauda	420,5
7.	Mika Häkkinen	420
8.	Gerhard Berger	385
9.	Jackie Stewart	360
	Damon Hill	360

Teams

Siege

1.	Ferrari	144
2.	McLaren	134
3.	Williams	107
4.	Lotus	79
5.	Brabham	35
6.	Benetton	27
7.	Tyrrell	23
8.	BRM	17
9.	Cooper	16
10.	Renault	15

Pole-Positions

1.	Ferrari	148
2.	McLaren	112
	Williams	112
4.	Lotus	107
5.	Brabham	39
6.	Renault	31
7.	Benetton	16
8.	Tyrrell	14
9.	Alfa Romeo	12
10.	BRM und Cooper je	11

Schnellste Runden

1.	Ferrari	147
2.	Williams	118
3.	McLaren	108
4.	Lotus	71
5.	Brabham	40
6.	Benetton	38
7.	Tyrrell	20
8.	Renault	18
9.	BRM	15
	Maserati	15

Ewige Punkte-Liste

1.	Ferrari	2707,5
2.	McLaren	2587,5
3.	Williams	2111,5
4.	Lotus	1352
5.	Benetton	877,5
6.	Brabham	859,5
7.	Tyrrell	617
8.	BRM	439
9.	Prost	424
10.	Cooper	333

* In Klammern: Ohne die nachträglich aberkannten WM-Punkte aus 1997

ChampCar-Serie

1. Lauf, Monterrey (MEX), 11. März, 78 Rd. à 3,385 km = 264,03 km

1.	Cristiano da Matta (BR)	Lola-Toyota	2:00.44,856 Std.
2.	Gil de Ferran (BR)	Reynard-Honda	+ 1,982 Sek.
3.	Paul Tracy (CDN)	Reynard-Honda	+ 2,802 Sek.
4.	Michael Andretti (USA)	Reynard-Honda	+ 4,931 Sek.
5.	Kenny Bräck (S)	Lola-Ford	+ 5,411 Sek.
6.	Jimmy Vasser (USA)	Reynard-Toyota	+ 5,710 Sek.
7.	Tony Kanaan (BR)	Reynard-Honda	+ 6,375 Sek.
8.	Helio Castroneves (BR)	Reynard-Honda	+ 7,244 Sek.
9.	Dario Franchitti (GB)	Reynard-Honda	+ 7,580 Sek.
10.	Toranosuke Takagi (J)	Reynard-Toyota	+ 17,457 Sek.
11.	Nicolas Minassian (F)	Lola-Toyota	+ 24,227 Sek.
12.	Max Papis (I)	Lola-Ford	+ 24,981 Sek.

2. Lauf, Long Beach (USA), 8. April, 82 Rd. à 3,167 km = 259,694 km

1.	Helio Castroneves (BR)	Reynard-Honda	1:52.17,779 Std.
2.	Cristiano da Matta (BR)	Lola-Toyota	+ 0,534 Sek.
3.	Gil de Ferran (BR)	Reynard-Honda	+ 1,787 Sek.
4.	Paul Tracy (CDN)	Reynard-Honda	+ 2,435 Sek.
5.	Jimmy Vasser (USA)	Reynard-Toyota	+ 3,342 Sek.
6.	Dario Franchitti (GB)	Reynard-Honda	+ 4,855 Sek.
7.	Tony Kanaan (BR)	Reynard-Honda	+ 5,915 Sek.
8.	Nicolas Minassian (F)	Lola-Toyota	+ 6,749 Sek.
9.	Bruno Junqueira (BR)	Lola-Toyota	+ 7,565 Sek.
10.	Bryan Herta (USA)	Reynard-Ford	+ 11,169 Sek.
11.	Roberto Moreno (BR)	Reynard-Toyota	+ 11,588 Sek.
12.	Shinji Nakano (J)	Reynard-Honda	+ 12,364 Sek.

3. Lauf, Fort Worth (USA), 29. April

Rennen abgesagt wegen zu hoher Fliehkräfte im Training

4. Lauf, Nazareth (USA), 6. Mai, 225 Rd. à 1,522 km = 342,450 km

1.	Scott Dixon (NZ)	Reynard-Toyota	1:51.12,419 Std.
2.	Kenny Bräck (S)	Lola-Ford	+ 0,366 Sek.
3.	Paul Tracy (CDN)	Reynard-Honda	+ 1,344 Sek.
4.	Jimmy Vasser (USA)	Reynard-Toyota	+ 1,744 Sek.
5.	Christian Fittipaldi (BR)	Lola-Toyota	+ 4,225 Sek.
6.	Michael Andretti (USA)	Reynard-Honda	+ 6,401 Sek.
7.	Bruno Junqueira (BR)	Lola-Toyota	+ 9,193 Sek.
8.	Dario Franchitti (GB)	Reynard-Honda	+ 9,292 Sek.
9.	Oriol Servia (E)	Lola-Ford	+ 12,321 Sek.
10.	Cristiano da Matta (BR)	Lola-Toyota	+ 12,557 Sek.
11.	Helio Castroneves (BR)	Reynard-Honda	+ 13,379 Sek.
12.	Roberto Moreno (BR)	Reynard-Toyota	+ 14,207 Sek.

5. Lauf, Motegi (J), 19. Mai, 201 Rd. à 2,491 km = 500,691 km

1.	Kenny Bräck (S)	Lola-Ford	1:44.48,888 Std.
2.	Helio Castroneves (BR)	Reynard-Honda	+ 3,650 Sek.
3.	Tony Kanaan (BR)	Reynard-Honda	- 1 Rd.
4.	Christian Fittipaldi (BR)	Lola-Toyota	- 1 Rd.
5.	Jimmy Vasser (USA)	Reynard-Toyota	- 1 Rd.
6.	Max Papis (I)	Lola-Ford	- 1 Rd.
7.	Alex Zanardi (I)	Reynard-Honda	- 2 Rd.
8.	Shinji Nakano (J)	Reynard-Honda	- 2 Rd.
9.	Scott Dixon (NZ)	Reynard-Toyota	- 3 Rd.
10.	Roberto Moreno (BR)	Reynard-Toyota	- 3 Rd.
11.	Michel Jourdain Jr. (MEX)	Lola-Ford	- 4 Rd.
12.	Mauricio Gugelmin (BR)	Reynard-Toyota	- 4 Rd.

6. Lauf, Milwaukee (USA), 3. Juni, 225 Rd. à 1,660 km = 373,500 km

1.	Kenny Bräck (S)	Lola-Ford	1:54.08,097 Std.
2.	Michael Andretti (USA)	Reynard-Honda	+ 1,307 Sek.
3.	Scott Dixon (NZ)	Reynard-Toyota	+ 3,001 Sek.
4.	Bruno Junqueira (BR)	Lola-Toyota	+ 6,714 Sek.
5.	Adrian Fernandez (MEX)	Reynard-Honda	+ 9,702 Sek.
6.	Tony Kanaan (BR)	Reynard-Honda	+ 10,291 Sek.
7.	Gil de Ferran (BR)	Reynard-Honda	+ 12,821 Sek.
8.	Max Papis (I)	Lola-Ford	+ 17,780 Sek.
9.	Dario Franchitti (GB)	Reynard-Honda	- 1 Rd.
10.	Mauricio Gugelmin (BR)	Reynard-Toyota	- 1 Rd.
11.	Alex Zanardi (I)	Reynard-Honda	- 1 Rd.
12.	Alex Tagliani (CDN)	Reynard-Ford	- 1 Rd.

7. Lauf, Detroit (USA), 17. Juni, 72 Rd. à 3,775 km = 271,800 km

1.	Helio Castroneves (BR)	Reynard-Honda	1:53.51,815 Std.
2.	Dario Franchitti (GB)	Reynard-Honda	+ 0,702 Sek.
3.	Roberto Moreno (BR)	Reynard-Toyota	+ 2,891 Sek.
4.	Michael Andretti (USA)	Reynard-Honda	+ 3,386 Sek.
5.	Christian Fittipaldi (BR)	Lola-Toyota	+ 13,465 Sek.
6.	Gil de Ferran (BR)	Reynard-Honda	+ 14,577 Sek.
7.	Cristiano da Matta (BR)	Lola-Toyota	+ 15,084 Sek.
8.	Patrick Carpentier (CDN)	Reynard-Ford	+ 15,829 Sek.
9.	Kenny Bräck (S)	Lola-Ford	+ 16,320 Sek.
10.	Mauricio Gugelmin (BR)	Reynard-Toyota	+ 19,675 Sek.
11.	Max Papis (I)	Lola-Ford	+ 20,055 Sek.
12.	Adrian Fernandez (MEX)	Reynard-Honda	+ 26,854 Sek.

8. Lauf, Portland (USA), 24. Juni, 76 Rd. à 3,168 km = 240,768 km

1.	Max Papis (I)	Lola-Ford	2:00.20,836 Std.
2.	Roberto Moreno (BR)	Reynard-Toyota	+ 1,472 Sek.
3.	Christian Fittipaldi (BR)	Lola-Toyota	+ 3,612 Sek.
4.	Max Wilson (BR)	Lola-Ford	+ 11,476 Sek.
5.	Patrick Carpentier (CDN)	Reynard-Ford	+ 12,039 Sek.
6.	Dario Franchitti (GB)	Reynard-Honda	+ 12,571 Sek.
7.	Scott Dixon (NZ)	Reynard-Toyota	+ 13,141 Sek.
8.	Michael Andretti (USA)	Reynard-Honda	+ 13,840 Sek.
9.	Oriol Servia (E)	Lola-Ford	+ 19,176 Sek.
10.	Cristiano da Matta (BR)	Lola-Toyota	+ 19,618 Sek.
11.	Kenny Bräck (S)	Lola-Ford	+ 19,731 Sek.
12.	Alex Tagliani (CDN)	Reynard-Ford	+ 20,531 Sek.

9. Lauf, Cleveland (USA), 1. Juli, 100 Rd. à 3,389 km = 338,900 km

1.	Dario Franchitti (GB)	Reynard-Honda	1:47.04,723 Std.
2.	Memo Gidley (USA)	Lola-Toyota	+ 0,305 Sek.
3.	Bryan Herta (USA)	Reynard-Ford	+ 7,897 Sek.
4.	Gil de Ferran (BR)	Reynard-Honda	+ 12,070 Sek.
5.	Jimmy Vasser (USA)	Reynard-Toyota	+ 21,298 Sek.
6.	Kenny Bräck (S)	Lola-Ford	+ 22,061 Sek.
7.	Cristiano da Matta (BR)	Lola-Toyota	+ 27,539 Sek.
8.	Roberto Moreno (BR)	Reynard-Toyota	+ 28,108 Sek.
9.	Alex Tagliani (CDN)	Reynard-Ford	+ 30,376 Sek.
10.	Mauricio Gugelmin (BR)	Reynard-Toyota	+ 31,838 Sek.
11.	Christian Fittipaldi (BR)	Lola-Toyota	+ 43,157 Sek.
12.	Helio Castroneves (BR)	Reynard-Honda	+ 43,799 Sek.

10. Lauf, Toronto (CDN), 15. Juli, 95 Rd. à 2,824 km = 268,280 km

1.	Michael Andretti (USA)	Reynard-Honda	1:59.58,904 Std.
2.	Alex Tagliani (CDN)	Reynard-Ford	+ 2,741 Sek.
3.	Adrian Fernandez (MEX)	Reynard-Honda	+ 4,395 Sek.
4.	Alex Zanardi (I)	Reynard-Honda	+ 4,901 Sek.
5.	Scott Dixon (NZ)	Reynard-Toyota	+ 5,604 Sek.
6.	Paul Tracy (CDN)	Reynard-Honda	+ 6,893 Sek.
7.	Mauricio Gugelmin (BR)	Reynard-Toyota	+ 8,136 Sek.
8.	Max Papis (I)	Lola-Ford	+ 10,383 Sek.
9.	Shinji Nakano (J)	Reynard-Honda	+ 15,816 Sek.
10.	Tony Kanaan (BR)	Reynard-Honda	- 1 Rd.
11.	Roberto Moreno (BR)	Reynard-Toyota	- 1 Rd.
12.	Christian Fittipaldi (BR)	Lola-Toyota	- 2 Rd.

11. Lauf, Michigan (USA), 22. Juli, 250 Rd. à 4,023 km = 1005,750 km

1.	Patrick Carpentier (CDN)	Reynard-Ford	2:54.55,757 Std.
2.	Dario Franchitti (GB)	Reynard-Honda	+ 0,243 Sek.
3.	Michel Jourdain Jr. (MEX)	Lola-Ford	+ 0,243 Sek.
4.	Cristiano da Matta (BR)	Lola-Toyota	+ 0,445 Sek.
5.	Bryan Herta (USA)	Reynard-Ford	+ 0,516 Sek.
6.	Alex Tagliani (CDN)	Reynard-Ford	- 1 Rd.
7.	Paul Tracy (CDN)	Reynard-Honda	- 1 Rd.
8.	Helio Castroneves (BR)	Reynard-Honda	- 1 Rd.
9.	Bruno Junqueira (BR)	Lola-Toyota	- 1 Rd.
10.	Scott Dixon (NZ)	Reynard-Toyota	- 2 Rd.
11.	Oriol Servia (E)	Lola-Ford	- 2 Rd.
12.	Roberto Moreno (BR)	Reynard-Toyota	- 2 Rd.

12. Lauf, Chicago (USA), 29. Juli, 225 Rd. à 1,656 km = 372,6 km

1.	Kenny Bräck (S)	Lola-Ford	1:45.12,835 Std.
2.	Patrick Carpentier (CDN)	Reynard-Ford	+ 4,480 Sek.
3.	Gil de Ferran (BR)	Reynard-Honda	+ 5,190 Sek.
4.	Scott Dixon (NZ)	Reynard-Toyota	+ 5,563 Sek.
5.	Memo Gidley (USA)	Lola-Toyota	+ 9,651 Sek.
6.	Alex Tagliani (CDN)	Reynard-Ford	+ 13,037 Sek.
7.	Helio Castroneves (BR)	Reynard-Honda	+ 13,597 Sek.
8.	Tony Kanaan (BR)	Reynard-Honda	+ 14,558 Sek.
9.	Alex Zanardi (I)	Reynard-Honda	+ 17,157 Sek.
10.	Adrian Fernandez (MEX)	Reynard-Honda	+ 20,914 Sek.
11.	Toranosuke Takagi (J)	Reynard-Toyota	+ 21,199 Sek.
12.	Paul Tracy (CDN)	Reynard-Honda	+ 22,098 Sek.

13. Lauf, Mid-Ohio (USA), 12. August, 83 Rd. à 3,633 km = 301,539 km

1.	Helio Castroneves (BR)	Reynard-Honda	1:44.54,931 Std.
2.	Gil de Ferran (BR)	Reynard-Honda	+ 1,568 Sek.
3.	Patrick Carpentier (CDN)	Reynard-Ford	+ 2,548 Sek.
4.	Paul Tracy (CDN)	Reynard-Honda	+ 5,326 Sek.
5.	Tony Kanaan (BR)	Reynard-Honda	+ 6,155 Sek.
6.	Roberto Moreno (BR)	Reynard-Toyota	+ 6,703 Sek.
7.	Alex Tagliani (CDN)	Reynard-Ford	+ 7,537 Sek.
8.	Christian Fittipaldi (BR)	Lola-Toyota	+ 11,322 Sek.
9.	Oriol Servia (E)	Lola-Ford	+ 14,561 Sek.
10.	Cristiano da Matta (BR)	Lola-Toyota	+ 15,247 Sek.
11.	Memo Gidley (USA)	Lola-Toyota	+ 15,938 Sek.
12.	Scott Dixon (NZ)	Reynard-Toyota	+ 16,336 Sek.

14. Lauf, Road America (USA), 19. August, 45 Rd. à 6,513 km = 293,085 km

1.	Bruno Junqueira (BR)	Lola-Toyota	2:00.28,453 Std.
2.	Michael Andretti (USA)	Reynard-Honda	+ 2,687 Sek.
3.	Adrian Fernandez (MEX)	Reynard-Honda	+ 10,009 Sek.
4.	Scott Dixon (NZ)	Reynard-Toyota	+ 14,413 Sek.
5.	Gil de Ferran (BR)	Reynard-Honda	+ 15,084 Sek.
6.	Cristiano da Matta (BR)	Lola-Toyota	+ 15,934 Sek.
7.	Helio Castroneves (BR)	Reynard-Honda	+ 16,939 Sek.
8.	Alex Tagliani (CDN)	Reynard-Ford	+ 17,629 Sek.
9.	Patrick Carpentier (CDN)	Reynard-Ford	+ 17,848 Sek.
10.	Oriol Servia (E)	Lola-Ford	+ 19,021 Sek.
11.	Roberto Moreno (BR)	Reynard-Toyota	+ 19,440 Sek.
12.	Tony Kanaan (BR)	Reynard-Honda	+ 21,225 Sek.

15. Lauf, Vancouver (CDN), 2. September, 98 Rd. à 2,866 km = 280,868 km
1. Roberto Moreno (BR) ....Reynard-Toyota ....2:10.01,276 Std.
2. Gil de Ferran (BR) ....Reynard-Honda ....+ 4,687 Sek.
3. Michael Andretti (USA) ....Reynard-Honda ....+ 6,971 Sek.
4. Tony Kanaan (BR) ....Reynard-Honda ....+ 10,499 Sek.
5. Oriol Servia (E) ....Lola-Ford ....+ 13,497 Sek.
6. Michel Jourdain Jr. (MEX) .....Lola-Ford ....+ 13,850 Sek.
7. Toranosuke Takagi (J) ....Reynard-Toyota ....+ 14,520 Sek.
8. Kenny Bräck (S) ....Lola-Ford ....+ 14,812 Sek.
9. Dario Franchitti (GB) ....Reynard-Honda ....+ 15,122 Sek.
10. Memo Gidley (USA) ....Lola-Toyota ....+ 16,224 Sek.
11. Christian Fittipaldi (BR) ....Lola-Toyota ....+ 16,536 Sek.
12. Bruno Junqueira (BR) ....Lola-Toyota ....+ 21,186 Sek.

16. Lauf, EuroSpeedway (D), 15. September, 154 Rd. à 3,256 km = 501,424 km
1. Kenny Bräck (S) ....Lola-Ford ....2:00.20,940 Std.
2. Max Papis (I) ....Lola-Ford ....+ 0,154 Sek.
3. Patrick Carpentier (CDN) ......Reynard-Ford ....+ 2,804 Sek.
4. Michael Andretti (USA) ....Reynard-Honda ....+ 4,699 Sek.
5. Oriol Servia (E) ....Lola-Ford ....+ 5,225 Sek.
6. Toranosuke Takagi (J) ....Reynard-Toyota ....+ 6,410 Sek.
7. Tony Kanaan (BR) ....Reynard-Honda ....+ 6,647 Sek.
8. Gil de Ferran (BR) ....Reynard-Honda ....+ 9,262 Sek.
9. Scott Dixon (NZ) ....Reynard-Toyota ....+ 9,893 Sek.
10. Paul Tracy (CDN) ....Reynard-Honda ....+ 10,324 Sek.
11. Bruno Junqueira (BR) ....Lola-Toyota ....+ 12,987 Sek.
12. Helio Castroneves (BR) ....Reynard-Honda ....+ 14,929 Sek.

17. Lauf, Rockingham (GB), 22. September, 140 Rd. à 2,380 km = 333,200 km
1. Gil de Ferran (BR) ....Reynard-Honda ....1:20.59,050 Std.
2. Kenny Bräck (S) ....Lola-Ford ....+ 0,634 Sek.
3. Cristiano da Matta (BR) ....Lola-Toyota ....+ 14,663 Sek.
4. Helio Castroneves (BR) ....Reynard-Honda ....+ 16,335 Sek.
5. Michael Andretti (USA) ....Reynard-Honda ....+ 17,056 Sek.
6. Paul Tracy (CDN) ....Reynard-Honda ....+ 18,919 Sek.
7. Jimmy Vasser (USA) ....Reynard-Toyota ....+ 19,060 Sek.
8. Tony Kanaan (BR) ....Reynard-Honda ....+ 19,740 Sek.
9. Dario Franchitti (GB) ....Reynard-Honda ....+ 20,281 Sek.
10. Oriol Servia (E) ....Lola-Ford ....+ 26,431 Sek.
11. Max Papis (I) ....Lola-Ford ....+ 26,794 Sek.
12. Townsend Bell (USA) ....Reynard-Toyota ....- 1 Rd.

18. Lauf, Houston (USA), 7. Oktober, 100 Rd. à 2,457 km = 245,700 km
1. Gil de Ferran (BR) ....Reynard-Honda ....1:54.42,336 Std.
2. Dario Franchitti (GB) ....Reynard-Honda ....+ 3,430 Sek.
3. Memo Gidley (USA) ....Lola-Toyota ....+ 18,847 Sek.
4. Toranosuke Takagi (J) ....Reynard-Toyota ....+ 20,894 Sek.
5. Helio Castroneves (BR) ....Reynard-Honda ....+ 21,670 Sek.
6. Cristiano da Matta (BR) ....Lola-Toyota ....+ 23,102 Sek.
7. Kenny Bräck (S) ....Lola-Ford ....+ 28,726 Sek.
8. Christian Fittipaldi (BR) ....Lola-Toyota ....+ 34,421 Sek.
9. Max Papis (I) ....Lola-Ford ....+ 38,298 Sek.
10. Patrick Carpentier (CDN) ......Reynard-Ford ....+ 38,883 Sek.
11. Jimmy Vasser (USA) ....Reynard-Toyota ....+ 39,251 Sek.
12. Tony Kanaan (BR) ....Reynard-Honda ....+ 46,539 Sek.

19. Lauf, Laguna Seca (USA), 14. Oktober, 76 Rd. à 3,602 km = 273,752 km
1. Max Papis (I) ....Lola-Ford ....2:00.10,589 Std.
2. Memo Gidley (USA) ....Lola-Toyota ....+ 0,794 Sek.
3. Gil de Ferran (BR) ....Reynard-Honda ....+ 1,438 Sek.
4. Scott Dixon (NZ) ....Reynard-Toyota ....+ 1,801 Sek.
5. Jimmy Vasser (USA) ....Reynard-Toyota ....+ 2,469 Sek.
6. Helio Castroneves (BR) ....Reynard-Honda ....+ 4,433 Sek.
7. Bruno Junqueira (BR) ....Lola-Toyota ....+ 5,627 Sek.
8. Tony Kanaan (BR) ....Reynard-Honda ....+ 6,092 Sek.
9. Christian Fittipaldi (BR) ....Lola-Toyota ....+ 6,593 Sek.
10. Adrian Fernandez (MEX) ......Reynard-Honda ....+ 7,134 Sek.
11. Casey Mears (USA) ....Reynard-Honda ....+ 8,215 Sek.
12. Bryan Herta (USA) ....Reynard-Ford ....+ 8,842 Sek.

20. Lauf, Surfers Paradise (AUS), 28. Oktober, 65 Rd. à 4,498 km = 292,370 km
1. Cristiano da Matta (BR) ....Lola-Toyota ....1:51.47,260 Std.
2. Michael Andretti (USA) ....Reynard-Honda ....+ 5,786 Sek.
3. Alex Tagliani (CDN) ....Reynard-Ford ....+ 7,526 Sek.
4. Gil de Ferran (BR) ....Reynard-Honda ....+ 20,936 Sek.
5. Kenny Bräck (S) ....Lola-Ford ....+ 22,574 Sek.
6. Jimmy Vasser (USA) ....Reynard-Toyota ....+ 24,706 Sek.
7. Michel Jourdain Jr. (MEX) .....Lola-Ford ....+ 39,492 Sek.
8. Christian Fittipaldi (BR) ....Lola-Toyota ....+ 40,467 Sek.
9. Max Papis (I) ....Lola-Ford ....+ 42,565 Sek.
10. Memo Gidley (USA) ....Lola-Toyota ....+ 42,888 Sek.
11. Patrick Carpentier (CDN) ......Reynard-Ford ....+ 46,650 Sek.
12. Shinji Nakano (J) ....Reynard-Honda ....+ 46,871 Sek.

21. Lauf, Fontana (USA), 4. November, 220 Rd. à 3,265 km = 718,300 km
1. Cristiano da Matta (BR) ....Lola-Toyota ....2:59.39,716 Std.
2. Max Papis (I) ....Lola-Ford ....+ 0,123 Sek.
3. Alex Tagliani (CDN) ....Reynard-Ford ....+ 0,492 Sek.
4. Bruno Junqueira (BR) ....Lola-Toyota ....+ 0,922 Sek.
5. Tony Kanaan (BR) ....Reynard-Honda ....+ 1,186 Sek.
6. Gil de Ferran (BR) ....Reynard-Honda ....+ 3,131 Sek.
7. Michael Andretti (USA) ....Reynard-Honda ....+ 3,848 Sek.
8. Casey Mears (USA) ....Reynard-Honda ....+ 4,006 Sek.
9. Alex Barron (USA) ....Lola-Ford ....+ 4,963 Sek.
10. Patrick Carpentier (CDN) ......Reynard-Ford ....+ 5,818 Sek.
11. Oriol Servia (E) ....Lola-Ford ....+ 7,348 Sek.
12. Jimmy Vasser (USA) ....Reynard-Toyota ....+ 8,911 Sek.

Endstand: 1. Gil de Ferran, 199 Punkte; 2. Kenny Bräck, 163; 3. Michael Andretti, 147; 4. Helio Castroneves, 141; 5. Cristiano da Matta, 140; 6. Max Papis, 107; 7. Dario Franchitti, 105; 8. Scott Dixon, 98; 9. Tony Kanaan, 93; 10. Patrick Carpentier, 91.

Int. Formel 3000-Meisterschaft

1. Lauf, Interlagos (BR), 31. März, 35 Rd. à 4,309 km = 150,815 Km
1. Justin Wilson (GB) ....53.48,503 Min.
2. Jaime Melo Jr. (BR) ....+ 7,649 Sek.
3. Sébastien Bourdais (F) ....+ 17,459 Sek.
4. David Saelens (B) ....+ 21,915 Sek.
5. Joel Camathias (CH) ....+ 27,098 Sek.
6. Fabrizio Gollin (I) ....+ 28,567 Sek.

2. Lauf, Imola (I), 14. April, 31 Rd. à 4,933 km = 152,923 km
1. Mark Webber (AUS) ....56.45,779 Min.
2. Darren Manning (GB) ....+ 3,303 Sek.
3. Tomas Enge (CZ) ....+ 4,090 Sek.
4. Antonio Pizzonia (BR) ....+ 9,758 Sek.
5. Patrick Friesacher (A) ....+ 10,171 Sek.
6. Justin Wilson (GB) ....+ 10,933 Sek.

3. Lauf, Barcelona (E), 28. April, 32 Rd. à 4,730 km = 151,360 km
1. Tomas Enge (CZ) ....52.00,457 Min.
2. Bas Leinders (B) ....+ 2,211 Sek.
3. Justin Wilson (GB) ....+ 3,206 Sek.
4. Mario Haberfeld (BR) ....+ 9,264 Sek.
5. David Saelens (B) ....+ 20,131 Sek.
6. Antonio Pizzonia (BR) ....+ 20,834 Sek.

4. Lauf, Spielberg (A), 12. Mai, 35 Rd. à 4,326 km = 151,410 km
1. Justin Wilson (GB) ....51.57,144 Min.
2. Bas Leinders (B) ....+ 0,455 Sek.
3. Tomas Enge (CZ) ....+ 0,949 Sek.
4. Antonio Pizzonia (BR) ....+ 2,067 Sek.
5. Jaime Melo Jr. (BR) ....+ 11,748 Sek.
6. Andrea Piccini (I) ....+ 14,415 Sek.

5. Lauf, Monaco (MC), 26. Mai, 45 Rd. à 3,370 km = 151,650 km
1. Mark Webber (AUS) ....1:13.21,073 Std.
2. Justin Wilson (GB) ....+ 0,893 Sek.
3. Stéphane Sarrazin (F) ....+ 7,247 Sek.
4. Sébastien Bourdais (F) ....+ 8,737 Sek.
5. Ricardo Sperafico (BR) ....+ 17,098 Sek.
6. Ricardo Mauricio (BR) ....+ 24,037 Sek.

6. Lauf, Nürburgring (D), 23. Juni, 33 Rd. à 4,556 km = 150,348 km
1. Tomas Enge (CZ) ....50.50,598 Min.
2. Mark Webber (AUS) ....+ 5,626 Sek.
3. Ricardo Sperafico (BR) ....+ 8,663 Sek.
4. David Saelens (B) ....+ 18,687 Sek.
5. Ricardo Mauricio (BR) ....+ 20,833 Sek.
6. Antonio Pizzonia (BR) ....+ 21,756 Sek.

7. Lauf, Magny-Cours (F), 30. Juni, 36 Rd. à 4,251 km = 153,036 km
1. Mark Webber (AUS) ....54.38,789 Min.
2. Justin Wilson (GB) ....+ 7,454 Sek.
3. Tomas Enge (CZ) ....+ 9,793 Sek.
4. Patrick Friesacher (A) ....+ 21,055 Sek.
5. Darren Manning (GB) ....+ 23,349 Sek.
6. Sébastien Bourdais (F) ....+ 24,135 Sek.

8. Lauf, Silverstone (GB), 14. Juli, 30 Rd. à 5,141 km = 154,230 km
1. Sébastien Bourdais (F) ....50.56,439 Min.
2. Justin Wilson (GB) ....+ 0,926 Sek.
3. Antonio Pizzonia (BR) ....+ 4,342 Sek.
4. Mark Webber (AUS) ....+ 7,543 Sek.
5. Tomas Enge (CZ) ....+ 8,293 Sek.
6. Darren Manning (GB) ....+ 10,870 Sek.

9. Lauf, Hockenheimring (D), 28. Juli, 22 Rd. à 6,825 km = 150,150 km
1. Antonio Pizzonia (BR) ....44.47,547 Min.
2. Justin Wilson (GB) ....+ 4,988 Sek.
3. Ricardo Sperafico (BR) ....+ 8,796 Sek.
4. Sébastien Bourdais (F) ....+ 14,204 Sek.
5. Tomas Enge (CZ) ....+ 17,516 Sek.
6. Bas Leinders (B) ....+ 18,781 Sek.

10. Lauf, Budapest (H), 18. August, 38 Rd. à 3,975 km = 151,050 km
1. Justin Wilson (GB) ....58.00,190 Min.
2. Ricardo Mauricio (BR) ....+ 5,594 Sek.
3. Sébastien Bourdais (F) ....+ 8,493 Sek.
4. Patrick Friesacher (A) ....+ 14,526 Sek.
5. Giorgio Pantano (I) ....+ 16,761 Sek.
6. Bas Leinders (B) ....+ 20,927 Sek.

11. Lauf, Spa-Francorchamps (B), 1. September, 22 Rd. à 6,968 km = 153,296 km
1. Ricardo Sperafico (BR) ....51.48,919 Min.
2. Justin Wilson (GB) ....+ 11,585 Sek.
3. Ricardo Mauricio (BR) ....+ 16,982 Sek.
4. Tomas Enge (CZ) ....+ 18,251 Sek.
5. Marc Goossens (B) ....+ 31,865 Sek.
6. Sébastien Bourdais (F) ....+ 32,782 Sek.

12. Lauf, Monza (I), 15. September, 24 Rd. à 5,793 km = 139,032 km
1. Giorgio Pantano (I) ....43.58,618 Min.
2. Justin Wilson (GB) ....+ 0,935 Sek.
3. Ricardo Sperafico (BR) ....+ 1,587 Sek.
4. Bas Leinders (B) ....+ 4,415 Sek.
5. David Saelens (B) ....+ 5,563 Sek.
6. Ricardo Mauricio (BR) ....+ 10,169 Sek.

Endstand: 1. Justin Wilson, 71 Punkte; 2. Mark Webber, 39; 3. Tomas Enge, 39; 4. Sébastien Bourdais, 26; 5. Ricardo Sperafico, 24; 6. Antonio Pizzonia, 22; 7. Bas Leinders, 17; 8. Ricardo Mauricio, 14; 9. Giorgio Pantano, 12; 10. David Saelens, 10.

Deutsche Formel 3-Meisterschaft

1. Lauf, Hockenheimring (D), 21. April
27 Rd. à 2,638 km = 71,226 km
1. Frank Diefenbacher (D) . . . .Dallara-Opel . . . 30.58,803 Min.
2. Gary Paffett (GB) . . . . .Dallara-Renault . . . + 6,220 Sek.
3. Tony Schmidt (D) . . . . .Dallara-Toyota . . . + 14,406 Sek.
4. Nicolas Stelandre (B) . . . . .Dallara-Opel . . . . . + 18,781 Sek.
5. Toshihiro Kaneishi (J) . . . . .Dallara-Opel . . . . + 20,995 Sek.
6. Tom van Bavel (B) . . . . .Dallara-Opel . . . . . + 21,729 Sek.
7. Markus Winkelhock (D) . . . .Dallara-Opel . . . . . + 31,336 Sek.
8. Laurent Delahaye (F) . . . . . .Dallara-Renault . . + 33,726 Sek.
9. Pierre Kaffer (D) . . . . .Dallara-Honda . . . + 35,685 Sek.
10. Björn Wirdheim (S) . . . . . . .Dallara-Opel . . . . + 36,470 Sek.

2. Lauf, Hockenheimring (D), 22. April
31 Rd. à 2,638 km = 81,778 km
1. Frank Diefenbacher (D) . . . .Dallara-Opel . . . 30.42,430 Min.
2. Stefan Mücke (D) . . . . .Dallara-Opel . . . . . + 13,741 Sek.
3. Toshihiro Kaneishi (J) . . . . .Dallara-Opel . . . . + 14,699 Sek.
4. Pierre Kaffer (D) . . . . .Dallara-Honda . . . + 15,027 Sek.
5. Joao Paulo de Oliveira (BR) .Dallara-Opel . . . . . + 15,987 Sek.
6. Markus Winkelhock (D) . . . .Dallara-Opel . . . . . + 17,004 Sek.
7. Zsolt Baumgartner (H) . . . .Dallara-Opel . . . . + 28,799 Sek.
8. Andrew Kirkaldy (GB) . . . . .Dallara-Opel . . . . + 29,459 Sek.
9. Kimmo Liimatainen (FIN) . .Dallara-Honda . . . + 29,817 Sek.
10. Björn Wirdheim (S) . . . . . . .Dallara-Opel . . . . + 30,430 Sek.

3. Lauf, Nürburgring (D), 5. Mai
18 Rd. à 4,556 km = 82,008 km
1. Pierre Kaffer (D) . . . . .Dallara-Honda . . 30.46,499 Min.
2. Stefan Mücke (D) . . . . .Dallara-Opel . . . . . + 2,030 Sek.
3. Markus Winkelhock (D) . . . .Dallara-Opel . . . . . + 3,154 Sek.
4. Kousuke Matsuura (J) . . . . .Dallara-Opel . . . . . + 6,504 Sek.
5. Tom van Bavel (B) . . . . .Dallara-Opel . . . . . + 7,504 Sek.
6. Toshihiro Kaneishi (J) . . . . .Dallara-Opel . . . . . + 10,788 Sek.
7. Kimmo Liimatainen (FIN) . .Dallara-Honda . . . + 15,044 Sek.
8. Gary Paffett (GB) . . . . .Dallara-Renault . . + 18,049 Sek.
9. Zsolt Baumgartner (H) . . . .Dallara-Opel . . . . + 18,586 Sek.
10. Giuseppe Burlotti (I) . . . . . .Dallara-Opel . . . . . + 19,179 Sek.

4. Lauf, Nürburgring (D), 6. Mai
18 Rd. à 4,556 km = 82,008 km
1. Stefan Mücke (D) . . . . .Dallara-Opel . . . . 31.32,670 Min.
2. Toshihiro Kaneishi (J) . . . . .Dallara-Opel . . . . . . + 7,313 Sek.
3. Markus Winkelhock (D) . . . .Dallara-Opel . . . . . + 9,790 Sek.
4. Kousuke Matsuura (J) . . . . .Dallara-Opel . . . . . + 11,540 Sek.
5. Tony Schmidt (D) . . . . .Dallara-Toyota . . . + 11,971 Sek.
6. Tom van Bavel (B) . . . . .Dallara-Opel . . . . + 20,828 Sek.
7. Pierre Kaffer (D) . . . . .Dallara-Honda . . . + 21,559 Sek.
8. Zsolt Baumgartner (H) . . . .Dallara-Opel . . . . . + 23,272 Sek.
9. Robert Lechner (A) . . . . . . .Dallara-Opel . . . . + 23,925 Sek.
10. Gary Paffett (GB) . . . . .Dallara-Renault . . + 24,389 Sek.

5. Lauf, Oschersleben (D), 19. Mai
22 Rd. à 3,667 km = 80,674 km
1. Gary Paffett (GB) . . . . .Dallara-Renault . 30.02,402 Min.
2. Toshihiro Kaneishi (J) . . . . .Dallara-Opel . . . . . + 9,335 Sek.
3. Markus Winkelhock (D) . . . .Dallara-Opel . . . . . + 10,518 Sek.
4. Pierre Kaffer (D) . . . . .Dallara-Honda . . . + 14,530 Sek.
5. Björn Wirdheim (S) . . . . . . .Dallara-Opel . . . . . + 14,932 Sek.
6. Tony Schmidt (D) . . . . .Dallara-Toyota . . . + 16,857 Sek.
7. Joao Paulo de Oliveira (BR) .Dallara-Opel . . . . . + 20,317 Sek.
8. Frank Diefenbacher (D) . . . .Dallara-Opel . . . . . + 21,188 Sek.
9. Bernhard Auinger (A) . . . . .Dallara-Opel . . . . . + 25,412 Sek.
10. Nicolas Stelandre (B) . . . . .Dallara-Opel . . . . + 25,680 Sek.

6. Lauf, Oschersleben (D), 20. Mai
22 Rd. à 3,667 km = 80,674 km
1. Pierre Kaffer (D) . . . . .Dallara-Honda . . 29.56,151 Min.
2. Toshihiro Kaneishi (J) . . . . .Dallara-Opel . . . . . . + 3,118 Sek.
3. Frank Diefenbacher (D) . . . .Dallara-Opel . . . . . + 3,320 Sek.
4. Bernhard Auinger (A) . . . . .Dallara-Opel . . . . . + 8,412 Sek.
5. Tony Schmidt (D) . . . . .Dallara-Toyota . . . + 11,204 Sek.
6. Robert Lechner (A) . . . . . . .Dallara-Opel . . . . . + 14,387 Sek.
7. Björn Wirdheim (S) . . . . . . .Dallara-Opel . . . . . + 14,667 Sek.
8. Raffaele Giammaria (I) . . . .Dallara-Opel . . . . + 15,090 Sek.
9. Stefan Mücke (D) . . . . .Dallara-Opel . . . . + 15,554 Sek.
10. Kimmo Liimatainen (FIN) . .Dallara-Honda . . . + 16,198 Sek.

7. Lauf, Sachsenring (D), 16. Juni
22 Rd. à 3,645 km = 80,190 km
1. Markus Winkelhock (D) . . . .Dallara-Opel . . . . 31.06,771 Min.
2. Toshihiro Kaneishi (J) . . . . .Dallara-Opel . . . . . + 4,063 Sek.
3. Frank Diefenbacher (D) . . . .Dallara-Opel . . . . . + 4,256 Sek.
4. Hannes Lachinger (A) . . . . .Dallara-Toyota . . . . + 7,720 Sek.
5. Matteo Grassotto (I) . . . . . .Dallara-Opel . . . . . + 13,874 Sek.
6. Kari Mäenpää (FIN) . . . . . .Dallara-Opel . . . . + 14,306 Sek.
7. Ronnie Quintarelli (I) . . . . .Dallara-Opel . . . . . + 16,324 Sek.
8. Tom van Bavel (B) . . . . .Dallara-Opel . . . . + 24,986 Sek.
9. Zsolt Baumgartner (H) . . . .Dallara-Opel . . . . + 25,448 Sek.
10. Kousuke Matsuura (J) . . . . .Dallara-Opel . . . . + 26,405 Sek.

8. Lauf, Sachsenring (D), 17. Juni
21 Rd. à 3,645 km = 76,545 km
1. Pierre Kaffer (D) . . . . .Dallara-Honda . . 30.16,912 Min.
2. Kari Mäenpää (FIN) . . . . . .Dallara-Opel . . . . . + 0,770 Sek.
3. Matteo Grassotto (I) . . . . . .Dallara-Opel . . . . . + 1,205 Sek.
4. Norbert Siedler (A) . . . . . . .Dallara-Opel . . . . + 20,272 Sek.
5. Gottfried Grasser (A) . . . . . .Dallara-Honda . . . + 25,717 Sek.
6. Zsolt Baumgartner (H) . . . .Dallara-Opel . . . . + 26,658 Sek.
7. Tom van Bavel (B) . . . . .Dallara-Opel . . . . + 30,195 Sek.
8. Kimmo Liimatainen (FIN) . .Dallara-Honda . . . + 33,769 Sek.
9. Marc Caldonazzi (I) . . . . . . .Dallara-Opel . . . . + 35,547 Sek.
10. Marco Schärf (A) . . . . .Dallara-Opel . . . . + 58,521 Sek.

9. Lauf, Norisring (D), 7. Juli
25 Rd. à 2,300 km = 57,500 km
1. Frank Diefenbacher (D) . . . .Dallara-Opel . . . . 27.37,377 Min.
2. Tony Schmidt (D) . . . . .Dallara-Toyota . . . . + 5,044 Sek.
3. Stefan Mücke (D) . . . . .Dallara-Opel . . . . . . + 7,157 Sek.
4. Gary Paffett (GB) . . . . .Dallara-Opel . . . . . + 8,120 Sek.
5. Nicolas Stelandre (B) . . . . .Dallara-Opel . . . . . + 19,736 Sek.
6. Toshihiro Kaneishi (J) . . . . .Dallara-Opel . . . . + 24,414 Sek.
7. Raffaele Giammaria (I) . . . .Dallara-Opel . . . . . + 29,961 Sek.
8. Kousuke Matsuura (J) . . . . .Dallara-Opel . . . . + 31,680 Sek.
9. Zsolt Baumgartner (H) . . . .Dallara-Opel . . . . + 32,880 Sek.
10. Matteo Grassotto (I) . . . . . .Dallara-Opel . . . . + 38,440 Sek.

10. Lauf, Norisring (D), 8. Juli
35 Rd. à 2,300 km = 80,500 km
1. Toshihiro Kaneishi (J) . . . . .Dallara-Opel . . . . 29.41,193 Min.
2. Pierre Kaffer (D) . . . . .Dallara-Honda . . . . + 1,093 Sek.
3. Gary Paffett (GB) . . . . .Dallara-Opel . . . . . + 5,474 Sek.
4. Frank Diefenbacher (D) . . . .Dallara-Opel . . . . . + 8,099 Sek.
5. Kousuke Matsuura (J) . . . . .Dallara-Opel . . . . . + 14,112 Sek.
6. Björn Wirdheim (S) . . . . . . .Dallara-Opel . . . . + 20,673 Sek.
7. Matteo Grassotto (I) . . . . . .Dallara-Opel . . . . + 22,482 Sek.
8. Hannes Lachinger (A) . . . . .Dallara-Toyota . . . + 24,557 Sek.
9. Marco du Pau (NL) . . . . . . .Dallara-Opel . . . . + 26,668 Sek.
10. Nicolas Stelandre (B) . . . . .Dallara-Opel . . . . . + 28,371 Sek.

11. Lauf, Hockenheimring (D), 28. Juli
12 Rd. à 6,823 km = 81,876 km
1. Joao Paulo de Oliveira (BR) .Dallara-Opel . . . . 26.13,580 Min.
2. Kousuke Matsuura (J) . . . . .Dallara-Opel . . . . . . + 1,518 Sek.
3. Matteo Grassotto (I) . . . . . .Dallara-Opel . . . . . + 5,680 Sek.
4. Frank Diefenbacher (D) . . . .Dallara-Opel . . . . . + 6,422 Sek.
5. Stefan Mücke (D) . . . . .Dallara-Opel . . . . + 10,499 Sek.
6. Raffaele Giammaria (I) . . . .Dallara-Opel . . . . . + 13,644 Sek.
7. Norbert Siedler (A) . . . . . . .Dallara-Opel . . . . . + 14,501 Sek.
8. Pierre Kaffer (D) . . . . .Dallara-Honda . . . + 15,264 Sek.
9. Tom van Bavel (B) . . . . .Dallara-Opel . . . . . + 15,932 Sek.
10. Nicolas Kiesa (DK) . . . . .Dallara-Toyota . . . + 16,272 Sek.

12. Lauf, Hockenheimring (D), 29. Juli
12 Rd. à 6,823 km = 81,876 km
1. Kousuke Matsuura (J) . . . . .Dallara-Opel . . . 26.10,449 Min.
2. Joao Paulo de Oliveira (BR) .Dallara-Opel . . . . . + 0,936 Sek.
3. Stefan Mücke (D) . . . . .Dallara-Opel . . . . . + 2,358 Sek.
4. Norbert Siedler (A) . . . . . . .Dallara-Opel . . . . . + 4,769 Sek.
5. Pierre Kaffer (D) . . . . .Dallara-Honda . . . . + 8,081 Sek.
6. Matteo Grassotto (I) . . . . . .Dallara-Opel . . . . . + 12,931 Sek.
7. Hannes Lachinger (A) . . . . .Dallara-Toyota . . . + 13,552 Sek.
8. Toshihiro Kaneishi (J) . . . . .Dallara-Opel . . . . + 16,227 Sek.
9. Raffaele Giammaria (I) . . . .Dallara-Opel . . . . . + 16,708 Sek.
10. Frank Diefenbacher (D) . . . .Dallara-Opel . . . . . + 17,283 Sek

13. Lauf, EuroSpeedway (D), 11. August
18 Rd. à 4,534 km = 81,612 km
1. Markus Winkelhock (D) . . . .Dallara-Opel . . . . 29.23,001 Min.
2. Frank Diefenbacher (D) . . . .Dallara-Opel . . . . . + 0,725 Sek.
3. Stefan Mücke (D) . . . . .Dallara-Opel . . . . . + 2,891 Sek.
4. Toshihiro Kaneishi (J) . . . . .Dallara-Opel . . . . . . + 7,970 Sek.
5. Gary Paffett (GB) . . . . .Dallara-Opel . . . . . + 11,956 Sek.
6. Pierre Kaffer (D) . . . . .Dallara-Honda . . . + 14,134 Sek.
7. Hannes Lachinger (A) . . . . .Dallara-Toyota . . . . + 19,677 Sek.
8. Joao Paulo de Oliveira (BR) .Dallara-Opel . . . . + 20,248 Sek.
9. Zsolt Baumgartner (H) . . . .Dallara-Opel . . . . + 22,980 Sek.
10. Ronnie Quintarelli (I) . . . . .Dallara-Opel . . . . + 29,699 Sek.

14. Lauf, EuroSpeedway (D), 12. August
17 Rd. à 4,534 km = 77,078 km
1. Frank Diefenbacher (D) . . . .Dallara-Opel . . . . 27.49,126 Min.
2. Toshihiro Kaneishi (J) . . . . .Dallara-Opel . . . . . + 4,745 Sek.
3. Stefan Mücke (D) . . . . .Dallara-Opel . . . . . . + 7,310 Sek.
4. Björn Wirdheim (S) . . . . . . .Dallara-Opel . . . . . + 8,264 Sek.
5. Nicolas Kiesa (DK) . . . . .Dallara-Toyota . . . . + 9,815 Sek.
6. Markus Winkelhock (D) . . . .Dallara-Opel . . . . . + 10,612 Sek.
7. Tony Schmidt (D) . . . . .Dallara-Toyota . . . + 12,568 Sek.
8. Gary Paffett (GB) . . . . .Dallara-Opel . . . . + 12,909 Sek.
9. Kousuke Matsuura (J) . . . . .Dallara-Opel . . . . . + 18,113 Sek.
10. Pierre Kaffer (D) . . . . .Dallara-Honda . . . + 23,021 Sek.

15. Lauf, Nürburgring (D), 25. August
27 Rd. à 3,038 km = 82,026 km
1. Björn Wirdheim (S) . . . . . . .Dallara-Opel . . . 29.00,655 Min.
2. Joao Paulo de Oliveira (BR) .Dallara-Opel . . . . . + 2,935 Sek.
3. Markus Winkelhock (D) . . . .Dallara-Opel . . . . . + 4,789 Sek.
4. Kousuke Matsuura (J) . . . . .Dallara-Opel . . . . . + 11,005 Sek.
5. Pierre Kaffer (D) . . . . .Dallara-Honda . . . + 13,393 Sek.
6. Hannes Lachinger (A) . . . . .Dallara-Toyota . . . . + 14,174 Sek.
7. Toshihiro Kaneishi (J) . . . . .Dallara-Opel . . . . . + 15,629 Sek.
8. Stefan Mücke (D) . . . . .Dallara-Opel . . . . + 16,052 Sek.
9. Kari Mäenpää (FIN) . . . . . .Dallara-Opel . . . . . + 16,921 Sek.
10. Laurent Delahaye (F) . . . . . .Dallara-Renault . . + 21,874 Sek.

16. Lauf, Nürburgring (D), 26. August
27 Rd. à 3,038 km = 82,026 km
1. Pierre Kaffer (D) . . . . .Dallara-Honda . . 29.06,758 Min.
2. Markus Winkelhock (D) . . . .Dallara-Opel . . . . . . + 0,133 Sek.
3. Frank Diefenbacher (D) . . . .Dallara-Opel . . . . . . + 3,146 Sek.
4. Joao Paulo de Oliveira (BR) .Dallara-Opel . . . . . . + 3,871 Sek.
5. Hannes Lachinger (A) . . . . .Dallara-Toyota . . . . + 13,347 Sek.
6. Kari Mäenpää (FIN) . . . . . .Dallara-Opel . . . . . + 14,422 Sek.
7. Stefan Mücke (D) . . . . .Dallara-Opel . . . . . + 15,269 Sek.
8. Kimmo Liimatainen (FIN) . .Dallara-Honda . . . + 16,326 Sek.
9. Jaroslav Janis (CZ) . . . . .Dallara-Opel . . . . . + 19,331 Sek.
10. Zsolt Baumgartner (H) . . . .Dallara-Opel . . . . . + 21,454 Sek.

17. Lauf, A1-Ring (A), 8. September
19 Rd. à 4,326 km = 82,194 km
1. Toshihiro Kaneishi (J) . . . . .Dallara-Opel . . . . 28.30,487 Min.
2. Stefan Mücke (D) . . . . .Dallara-Opel . . . . . + 1,053 Sek.
3. Joao Paulo de Oliveira (BR) .Dallara-Opel . . . . . . + 2,147 Sek.
4. Gary Paffett (GB) . . . . .Dallara-Opel . . . . . + 4,636 Sek.
5. Raffaele Giammaria (I) . . . .Dallara-Opel . . . . . + 6,926 Sek.
6. Nicolas Kiesa (DK) . . . . .Dallara-Toyota . . . . + 8,321 Sek.
7. Björn Wirdheim (S) . . . . . . .Dallara-Opel . . . . . + 8,838 Sek.
8. Zsolt Baumgartner (H) . . . .Dallara-Opel . . . . + 16,498 Sek.
9. Pierre Kaffer (D) . . . . .Dallara-Honda . . . + 16,961 Sek.
10. Tony Schmidt (D) . . . . .Dallara-Toyota . . . + 18,736 Sek.

18. Lauf, A1-Ring (A), 9. September
17 Rd. à 4,326 km = 73,542 km
1. Björn Wirdheim (S) . . . . . . .Dallara-Opel . . . . 31.30,335 Min.
2. Stefan Mücke (D) . . . . .Dallara-Opel . . . . . + 1,026 Sek.
3. Frank Diefenbacher (D) . . . .Dallara-Opel . . . . . + 1,488 Sek.
4. Gary Paffett (GB) . . . . .Dallara-Opel . . . . . . + 1,762 Sek.
5. Joao Paulo de Oliveira (BR) .Dallara-Opel . . . . . + 2,885 Sek.
6. Toshihiro Kaneishi (J) . . . . .Dallara-Opel . . . . . . + 4,319 Sek.
7. Kousuke Matsuura (J) . . . . .Dallara-Opel . . . . . + 6,356 Sek.
8. Kari Mäenpää (FIN) . . . . . .Dallara-Opel . . . . . + 9,885 Sek.
9. Raffaele Giammaria (I) . . . .Dallara-Opel . . . . . + 10,518 Sek.
10. Fabrizio del Monte (I) . . . . .Dallara-Honda . . . + 13,437 Sek.

19. Lauf, Hockenheimring (D), 6. Oktober
12 Rd. à 6,823 km = 81,876 km
1. Markus Winkelhock (D) . . . .Dallara-Opel . . . . 26.01,091 Min.
2. Gary Paffett (GB) . . . . .Dallara-Opel . . . . . + 0,809 Sek.
3. Stefan Mücke (D) . . . . .Dallara-Opel . . . . . + 1,962 Sek.
4. Joao Paulo de Oliveira (BR) .Dallara-Opel . . . . . + 6,614 Sek.
5. Jaroslav Janis (CZ) . . . . .Dallara-Opel . . . . . + 7,606 Sek.
6. Raffaele Giammaria (I) . . . .Dallara-Opel . . . . . + 8,222 Sek.
7. Toshihiro Kaneishi (J) . . . . .Dallara-Opel . . . . . + 9,394 Sek.
8. Pierre Kaffer (D) . . . . .Dallara-Honda . . . + 13,507 Sek.
9. Tony Schmidt (D) . . . . .Dallara-Toyota . . . + 15,523 Sek.
10. Bernhard Auinger (A) . . . . .Dallara-Opel . . . . + 25,768 Sek.

20. Lauf, Hockenheimring (D), 7. Oktober
12 Rd. à 6,823 km = 81,876 km
1. Stefan Mücke (D) . . . . .Dallara-Opel . . . . 32.19,225 Min.
2. Gary Paffett (GB) . . . . .Dallara-Opel . . . . . + 10,872 Sek.
3. Kimmo Liimatainen (FIN) . .Dallara-Honda . . . + 16,019 Sek.
4. Raffaele Giammaria (I) . . . .Dallara-Opel . . . . . + 17,000 Sek.
5. Joao Paulo de Oliveira (BR) .Dallara-Opel . . . . . + 19,730 Sek.
6. Toshihiro Kaneishi (J) . . . . .Dallara-Opel . . . . + 22,486 Sek.
7. Björn Wirdheim (S) . . . . . . .Dallara-Opel . . . . + 24,186 Sek.
8. Tom van Bavel (B) . . . . .Dallara-Opel . . . . + 24,375 Sek.
9. Nicolas Kiesa (DK) . . . . .Dallara-Toyota . . . + 24,873 Sek.
10. Hannes Lachinger (A) . . . . .Dallara-Toyota . . . + 28,775 Sek.

Endstand: 1. Toshihiro Kaneishi, 182 Punkte; 2. Stefan Mücke, 178; 3. Frank Diefenbacher, 172; 4. Pierre Kaffer, 156; 5. Markus Winkelhock, 141; 6. Gary Paffett, 123; 7. Joao Paulo de Oliveira, 116; 8. Kousuke Matsuura, 83; 9. Björn Wirdheim, 80; 10. Tony Schmidt, 56.

DMSB Formel Renault Cup

1. Lauf, Oschersleben (D), 29. April
19 Rd. à 3,667 km = 69,673 km
1. Christopher Brück (D) 27.55,947 Min.
2. Tobias Pfister (D) + 0,446 Sek.
3. Marcel Lasée (D) + 0,925 Sek.
4. Andreas Feichtner (D) + 3,844 Sek.
5. Andreas Zuber (A) + 4,907 Sek.

6.	Vitantonio Liuzzi (I)	+ 5,431 Sek.
7.	Marco Knauf (D)	+ 14,403 Sek.
8.	Tobias Maisch (D)	+ 19,243 Sek.
9.	Fabian Denner (D)	+ 19,643 Sek.
10.	Nelson van der Pol (NL)	+ 23,900 Sek.

2. Lauf, EuroSpeedway (D), 13. Mai
13 Rd. à 4,534 km = 58,942 km

1.	Fabian Denner (D)	28.17,693 Min.
2.	Charles Zwolsman (NL)	+ 2,440 Sek.
3.	Vitantonio Liuzzi (I)	+ 2,605 Sek.
4.	Maik Heupel (D)	+ 10,062 Sek.
5.	Philipp Beyer (CH)	+ 12,810 Sek.
6.	Antti Katajakunnas (FIN)	+ 14,629 Sek.
7.	Andreas Feichtner (D)	+ 14,767 Sek.
8.	Philipp Jenig (D)	+ 16,656 Sek.
9.	Nelson van der Pol (NL)	+ 20,264 Sek.
10.	Tobias Maisch (D)	+ 23,814 Sek.

3. Lauf, Salzburgring (A), 10. Juni,
8 Rd. à 4,232 km = 76,176 km

1.	Marc Benz (CH)	27.34,798 Min.
2.	Jörg Hardt (D)	+ 2,963 Sek.
3.	Vitantonio Liuzzi (I)	+ 5,940 Sek.
4.	Marcel Lasée (D)	+ 7,800 Sek.
5.	Charles Zwolsman (NL)	+ 9,630 Sek.
6.	Tobias Alzenberger (D)	+ 10,312 Sek.
7.	Andreas Zuber (A)	+ 12,488 Sek.
8.	Maik Heupel (D)	+ 16,771 Sek.
9.	Fabian Denner (D)	+ 17,942 Sek.
10.	Tobias Pfister (D)	+ 24,367 Sek.

4. Lauf, Nürburgring (D), 22. Juli
16 Rd. à 4,556 km = 72,896 km

1.	Vitantonio Liuzzi (I)	27.11,699 Min.
2.	Marc Benz (CH)	+ 1,134 Sek.
3.	Charles Zwolsman (NL)	+ 8,772 Sek.
4.	Benjamin Leuenberger (CH)	+ 17,789 Sek.
5.	Fabian Denner (D)	+ 18,956 Sek.
6.	Andreas Feichtner (D)	+ 19,636 Sek.
7.	Andreas Zuber (A)	+ 26,444 Sek.
8.	Robert Schlünssen (DK)	+ 31,878 Sek.
9.	Christopher Brück (D)	+ 39,076 Sek.
10.	Marin Colak (CRO)	+ 42,330 Sek.

5. Lauf, EuroSpeedway (D), 5. August
16 Rd. à 4,534 km = 72,544 km

1.	Charles Zwolsman (NL)	28.30,828 Min.
2.	Marcel Lasée (D)	+ 0,304 Sek.
3.	Benjamin Leuenberger (CH)	+ 5,877 Sek.
4.	Vitantonio Liuzzi (I)	+ 11,625 Sek.
5.	Fabian Denner (D)	+ 12,747 Sek.
6.	Marco Knauf (D)	+ 19,435 Sek.
7.	Ross Zwolsman (NL)	+ 19,891 Sek.
8.	Christopher Brück (D)	+ 20,281 Sek.
9.	Maik Heupel (D)	+ 20,649 Sek.
10.	Jörg Hardt (D)	+ 25,079 Sek.

6. Lauf, Hockenheimring (D), 16. September
20 Rd. à 2,638 km = 52,760 km

1.	Marcel Lasée (D)	22.31,607 Min.
2.	Christopher Brück (D)	+ 6,363 Sek.
3.	Charles Zwolsman (NL)	+ 7,642 Sek.
4.	Ross Zwolsman (NL)	+ 8,653 Sek.
5.	Robert Schlünssen (DK)	+ 17,392 Sek.
6.	Manuel Benz (CH)	+ 18,343 Sek.
7.	Andreas Feichtner (D)	+ 35,045 Sek.
8.	Jos Menten (NL)	+ 41,937 Sek.
9.	Antti Katajakunnas (FIN)	+ 53,446 Sek.
10.	Philipp Jenig (D)	+ 1.06,685 Min.

7. Lauf, Nürburgring (D), 29. September
22 Rd. à 3,043 km = 66,946 km

1.	Marcel Lasée (D)	26.14,928 Min.
2.	Vitantonio Liuzzi (I)	+ 4,267 Sek.
3.	Christopher Brück (D)	+ 6,805 Sek.
4.	Tom Keller (L)	+ 9,307 Sek.
5.	Ross Zwolsman (NL)	+ 10,960 Sek.
6.	Andreas Zuber (A)	+ 12,824 Sek.
7.	Andre Scheidegger (CH)	+ 20,161 Sek.
8.	Jos Menten (NL)	+ 23,759 Sek.
9.	Maik Heupel (D)	+ 27,136 Sek.
10.	Fabian Denner (D)	+ 27,797 Sek.

8. Lauf, Oschersleben (D), 14. Oktober
19 Rd. à 3,667 km = 69,673 km

1.	Marcel Lasée (D)	27.27,705 Min.
2.	Charles Zwolsman (NL)	+ 9,216 Sek.
3.	Jörg Hardt (D)	+ 12,904 Sek.
4.	Vitantonio Liuzzi (I)	+ 21,763 Sek.
5.	Christopher Brück (D)	+ 29,945 Sek.
6.	Andreas Feichtner (D)	+ 31,647 Sek.
7.	Robert Schlünssen (DK)	+ 32,073 Sek.
8.	Maik Heupel (D)	+ 33,535 Sek.
9.	Andreas Zuber (A)	+ 34,373 Sek.
10.	Marco Knauf (D)	+ 34,898 Sek.

Endstand: 1. Marcel Lasée, 151 Punkte; 2. Vitantonio Liuzzi, 143; 3. Charles Zwolsman, 134; 4. Christopher Brück, 115; 5. Fabian Denner, 98; 6. Andreas Zuber, 82; 7. Maik Heupel, 80; 8. Andreas Feichtner, 75; 9. Jörg Hardt, 65; 10. Marc Benz, 64.

Formel Volkswagen

1. Lauf, Salzburgring (A), 10. Juni
17 Rd. à 4,232 km = 71,944 km

1.	Philip Cloostermans (B)	27.36,750 Min.
2.	Walter Lechner Jr. (A)	+ 4,366 Sek.
3.	Kim Hermans (B)	+ 30,210 Sek.
4.	Bastian Kolmsee (D)	+ 51,009 Sek.
5.	Florian Stoll (D)	+ 54,283 Sek.
6.	Christian Gratl (I)	+ 54,706 Sek.
7.	Henrik Wilking (D)	+ 59,083 Sek.
8.	Hubert Stromberger (A)	+ 1.03,132 Min.
9.	Sven Barth (D)	+ 1.03,446 Min.
10.	Jarno Unland (D)	+ 1.10,130 Min.

2. Lauf, Nürburgring (D), 21. Juli
16 Rd. à 4,556 km = 72,896 km

1.	Walter Lechner Jr. (A)	27.10,386 Min.
2.	Florian Stoll (D)	+ 1,065 Sek.
3.	Philip Cloostermans (B)	+ 14,318 Sek.
4.	Marko Nevalainen (FIN)	+ 19,640 Sek.
5.	Bastian Kolmsee (D)	+ 23,554 Sek.
6.	Kim Hermans (B)	+ 30,235 Sek.
7.	Rob Nguyen (AUS)	+ 35,297 Sek.
8.	Stefan Haak (D)	+ 36,051 Sek.
9.	Patric Rauscher (D)	+ 37,821 Sek.
10.	Jarno Unland (D)	+ 42,643 Sek.

3. Lauf, EuroSpeedway (D), 5. August
16 Rd. à 4,534 km = 72,544 km

1.	Sven Barth (D)	28.14,991 Min.
2.	Rob Nguyen (AUS)	+ 4,019 Sek.
3.	Elran Nijenhuis (NL)	+ 4,710 Sek.
4.	Walter Lechner Jr. (A)	+ 19,173 Sek.
5.	Stefan Haak (D)	+ 21,068 Sek.
6.	Marko Nevalainen (FIN)	+ 21,194 Sek.
7.	Peter Heinrichsberger (D)	+ 22,276 Sek.
8.	Kim Hermans (B)	+ 28,538 Sek.
9.	Christian Mamerow (D)	+ 35,780 Sek.
10.	Sebastian Zschirpe (D)	+ 36,392 Sek.

4. Lauf, Zolder (B), 19. August
12 Rd. à 3,977 km = 47,724 km

1.	Marko Nevalainen (FIN)	19.06,885 Min.
2.	Philip Cloostermans (B)	+ 2,125 Sek.
3.	Sven Barth (D)	+ 2,642 Sek.
4.	Jarno Unland (D)	+ 3,768 Sek.
5.	Elran Nijenhuis (NL)	+ 7,113 Sek.
6.	Stefan Haak (D)	+ 9,719 Sek.
7.	Walter Lechner Jr. (A)	+ 9,986 Sek.
8.	Marc Caldonazzi (I)	+ 13,509 Sek.
9.	Rob Nguyen (AUS)	+ 15,663 Sek.
10.	Christian Mamerow (D)	+ 23,537 Sek.

5. Lauf, A1-Ring (A), 26. August
14 Rd. à 4,326 km = 60,564 km

1.	Sven Barth (D)	22.30,116 Min.
2.	Walter Lechner Jr. (A)	+ 12,984 Sek.
3.	Florian Stoll (D)	+ 26,057 Sek.
4.	Philip Cloostermans (B)	+ 26,919 Sek.
5.	Bastian Kolmsee (D)	+ 29,919 Sek.
6.	Jarno Unland (D)	+ 33,057 Sek.
7.	Elran Nijenhuis (NL)	+ 41,948 Sek.
8.	Patric Rauscher (D)	+ 42,088 Sek.
9.	Stefan Haak (D)	+ 42,981 Sek.
10.	Rob Nguyen (AUS)	+ 44,027 Sek.

6. Lauf, Hockenheimring (D), 16. September
21 Rd. à 2,638 km = 55,398 km

1.	Marc Caldonazzi (I)	27.09,659 Min.
2.	Philip Cloostermans (B)	+ 2,706 Sek.
3.	Peter Heinrichsberger (D)	+ 30,752 Sek.
4.	Bastian Kolmsee (D)	+ 33,604 Sek.
5.	Sebastian Zschirpe (D)	+ 35,279 Sek.
6.	Florian Stoll (D)	+ 41,203 Sek.
7.	Jarno Unland (D)	+ 1.08,755 Min.
8.	Elran Nijenhuis (NL)	- 1 Rd.
9.	Stefan Haak (D)	- 1 Rd.
10.	Michael Zottler (A)	- 1 Rd.

7. Lauf, Zandvoort (NL), 23. September
13 Rd. à 4,300 km = 55,900 km

1.	Sven Barth (D)	21.59,287 Min.
2.	Marc Caldonazzi (I)	+ 3,214 Sek.
3.	Philip Cloostermans (B)	+ 5,595 Sek.
4.	Marko Nevalainen (FIN)	+ 7,974 Sek.
5.	Walter Lechner Jr. (A)	+ 8,721 Sek.
6.	Florian Stoll (D)	+ 11,420 Sek.
7.	Elran Nijenhuis (NL)	+ 13,099 Sek.
8.	Rob Nguyen (AUS)	+ 17,787 Sek.
9.	Jarno Unland (D)	+ 18,477 Sek.
10.	Stefan Haak (D)	+ 24,831 Sek.

8. Lauf, Nürburgring (D), 30. September
23 Rd. à 3,043 km = 69,989 km

1.	Elran Nijenhuis (NL)	27.16,340 Min.
2.	Walter Lechner Jr. (A)	+ 3,812 Sek.
3.	Sven Barth (D)	+ 5,715 Sek.
4.	Stefan Haak (D)	+ 13,721 Sek.
5.	Marko Nevalainen (FIN)	+ 13,908 Sek.
6.	Marc Caldonazzi (I)	+ 14,162 Sek.
7.	Rob Nguyen (AUS)	+ 26,717 Sek.
8.	Philip Cloostermans (B)	+ 26,821 Sek.
9.	Kim Hermans (B)	+ 27,542 Sek.
10.	Hubert Stromberger (A)	+ 30,138 Sek.

9. Lauf, Oschersleben (D), 14. Oktober
19 Rd. à 3,667 km = 69,673 km

1.	Walter Lechner Jr. (A)	27.43,181 Min.
2.	Elran Nijenhuis (NL)	+ 16,110 Sek.
3.	Rob Nguyen (AUS)	+ 16,968 Sek.
4.	Jarno Unland (D)	+ 17,869 Sek.
5.	Christian Gratl (I)	+ 18,132 Sek.
6.	Marc Caldonazzi (I)	+ 20,024 Sek.
7.	Florian Stoll (D)	+ 20,303 Sek.
8.	Bastian Kolmsee (D)	+ 20,689 Sek.
9.	Sebastian Zschirpe (D)	+ 21,493 Sek.
10.	Kim Hermans (B)	+ 22,558 Sek.

Endstand: 1. Walter Lechner Jr., 179 Punkte; 2. Philip Cloostermans, 155; 3. Sven Barth, 148; 4. Elran Nijenhuis, 131; 5. Rob Nguyen, 118; 6. Florian Stoll, 110; 7. Marc Caldonazzi, 107; 8. Jarno Unland, 107; 9. Marko Nevalainen, 105; 10. Stefan Haak, 102.

BMW Formel ADAC M.

1. Lauf, Hockenheimring (D), 21. April
17 Rd. à 2,638 km = 44,846 km

1.	Christian Klien (A)	20.48,778 Min.
2.	Timo Glock (D)	+ 1,801 Sek.
3.	Franz Schmöller (D)	+ 4,280 Sek.
4.	Marvin Bylitza (D)	+ 19,474 Sek.
5.	Ina Fabry (D)	+ 22,630 Sek.
6.	Benedikt gr. Darrelmann (D)	+ 27,998 Sek.
7.	Remo Lips (CH)	+ 33,343 Sek.
8.	Hannes Neuhauser (A)	+ 34,925 Sek.
9.	Giacomo Ricci (I)	+ 37,315 Sek.
10.	Philipp Eberle (FL)	+ 39,074 Sek.

2. Lauf, Hockenheimring (D), 22. April
19 Rd. à 2,638 km = 50,122 km

1.	Timo Glock (D)	21.09,236 Min.
2.	Christian Klien (A)	+ 3,318 Sek.
3.	Marvin Bylitza (D)	+ 16,289 Sek.
4.	Hendrik Vieth (D)	+ 18,533 Sek.
5.	Richard Lietz (A)	+ 23,888 Sek.
6.	Christian Mamerow (D)	+ 24,872 Sek.
7.	Hannes Neuhauser (A)	+ 25,317 Sek.
8.	Ina Fabry (D)	+ 25,687 Sek.
9.	Marc Hennerici (D)	+ 46,124 Sek.
10.	Catharina Felser (D)	+ 52,899 Sek.

3. Lauf, Nürburgring (D), 5. Mai
11 Rd. à 4,556 km = 50,116 km

1.	Timo Glock (D)	19.43,847 Min.
2.	Hendrik Vieth (D)	+ 1,418 Sek.
3.	Alexander Margaritis (D)	+ 9,835 Sek.
4.	Franz Schmöller (D)	+ 14,701 Sek.
5.	Giacomo Ricci (I)	+ 18,711 Sek.
6.	Marvin Bylitza (D)	+ 19,718 Sek.
7.	Benedikt gr. Darrelmann (D)	+ 19,954 Sek.
8.	Sascha Lauer-Ruf (D)	+ 23,490 Sek.
9.	Philipp Eberle (FL)	+ 24,298 Sek.
10.	Aki Rask (FIN)	+ 31,871 Sek.

4. Lauf, Nürburgring (D), 6. Mai
11 Rd. à 4,556 km = 50,116 km

1.	Hendrik Vieth (D)	19.43,439 Min.
2.	Alexander Margaritis (D)	+ 1,452 Sek.
3.	Franz Schmöller (D)	+ 2,219 Sek.
4.	Sascha Lauer-Ruf (D)	+ 8,503 Sek.
5.	Giacomo Ricci (I)	+ 9,260 Sek.
6.	Benedikt gr. Darrelmann (D)	+ 10,058 Sek.
7.	Marvin Bylitza (D)	+ 11,066 Sek.
8.	Philipp Eberle (FL)	+ 19,201 Sek.
9.	Remo Lips (CH)	+ 19,720 Sek.
10.	Aki Rask (FIN)	+ 23,515 Sek.

5. Lauf, Oschersleben (D), 19. Mai
14 Rd. à 3,667 km = 51,338 km
1. Hendrik Vieth (D) 21.10,220 Min.
2. Christian Klien (A) + 0,307 Sek.
3. Marc Hennerici (D) + 6,887 Sek.
4. Marvin Bylitza (D) + 7,105 Sek.
5. Christian Mamerow (D) + 11,477 Sek.
6. Richard Lietz (A) + 11,858 Sek.
7. Giacomo Ricci (I) + 12,429 Sek.
8. Sascha Lauer-Ruf (D) + 17,509 Sek.
9. Catharina Felser (D) + 19,968 Sek.
10. Aki Rask (FIN) + 20,680 Sek.

6. Lauf, Oschersleben (D), 20. Mai
14 Rd. à 3,667 km = 51,338 km
1. Hendrik Vieth (D) 21.09,814 Min.
2. Christian Klien (A) + 0,053 Sek.
3. Marc Hennerici (D) + 6,031 Sek.
4. Richard Lietz (A) + 6,987 Sek.
5. Marvin Bylitza (D) + 7,097 Sek.
6. Giacomo Ricci (I) + 9,661 Sek.
7. Franz Schmöller (D) + 10,058 Sek.
8. Remo Lips (CH) + 14,831 Sek.
9. Hannes Neuhauser (A) + 15,322 Sek.
10. Sascha Lauer-Ruf (D) + 18,250 Sek.

7. Lauf, Sachsenring (D), 16. Juni
14 Rd. à 3,645 km = 51,030 km
1. Christian Klien (A) 20.23,325 Min.
2. Marvin Bylitza (D) + 7,194 Sek.
3. Franz Schmöller (D) + 10,801 Sek.
4. Hendrik Vieth (D) + 12,598 Sek.
5. Timo Glock (D) + 17,023 Sek.
6. Richard Lietz (A) + 20,034 Sek.
7. Benedikt gr. Darrelmann (D) + 20,745 Sek.
8. Alexander Margaritis (D) + 22,618 Sek.
9. Hannes Neuhauser (A) + 34,037 Sek.
10. Catharina Felser (D) + 34,206 Sek.

8. Lauf, Sachsenring (D), 17. Juni
14 Rd. à 3,645 km = 51,030 km
1. Christian Klien (A) 21.12,383 Min.
2. Hendrik Vieth (D) + 4,871 Sek.
3. Franz Schmöller (D) + 12,378 Sek.
4. Timo Glock (D) + 12,619 Sek.
5. Benedikt gr. Darrelmann (D) + 21,394 Sek.
6. Marvin Bylitza (D) + 30,178 Sek.
7. Alexander Margaritis (D) + 30,499 Sek.
8. Marc Hennerici (D) + 38,447 Sek.
9. Sebastian Riedel (D) + 38,571 Sek.
10. Aki Rask (FIN) + 50,169 Sek.

9. Lauf, Nürburgring (D), 23. Juni
11 Rd. à 4,556 km = 50,116 km
1. Christian Klien (A) 19.52,717 Min.
2. Timo Glock (D) + 6,528 Sek.
3. Marvin Bylitza (D) + 8,538 Sek.
4. Alexander Margaritis (D) + 13,766 Sek.
5. Sascha Lauer-Ruf (D) + 14,849 Sek.
6. Christian Mamerow (D) + 16,385 Sek.
7. Remo Lips (CH) + 16,740 Sek.
8. Richard Lietz (A) + 18,329 Sek.
9. Marc Hennerici (D) + 18,744 Sek.
10. Franz Schmöller (D) + 23,688 Sek.

10. Lauf, Nürburgring (D), 24. Juni
11 Rd. à 4,556 km = 50,116 km
1. Timo Glock (D) 22.04,359 Min.
2. Christian Klien (A) + 0,645 Sek.
3. Christian Mamerow (D) + 1,417 Sek.
4. Sascha Lauer-Ruf (D) + 5,076 Sek.
5. Alexander Margaritis (D) + 5,389 Sek.
6. Marvin Bylitza (D) + 5,642 Sek.
7. Hendrik Vieth (D) + 6,505 Sek.
8. Benedikt gr. Darrelmann (D) + 7,566 Sek.
9. Richard Lietz (A) + 9,987 Sek.
10. Remo Lips (CH) + 10,737 Sek.

11. Lauf, Norisring (D), 7. Juli
22 Rd. à 2,300 km = 50,600 km
1. Hendrik Vieth (D) 20.50,642 Min.
2. Benedikt gr. Darrelmann (D) + 5,792 Sek.
3. Timo Glock (D) + 8,062 Sek.
4. Franz Schmöller (D) + 8,277 Sek.
5. Marvin Bylitza (D) + 16,520 Sek.
6. Richard Lietz (A) + 21,550 Sek.
7. Christian Mamerow (D) + 23,606 Sek.
8. Hannes Neuhauser (A) + 27,706 Sek.
9. Remo Lips (CH) + 28,739 Sek.
10. Giacomo Ricci (I) + 31,782 Sek.

12. Lauf, Norisring (D), 8. Juli
18 Rd. à 2,300 km = 41,400 km
1. Timo Glock (D) 19.59,470 Min.
2. Hendrik Vieth (D) + 0,050 Sek.
3. Benedikt gr. Darrelmann (D) + 2,576 Sek.
4. Richard Lietz (A) + 5,415 Sek.
5. Hannes Neuhauser (A) + 5,538 Sek.
6. Christian Klien (A) + 5,873 Sek.
7. Remo Lips (CH) + 6,300 Sek.
8. Marvin Bylitza (D) + 6,733 Sek.
9. Catharina Felser (D) + 14,512 Sek.
10. Aki Rask (FIN) + 23,377 Sek.

13. Lauf, EuroSpeedway (D), 11. August
12 Rd. à 4,534 km = 54,408 km
1. Timo Glock (D) 21.58,265 Min.
2. Richard Lietz (A) + 2,725 Sek.
3. Christian Klien (A) + 6,667 Sek.
4. Hendrik Vieth (D) + 10,805 Sek.
5. Christian Mamerow (D) + 12,318 Sek.
6. Marvin Bylitza (D) + 13,659 Sek.
7. Remo Lips (CH) + 15,931 Sek.
8. Franz Schmöller (D) + 18,983 Sek.
9. Benedikt gr. Darrelmann (D) + 25,105 Sek.
10. Alexander Margaritis (D) + 33,419 Sek.

14. Lauf, EuroSpeedway (D), 12. August
8 Rd. à 4,534 km = 36,272 km
1. Richard Lietz (A) 16.14,234 Min.
2. Timo Glock (D) + 0,747 Sek.
3. Hendrik Vieth (D) + 1,468 Sek.
4. Marvin Bylitza (D) + 2,170 Sek.
5. Alexander Margaritis (D) + 2,715 Sek.
6. Catharina Felser (D) + 3,230 Sek.
7. Benedikt gr. Darrelmann (D) + 6,907 Sek.
8. Philipp Eberle (FL) + 7,237 Sek.
9. Remo Lips (CH) + 8,291 Sek.
10. Christian Klien (A) + 9,329 Sek.

15. Lauf, Nürburgring (D), 25. August
17 Rd. à 3,038 km = 51,646 km
1. Timo Glock (D) 20.17,385 Min.
2. Christian Klien (A) + 1,415 Sek.
3. Richard Lietz (A) + 16,606 Sek.
4. Franz Schmöller (D) + 20,372 Sek.
5. Marcel Krajnc (A) + 27,505 Sek.
6. Hendrik Vieth (D) + 33,145 Sek.
7. Catharina Felser (D) + 33,969 Sek.
8. Giacomo Ricci (I) + 34,105 Sek.
9. Ina Fabry (D) + 34,945 Sek.
10. Marco la Mela (D) + 45,377 Sek.

16. Lauf, Nürburgring (D), 26. August
17 Rd. à 3,038 km = 51,646 km
1. Timo Glock (D) 20.21,665 Min.
2. Hendrik Vieth (D) + 1,167 Sek.
3. Richard Lietz (A) + 3,670 Sek.
4. Franz Schmöller (D) + 7,462 Sek.
5. Christian Klien (A) + 9,964 Sek.
6. Marcel Krajnc (A) + 12,225 Sek.
7. Alexander Margaritis (D) + 15,075 Sek.
8. Catharina Felser (D) + 16,734 Sek.
9. Marvin Bylitza (D) + 21,155 Sek.
10. Christian Mamerow (D) + 22,009 Sek.

17. Lauf, A1-Ring (A), 8. September
12 Rd. à 4,326 km = 51,912 km
1. Timo Glock (D) 20.33,699 Min.
2. Hendrik Vieth (D) + 0,464 Sek.
3. Christian Klien (A) + 6,049 Sek.
4. Giacomo Ricci (I) + 6,386 Sek.
5. Franz Schmöller (D) + 15,613 Sek.
6. Alexander Margaritis (D) + 17,437 Sek.
7. Remo Lips (CH) + 19,355 Sek.
8. Marvin Bylitza (D) + 21,571 Sek.
9. Sascha Lauer-Ruf (D) + 22,883 Sek.
10. Benedikt gr. Darrelmann (D) + 25,094 Sek.

18. Lauf, A1-Ring (A), 9. September
12 Rd. à 4,326 km = 51,912 km
1. Christian Klien (A) 20.49,843 Min.
2. Timo Glock (D) + 1,855 Sek.
3. Giacomo Ricci (I) + 19,164 Sek.
4. Franz Schmöller (D) + 19,996 Sek.
5. Remo Lips (CH) + 25,545 Sek.
6. Hannes Neuhauser (A) + 28,028 Sek.
7. Richard Lietz (A) + 29,021 Sek.
8. Benedikt gr. Darrelmann (D) + 30,433 Sek.
9. Marvin Bylitza (D) + 32,585 Sek.
10. Ina Fabry (D) + 35,132 Sek.

19. Lauf, Hockenheimring (D), 6. Oktober
8 Rd. à 6,823 km = 54,584 km
1. Giacomo Ricci (I) 19.23,155 Min.
2. Hendrik Vieth (D) + 0,604 Sek.
3. Christian Klien (A) + 1,475 Sek.
4. Alexander Margaritis (D) + 4,007 Sek.
5. Timo Glock (D) + 4,155 Sek.
6. Franz Schmöller (D) + 4,673 Sek.
7. Richard Lietz (A) + 5,766 Sek.
8. Christian Mamerow (D) + 9,171 Sek.
9. Sascha Lauer-Ruf (D) + 10,207 Sek.
10. Philipp Eberle (FL) + 11,624 Sek.

20. Lauf, Hockenheimring (D), 7. Oktober
7 Rd. à 6,823 km = 47,761 km
1. Giacomo Ricci (I) 20.43,048 Min.
2. Hendrik Vieth (D) + 5,183 Sek.
3. Franz Schmöller (D) + 9,508 Sek.
4. Timo Glock (D) + 12,156 Sek.
5. Alexander Margaritis (D) + 13,540 Sek.
6. Richard Lietz (A) + 15,636 Sek.
7. Sascha Lauer-Ruf (D) + 19,107 Sek.
8. Philipp Eberle (FL) + 24,318 Sek.
9. Benedikt gr. Darrelmann (D) + 27,730 Sek.
10. Hannes Neuhauser (A) + 39,366 Sek.

Endstand: 1. Timo Glock, 268 Punkte; 2. Hendrik Vieth, 237; 3. Christian Klien, 226; 4. Franz Schmöller, 132; 5. Richard Lietz, 124; 6. Marvin Bylitza, 123; 7. Giacomo Ricci, 94; 8. Alexander Margaritis, 89; 9. Benedikt gr. Darrelmann, 70; 10. Christian Mamerow, 48.

BMW ADAC Formel Junior Cup

1. Lauf, Hockenheimring (D), 21. April
16 Rd. à 2,638 km = 42,208 km
1. Reinhard Kofler (A) 20.52,897 Min.
2. Maro Engel (D) + 8,483 Sek.
3. Stefan Proetto (I) + 9,986 Sek.
4. Robert Kath (D) + 12,227 Sek.
5. Andreas Funkenhauser (D) + 12,599 Sek.
6. Patrick Schöne (D) + 17,749 Sek.
7. Dominik Farnbacher (D) + 1.14,825 Min.

2. Lauf, Hockenheimring (D), 22. April
18 Rd. à 2,638 km = 47,484 km
1. Thomas Holzer (D) 22.01,386 Min.
2. Robert Kath (D) + 0,841 Sek.
3. Stefan Proetto (I) + 2,166 Sek.
4. Claudio Torre (I) + 2,293 Sek.
5. Andreas Funkenhauser (D) + 2,423 Sek.
6. Reinhard Kofler (A) - 1 Rd.

3. Lauf, Nürburgring (D), 5. Mai
11 Rd. à 4,556 km = 50,116 km
1. Reinhard Kofler (A) 20.59,913 Min.
2. Stefan Proetto (I) + 1,448 Sek.
3. Claudio Torre (I) + 1,684 Sek.
4. Maro Engel (D) + 1,993 Sek.
5. Patrick Schöne (D) + 11,937 Sek.
6. Thomas Holzer (D) + 17,728 Sek.
7. Dominik Farnbacher (D) + 36,373 Sek.
8. Andreas Funkenhauser (D) - 1 Rd.
9. Timo Lienemann (D) - 2 Rd.

4. Lauf, Nürburgring (D), 6. Mai
11 Rd. à 4,556 km = 50,116 km
1. Patrick Schöne (D) 20.52,816 Min.
2. Thomas Holzer (D) + 5,060 Sek.
3. Maro Engel (D) + 5,285 Sek.
4. Andreas Funkenhauser (D) + 5,718 Sek.
5. Robert Kath (D) + 6,700 Sek.
6. Stefan Proetto (I) + 15,171 Sek.
7. Claudio Torre (I) + 17,714 Sek.
8. Reinhard Kofler (A) + 28,665 Sek.
9. Timo Lienemann (D) + 29,245 Sek.
10. Dominik Farnbacher (D) - 1 Rd.

5. Lauf, Oschersleben (D), 19. Mai
14 Rd. à 3,667 km = 51,338 km
1. Patrick Schöne (D) 22.01,369 Min.
2. Reinhard Kofler (A) + 0,821 Sek.
3. Stefan Proetto (I) + 1,671 Sek.
4. Maro Engel (D) + 2,794 Sek.
5. Robert Kath (D) + 6,337 Sek.
6. Andreas Funkenhauser (D) + 8,179 Sek.
7. Thomas Holzer (D) + 12,747 Sek.
8. Dominik Farnbacher (D) + 32,460 Sek.
9. Timo Lienemann (D) + 43,077 Sek.

6. Lauf, Oschersleben (D), 20. Mai
14 Rd. à 3,667 km = 51,338 km
1. Patrick Schöne (D) 22.03,982 Min.

2. Andreas Funkenhauser (D) . . . . + 0,590 Sek.
3. Robert Kath (D) . . . . + 2,595 Sek.
4. Maro Engel (D) . . . . + 4,542 Sek.
5. Claudio Torre (I) . . . . + 6,198 Sek.
6. Thomas Holzer (D) . . . . + 21,824 Sek.
7. Reinhard Kofler (A) . . . . + 25,062 Sek.
8. Dominik Farnbacher (D) . . . . + 31,812 Sek.
9. Timo Lienemann (D) . . . . - 4 Rd.

7. Lauf, Sachsenring (D), 16. Juni
14 Rd. à 3,645 km = 51,030 km
1. Maro Engel (D) . . . . 21.30,789 Min.
2. Thomas Holzer (D) . . . . + 0,111 Sek.
3. Claudio Torre (I) . . . . + 4,815 Sek.
4. Robert Kath (D) . . . . + 8,305 Sek.
5. Dominik Farnbacher (D) . . . . + 23,573 Sek.
6. Andreas Funkenhauser (D) . . . . - 1 Rd.
7. Timo Lienemann (D) . . . . - 1 Rd.
8. Reinhard Kofler (A) . . . . - 3 Rd.

8. Lauf, Sachsenring (D), 17. Juni
13 Rd. à 3,645 km = 47,385 km
1. Dominik Farnbacher (D) . . . . 21.26,984 Min.
2. Stefan Proetto (I) . . . . + 0,839 Sek.
3. Thomas Holzer (D) . . . . + 1,062 Sek.
4. Timo Lienemann (D) . . . . + 15,148 Sek.
5. Patrick Schöne (D) . . . . + 15,254 Sek.
6. Reinhard Kofler (A) . . . . + 29,851 Sek.
7. Robert Kath (D) . . . . - 3 Rd.

9. Lauf, Nürburgring (D), 23. Juni
11 Rd. à 4,556 km = 50,116 km
1. Robert Kath (D) . . . . 20.52,033 Min.
2. Reinhard Kofler (A) . . . . + 0,635 Sek.
3. Patrick Schöne (D) . . . . + 9,332 Sek.
4. Claudio Torre (I) . . . . + 9,671 Sek.
5. Maro Engel (D) . . . . + 10,327 Sek.
6. Andreas Funkenhauser (D) . . . . + 15,998 Sek.
7. Dominik Farnbacher (D) . . . . + 23,625 Sek.
8. Timo Lienemann (D) . . . . + 25,826 Sek.

10. Lauf, Nürburgring (D), 24. Juni
11 Rd. à 4,556 km = 50,116 km
1. Patrick Schöne (D) . . . . 22.39,711 Min.
2. Reinhard Kofler (A) . . . . + 0,148 Sek.
3. Maro Engel (D) . . . . + 16,774 Sek.
4. Claudio Torre (I) . . . . + 17,289 Sek.
5. Stefan Proetto (I) . . . . + 18,325 Sek.
6. Andreas Funkenhauser (D) . . . . + 19,539 Sek.
7. Timo Lienemann (D) . . . . + 24,854 Sek.
8. Dominik Farnbacher (D) . . . . + 25,528 Sek.

11. Lauf, Norisring (D), 7. Juli
22 Rd. à 2,300 km = 50,600 km
1. Reinhard Kofler (A) . . . . 21.45,017 Min.
2. Stefan Proetto (I) . . . . + 0,429 Sek.
3. Claudio Torre (I) . . . . - 1 Rd.
4. Patrick Schöne (D) . . . . - 1 Rd.
5. Maro Engel (D) . . . . - 1 Rd.
6. Dominik Farnbacher (D) . . . . - 1 Rd.
7. Andreas Funkenhauser (D) . . . . - 1 Rd.
8. Timo Lienemann (D) . . . . - 1 Rd.
9. Robert Kath (D) . . . . - 6 Rd.

12. Lauf, Norisring (D), 8. Juli
18 Rd. à 2,300 km = 41,400 km
1. Reinhard Kofler (A) . . . . 20.26,393 Min.
2. Maro Engel (D) . . . . + 1,931 Sek.
3. Patrick Schöne (D) . . . . + 2,031 Sek.
4. Claudio Torre (I) . . . . + 2,840 Sek.
5. Thomas Holzer (D) . . . . + 3,884 Sek.
6. Robert Kath (D) . . . . + 8,988 Sek.
7. Timo Lienemann (D) . . . . + 11,600 Sek.
8. Dominik Farnbacher (D) . . . . + 13,880 Sek.
9. Andreas Funkenhauser (D) . . . . + 15,038 Sek.

13. Lauf, EuroSpeedway (D), 11. August
12 Rd. à 4,534 km = 54,408 km
1. Reinhard Kofler (A) . . . . 23.06,457 Min.
2. Claudio Torre (I) . . . . + 5,287 Sek.
3. Patrick Schöne (D) . . . . + 9,346 Sek.
4. Robert Kath (D) . . . . + 16,225 Sek.
5. Dominik Farnbacher (D) . . . . + 22,132 Sek.
6. Maro Engel (D) . . . . + 30,377 Sek.
7. Andreas Funkenhauser (D) . . . . + 37,259 Sek.
8. Timo Lienemann (D) . . . . - 1 Rd.

14. Lauf, EuroSpeedway (D), 12. August
8 Rd. à 4,534 km = 36,272 km
1. Reinhard Kofler (A) . . . . 16.28,902 Min.
2. Claudio Torre (I) . . . . + 0,645 Sek.
3. Maro Engel (D) . . . . + 2,011 Sek.
4. Robert Kath (D) . . . . + 2,873 Sek.
5. Thomas Holzer (D) . . . . + 3,627 Sek.
6. Patrick Schöne (D) . . . . + 4,710 Sek.
7. Dominik Farnbacher (D) . . . . + 5,739 Sek.
8. Timo Lienemann (D) . . . . + 6,086 Sek.

15. Lauf, Nürburgring (D), 25. August
17 Rd. à 3,038 km = 51,646 km
1. Stefan Proetto (I) . . . . 21.12,980 Min.
2. Maro Engel (D) . . . . + 0,527 Sek.
3. Reinhard Kofler (A) . . . . + 0,639 Sek.
4. Timo Lienemann (D) . . . . + 4,239 Sek.
5. Robert Kath (D) . . . . + 5,942 Sek.
6. Patrick Schöne (D) . . . . + 9,245 Sek.
7. Claudio Torre (I) . . . . + 16,310 Sek.
8. Thomas Holzer (D) . . . . - 1 Rd.
9. Andreas Funkenhauser (D) . . . . - 1 Rd.
10. Dominik Farnbacher (D) . . . . - 1 Rd.

16. Lauf, Nürburgring (D), 26. August
17 Rd. à 3,038 km = 51,646 km
1. Robert Kath (D) . . . . 21.19,385 Min.
2. Timo Lienemann (D) . . . . + 3,613 Sek.
3. Patrick Schöne (D) . . . . + 13,856 Sek.
4. Andreas Funkenhauser (D) . . . . + 14,061 Sek.
5. Dominik Farnbacher (D) . . . . - 1 Rd.
6. Thomas Holzer (D) . . . . - 1 Rd.

17. Lauf, A1-Ring (A), 8. September
12 Rd. à 4,326 km = 51,912 km
1. Stefan Proetto (I) . . . . 21.31,843 Min.
2. Reinhard Kofler (A) . . . . + 5,868 Sek.
3. Patrick Schöne (D) . . . . + 6,124 Sek.
4. Andreas Funkenhauser (D) . . . . + 6,883 Sek.
5. Robert Kath (D) . . . . + 14,181 Sek.
6. Timo Lienemann (D) . . . . + 34,890 Sek.
7. Thomas Holzer (D) . . . . + 41,390 Sek.
8. Dominik Farnbacher (D) . . . . - 1 Rd.

18. Lauf, A1-Ring (A), 9. September
12 Rd. à 4,326 km = 51,912 km
1. Reinhard Kofler (A) . . . . 22.27,612 Min.
2. Robert Kath (D) . . . . + 4,536 Sek.
3. Claudio Torre (I) . . . . + 4,991 Sek.
4. Maro Engel (D) . . . . + 12,008 Sek.
5. Andreas Funkenhauser (D) . . . . + 19,868 Sek.
6. Patrick Schöne (D) . . . . + 22,425 Sek.
7. Thomas Holzer (D) . . . . - 1 Rd.

19. Lauf, Hockenheimring (D), 6. Oktober
8 Rd. à 6,823 km = 54,584 km
1. Maro Engel (D) . . . . 20.26,527 Min.
2. Patrick Schöne (D) . . . . + 7,711 Sek.
3. Robert Kath (D) . . . . + 13,053 Sek.
4. Thomas Holzer (D) . . . . + 15,948 Sek.
5. Andreas Funkenhauser (D) . . . . + 16,104 Sek.
6. Dominik Farnbacher (D) . . . . + 31,911 Sek.

20. Lauf, Hockenheimring (D), 7. Oktober
7 Rd. à 6,823 km = 47,761 km
1. Maro Engel (D) . . . . 21.49,161 Min.
2. Patrick Schöne (D) . . . . + 1,886 Sek.
3. Robert Kath (D) . . . . + 11,016 Sek.
4. Thomas Holzer (D) . . . . + 12,755 Sek.
5. Andreas Funkenhauser (D) . . . . + 15,657 Sek.
6. Reinhard Kofler (A) . . . . + 30,872 Sek.
7. Dominik Farnbacher (D) . . . . + 34,984 Sek.
8. Claudio Torre (I) . . . . + 42,145 Sek.
9. Stefan Proetto (I) . . . . + 47,968 Sek.

Endstand: 1. Reinhard Kofler, 240 Punkte; 2. Patrick Schöne, 220; 3. Maro Engel, 203; 4. Robert Kath, 190; 5. Stefan Proetto, 137; 6. Claudio Torre, 137; 7. Thomas Holzer, 131; 8. Andreas Funkenhauser, 124; 9. Dominik Farnbacher, 93; 10. Timo Lienemann, 73.

Formel König

1. Lauf, Oschersleben (D), 28. April
12 Rd. à 3,667 km = 44,004 km
1. Fabian Brameier (D) . . . . 22.23,883 Min.
2. Thomas Westarp (D) . . . . + 4,438 Sek.
3. Daniel la Rosa (D) . . . . + 7,797 Sek.
4. Mike Rockenfeller (D) . . . . + 9,543 Sek.
5. Jeff Raach (L) . . . . + 11,084 Sek.
6. Stefan Tiesmeyer (D) . . . . + 14,800 Sek.
7. Marco Dürr (D) . . . . + 30,277 Sek.
8. Markus Mann (D) . . . . + 32,968 Sek.
9. Stephan Czerwonka (D) . . . . + 33,395 Sek.
10. Marc Theis (D) . . . . + 48,042 Sek.

2. Lauf, EuroSpeedway (D), 13. Mai
15 Rd. à 4,534 km = 68,010 km
1. Jeff Raach (L) . . . . 28.14,438 Min.
2. Mike Rockenfeller (D) . . . . + 1,655 Sek.
3. Daniel la Rosa (D) . . . . + 3,139 Sek.
4. Thomas Westarp (D) . . . . + 11,818 Sek.
5. Fabian Brameier (D) . . . . + 12,924 Sek.
6. Stephanie Halm (D) . . . . + 12,995 Sek.
7. Stephan Czerwonka (D) . . . . + 14,180 Sek.
8. Marco Dürr (D) . . . . + 17,463 Sek.
9. Stefan Tiesmeyer (D) . . . . + 17,755 Sek.
10. Marc Theis (D) . . . . + 22,543 Sek.

3. Lauf, Salzburgring (A), 10. Juni
16 Rd. à 4,232 km = 67,712 km
1. Thomas Westarp (D) . . . . 26.47,219 Min.
2. Fabian Brameier (D) . . . . + 5,607 Sek.
3. Franz Kuncic (A) . . . . + 10,718 Sek.
4. Jeff Raach (L) . . . . + 11,224 Sek.
5. Marc Theis (D) . . . . + 11,480 Sek.
6. Daniel la Rosa (D) . . . . + 11,699 Sek.
7. Felix Gropengießer (D) . . . . + 14,264 Sek.
8. Stephanie Halm (D) . . . . + 23,204 Sek.
9. Markus Mann (D) . . . . + 27,175 Sek.
10. Anja Krause (D) . . . . + 27,778 Sek.

4. Lauf, Nürburgring (D), 22. Juli
15 Rd. à 4,556 km = 68,340 km
1. Stefan Tiesmeyer (D) . . . . 26.59,784 Min.
2. Daniel la Rosa (D) . . . . + 2,965 Sek.
3. Thomas Westarp (D) . . . . + 5,706 Sek.
4. Stephan Czerwonka (D) . . . . + 7,224 Sek.
5. Fabian Brameier (D) . . . . + 8,504 Sek.
6. Marco Dürr (D) . . . . + 8,763 Sek.
7. Jeff Raach (L) . . . . + 9,551 Sek.
8. Jochen Nerpel (D) . . . . + 12,656 Sek.
9. Stephanie Halm (D) . . . . + 13,255 Sek.
10. Marc Theis (D) . . . . + 13,855 Sek.

5. Lauf, EuroSpeedway (D), 6. August
14 Rd. à 4,534 km = 63,476 km
1. Marco Dürr (D) . . . . 28.33,733 Min.
2. Markus Mann (D) . . . . + 2,878 Sek.
3. Jochen Nerpel (D) . . . . + 9,963 Sek.
4. Gina-Maria Adenauer (D) . . . . + 1.00,930 Min.
5. Jeff Raach (L) . . . . + 1.09,313 Min.
6. Franz Kuncic (A) . . . . + 1.10,493 Min.
7. Daniel la Rosa (D) . . . . + 1.27,240 Min.
8. Stephanie Halm (D) . . . . + 1.27,531 Min.
9. Björn Corzilius (D) . . . . + 1.28,172 Min.
10. Christoph Mutzl (D) . . . . + 1.28,280 Min.

6. Lauf, Hockenheimring (D), 16. September
24 Rd. à 2,638 km = 63,312 km
1. Thomas Westarp (D) . . . . 26.39,226 Min.
2. Jeff Raach (L) . . . . + 2,958 Sek.
3. Mike Rockenfeller (D) . . . . + 25,985 Sek.
4. Marco Dürr (D) . . . . + 27,584 Sek.
5. Jochen Nerpel (D) . . . . + 28,743 Sek.
6. Markus Mann (D) . . . . + 30,588 Sek.
7. Stephanie Halm (D) . . . . + 31,519 Sek.
8. Marc Theis (D) . . . . + 36,230 Sek.
9. Josef Lutzenberger (D) . . . . + 36,907 Sek.
10. Ronny Wechselberger (D) . . . . + 39,059 Sek.

7. Lauf, Nürburgring (D), 30. September
21 Rd. à 3,043 km = 63,903 km
1. Daniel la Rosa (D) . . . . 26.23,494 Min.
2. Jeff Raach (L) . . . . + 4,596 Sek.
3. Thomas Westarp (D) . . . . + 5,466 Sek.
4. Mike Rockenfeller (D) . . . . + 7,308 Sek.
5. Franz Kuncic (A) . . . . + 7,512 Sek.
6. Marc Theis (D) . . . . + 7,687 Sek.
7. Stefan Tiesmeyer (D) . . . . + 15,415 Sek.
8. Stephanie Halm (D) . . . . + 15,685 Sek.
9. Felix Gropengiesser (D) . . . . + 16,045 Sek.
10. Ronny Wechselberger (D) . . . . + 16,137 Sek.

8. Lauf, Oschersleben (D), 14. Oktober
18 Rd. à 3,667 km = 66,006 km
1. Mike Rockenfeller (D) . . . . 27.29,124 Min.
2. Jeff Raach (L) . . . . + 6,700 Sek.
3. Daniel la Rosa (D) . . . . + 8,401 Sek.
4. Stephanie Halm (D) . . . . + 9,615 Sek.
5. Thomas Westarp (D) . . . . + 18,678 Sek.
6. Fabian Brameier (D) . . . . + 23,001 Sek.
7. Marc Theis (D) . . . . + 23,938 Sek.
8. Markus Mann (D) . . . . + 24,546 Sek.
9. Ronny Wechselberger (D) . . . . + 29,646 Sek.
10. Stephan Czerwonka (D) . . . . + 37,870 Sek.

Endstand: 1. Thomas Westarp, 148 Punkte; 2. Jeff Raach, 143; 3. Daniel la Rosa, 134; 4. Mike Rockenfeller, 109; 5. Fabian Brameier, 98; 6. Marco Dürr, 86; 7. Stephanie Halm, 82; 8. Markus Mann, 73; 9. Marc Theis, 70; 10. Stefan Tiesmeyer, 68.

BECK'S
MICHELIN
AT&T
JAGUA